アクティビストが
日本株市場を大きく動かす

外国人投資家
の思考法と儲け方

みずほ証券 エクイティ調査部
チーフ株式ストラテジスト
菊地正俊

日本実業出版社

◉はじめに

本書は、私が2022年9月に日本実業出版社から上梓した『日本株を動かす外国人投資家の思考法と投資戦略』の後継書の位置付けですが、彼らの日本株市場へのフォーカスの仕方からすると、2024年1月に同社から上梓した『低PBR株の逆襲』、2024年7月に中央経済社から上梓した『アクティビストの正体』の後継書ともいえるものです。

日経平均は2024年7月に4万2224円と史上最高値を更新しましたが、米国株の持続的な株価上昇に比べると、勢いに欠けます。2024年1月からNISAが拡大され、個人投資家は成長投資枠では日本株投資が多くなっていますが、投信はほとんどが米国株投信に投資されています。こうした個人投資家の対外証券投資は、デジタル赤字（iPhoneの輸入やアマゾンのAWSの使用等）の拡大と並んで、円安要因になりました。

2025年1月に発足した第二次トランプ政権は、法人減税や大胆な規制緩和を行なうとしているのに対して、2024年10月に発足した石破政権は、2026年4月からの法人増税を予定しているほか、株式市場が評価するような規制緩和が実施される見通しはありません。私は2024年10月に北米投資家、2025年1月にアジア投資家、2月に欧州投資家を訪問しましたが、外国人投資家の石破政権への評価は芳しくありませんでした。

そうしたなかで、外国人投資家が日本株について関心を持っているのは、アクティビスト活動の活発化、日本企業の資本コストや株価を意識した経営がどれだけ浸透するかです。

2024年秋にPBRが約0・2倍まで低下した日産自動車に対して、シンガポールのエフィッシモキャピタルと香港のオアシスが投資し、その後、日産自動車はホンダとの経営統合が発表されました。アクティビストの勇気を持った日産自動車への投資が奏功したかに見えましたが、2025年2月に統合交渉は破談になりました。シンガポールの3Dインベストメント・パートナーズが保有不動産の多さに着目して投資した富士ソフトは、米国の大手PE(Private Equity)ファンドのKKR（コールバーグ・クラビス・ロバーツ）とベインキャピタルが、3Dインベストメント・パートナーズが最初に大量保有報告書を提出した価格の約2倍で買収を争う事態になりました。また、東京のマンション価格は高騰していますが、円安も考慮すると、日本の不動産価格が割安と見る外国人投資家は依然多く、世界最大のアクティビストである米国のエリオット・マネジメントは2024年11月に東京ガスに大量保有報告書を提出し、保有不動産の有効活用等を提案しました。

S&P500の予想PER約20倍に対して、TOPIXの予想PERは約15倍にとどまります。世界的なAIブームのなか、日本政府も台湾のTSMCを熊本県に誘致し、北海道ではラピダスの支援を行なっていますが、時価総額が約480兆円と、プライム市場企業の時価総額の約半分に達するＮＶＩＤＩＡのような巨大なグロース企業が日本に生まれるとは想定できません。すなわち、日本株のアピールは割安さにしかありませんが、割安さが長年改善されない"Value Trap"（バリュートラップ）にある企業も少なくありません。

バリュートラップを解消するきっかけをつくるのがアクティビストです。

セブン&アイ・ＨＤは２０２３年に米国のバリューアクトの株主提案を否決した後、２０２４年にカナダのアリマンタシォン・クシュタールから買収提案を受けました。セブン&アイ・ＨＤはスーパーマーケット事業の大幅縮小を発表しましたが、アクティビストの提案は最近正論が多いので、提案を拒否した後、実質的に提案内容を実施する企業は少なくありません。

我々は、バリュー株（割安株）のグロース株（成長株）に対する優位が続くと予想しています。①低ＰＢＲ企業の資本効率性やＰＢＲを高めるための努力の継続、②日銀利上げが金融株に追い風、③個人投資家もＮＩＳＡで高配当利回り株を物色するというのが理由です。

東証が資本コストや株価を意識した経営を要請したのは、２０２３年３月で、毎月15日前後に、前月末時点で要請に応えた企業のリストを発表しています。こうした施策については、外国人投資家からすでに旧聞との指摘を受けましたが、東証は２０２５年１月末にＴＯＰＩＸ組入銘柄の１回目の見直しを完了し、２０２８年７月に向けて２回目の見直しを実施予定です。結果、ＴＯＰＩＸの組入銘柄数は約２２００→約１２００と１０００社近くも減る見通しです。

ＴＯＰＩＸに比べて時価総額が約８倍もあるＳ＆Ｐ５００に比べれば、銘柄数が依然多すぎるといえるかもしれませんが、東証のコーポレートガバナンス改革のイニシアティブは賞賛されますし、外国人投資家にもアピールできる動きです。２０２５年３月末にはプライムとスタンダード市場の上場基準を充たしていないのに上場している企業の猶予措置がなくなり、基準未達企業はその１年後から上場廃止になる可能性があります。

２０２４年は企業の自社株買いが日本株の最大の買い手になりましたが、日経平均が上値を更新するためには、売買代金の６～７割を占める外国人投資家による日本株の上値買いが必要であることはいうまでもありません。

アイ・アールジャパンＨＤの推計によると、アクティビストの日本株投資額は約９・５兆円と、プライム市場の時価総額の約１％に達しました。日本はアクティビスト天国になったとの報道もありますが、日本市場に参入していない米国の大手アクティビストが依然多くいます。米国アクティビストが日本市場に参入しない理由は株式持合の多さや、日本の運用会社の株主提案への賛成率の低さなどが理由でしたが、最近はトヨタグループも株式持合解消に前向きになってきています。

今後、金融庁が行なう大量保有報告制度の見直しによって、アクティビストと日本の運用会社の協働エンゲージメントが盛んになる可能性があります。２０２４年12月に明治安田アセットマネジメントが、米国のダルトン・インベストメンツのファンドを公募投信として売り出したことは、その前触れかもしれません。ダルトン・インベストメンツはインターFMで毎週日曜日朝に放送する「Investor's Sunday」という株式投資に関する啓蒙番組で、司会とスポンサーをしています。ダルトン・インベストメンツはフジ・メディアHDへの投資で、一般人にも知られる存在になりました。

本書は2025年2月末の株価や為替等に基づいて記述しています。為替は1ドル＝150円で換算しています。本書の内容は筆者の個人的見解であり、筆者の所属する組織のそれでないこと、特定の株式や投信等を勧めるものではないことをお知らせします。本書のデータや資料収集面で協力してくれたみずほ証券エクイティ調査部の黒崎美和氏、白畑亜希子氏、山田佳苗氏に感謝します。

菊地正俊

2025年4月

はじめに

第1章 外国人投資家はいま日本株をどう見ているのか

CONTENTS

第2章

膨張するアクティビスト

第3章

外国人投資家が日本株を買う条件——持合解消

第4章
外国人投資家が日本株を買う条件——資本コストと株価を意識した経営

第5章

外国人投資家が日本株を買う条件——日本人投資家の売買動向

第6章

日経平均は近い将来に5万円まで上昇相場入りへ

第7章 外国人投資家による投資が減った日本の中小型株市場

装丁・ＤＴＰ／村上顕一

CONTENTS

第1章

外国人投資家依存の株式需給

FOCUS ON
FOREIGN
INVESTORS'
INVESTMENT STRATEGY

外国人投資家はいま日本株をどう見ているのか

◉外国人投資家の持株比率が過去最高

東証が年に一度発表する「株式分布状況調査」の2023年度版によると、外国人投資家の保有比率（時価ベース）は、これまでのピークだった2015年3月末の31・7％を抜いて、2024年3月末に31・8％と、9年ぶりに最高を更新しました。個人投資家の保有比率は前年度末の17・6％から16・9％に低下しました。株式持合の解消が進むなか、事業法人の保有比率は前年度末の19・6％から19・3％に低下、**事業会社は2023年度に自社株買いの市場内取引で4・5兆円買い越しましたが、それ以上の持合解消売りが出たということでしょう。**都銀・地銀の保有比率も2・3％から2・1％と低下し、ともに過去最低になりました。生保の保有比率は3年連続で3・0％、損保の保有比率は4年連続で0・9％と過去最低が続きました。

一方、議決権行使に影響を与えるのは時価ベースではなく、株数ベースの保有比率です。外国人投資家の保有比率（株数ベース）は2023年3月末25・6％→2024年3月末27・2％と高まりましたが、過去最高だった2015年3月末の28・0％にはまだ届きませんでした。個人投資家は中小型株の売買が多いので、株数ベースの保有比率は時価ベースほど下がらず、

22・7％↓22・6％と微減にとどまりました。事業法人の保有比率は21・7％と、2006年3月末以来の低水準になりました。都銀・地銀の保有比率は1・9％、損保の保有比率は0・7％とともに過去最低になりましたが、生保の保有比率は2・6％と、2006年3月末以来の低水準でした。

◉外国人投資家の日本株買いのパターン

2024年の外国人投資家の日本株買い越し額（現物）は約1500億円にとどまりました。外国人投資家の日本株買いの年間買い越し額のピークは、アベノミクスが始まった年である2013年の15兆円でした。当時、アベノミクスで日本経済や日本企業の経営が大きく変わるとの期待が高まりました。しかし、アベノミクスは期待ほどの

図表1-1　投資主体別の保有比率（時価ベース）

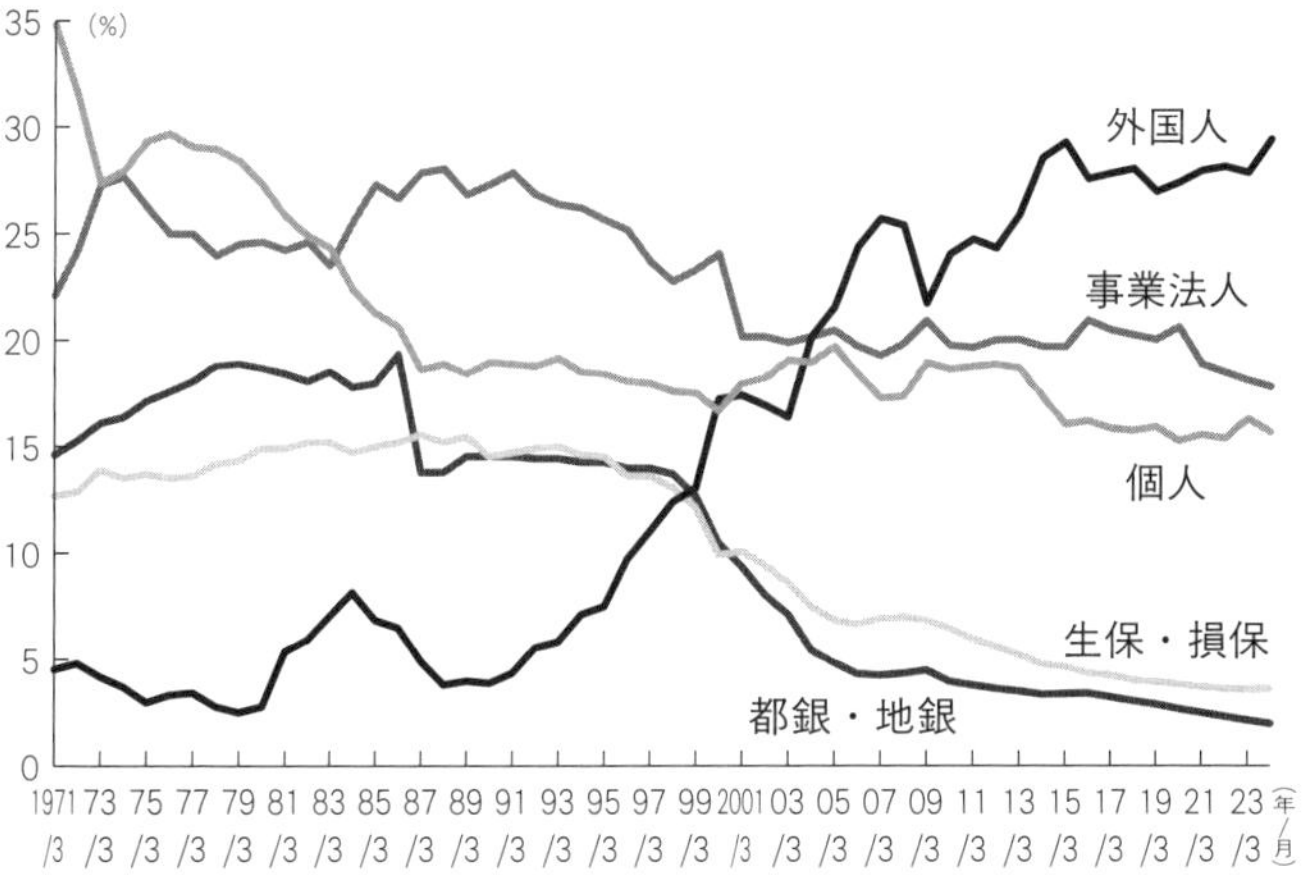

出所：東証よりみずほ証券エクイティ調査部作成

効果が出なかったため、安倍政権下においても２０１５年をピークに、外国人投資家の日本株買いは大きく減少しました。安倍政権で外国人投資家の日本株買い越し額は「行って来い」になり、累計約２兆円にとどまりました。政権別で外国人投資家の日本株買い越し額が最も大きかったのは、構造改革策が評価された２００１～２００６年の小泉純一郎政権時の約31兆円でした。

外国人投資家の日本株買いには強い季節性があります。最も買い越し額が大きいのは４月で、過去20年間に売り越したのはコロナ禍が始まった２０２０年４月だけでした。外国人投資家が４月に日本株を買い越す傾向があるのは、１～３月に米国株が上昇することが多く、出遅れの日本株に対して注目度が高まるためと考えられます。逆

図表1-2　過去20年間の外国人投資家の日本株買いの季節性

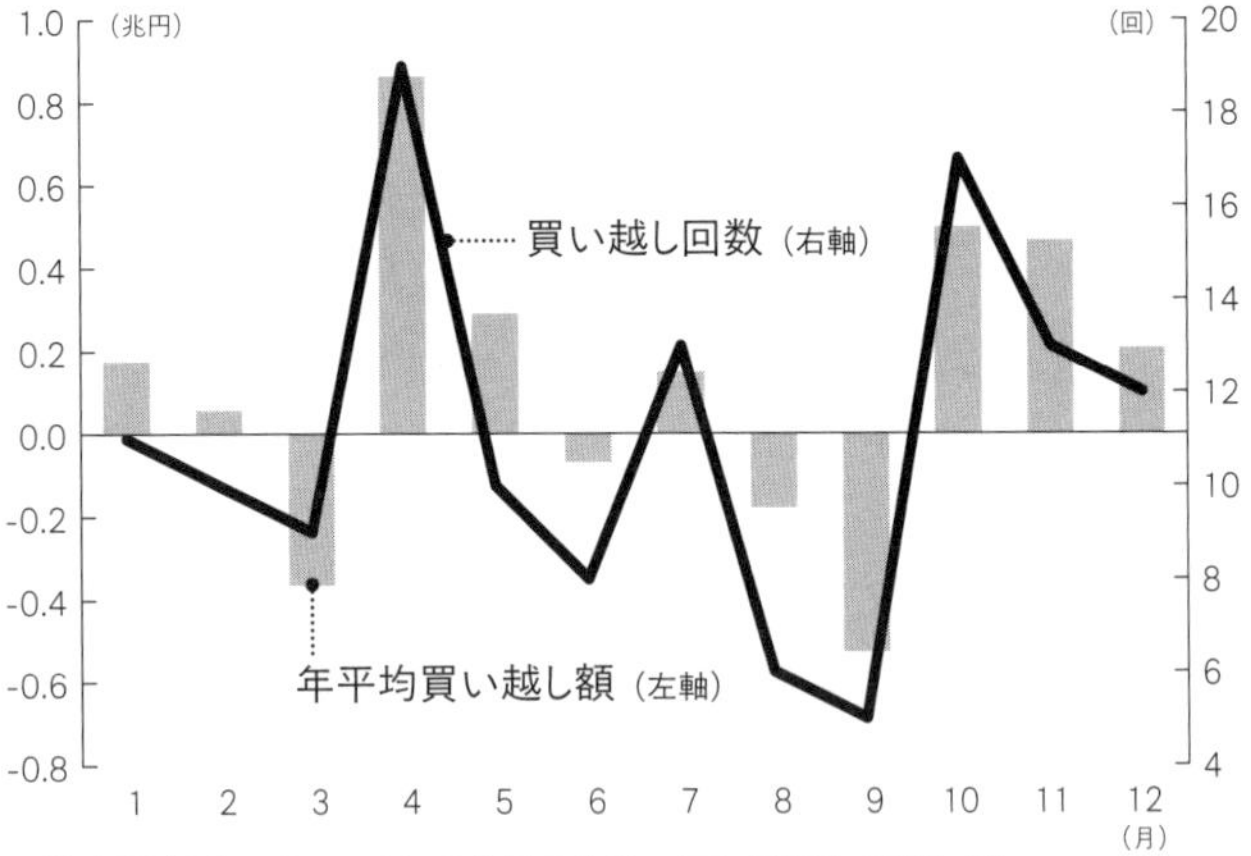

注：過去20年（2005年-2024年）の各月の合計。二市場合計の現物のみ
出所：東証よりみずほ証券エクイティ調査部作成

に、**外国人投資家の売り越し額が多いのは9月です。**9月は2008年にリーマンショックが起きるなど、米国株が12カ月のうちでパフォーマンスが悪い月なので、米国株が下落すると、外国人投資家は日本株を売り越す傾向があります。

◉外国人投資家の売買動向に影響を与えるバフェット氏

2023年4月にバークシャー・ハサウェイ社の「投資の神様」と呼ばれるウォーレン・バフェット氏が来日し、大手商社5社の保有比率を各社7・4%に引き上げたと語ったことで、大手商社株は揃って上昇しました。バフェット氏がこのときに面談したことが明らかになっている企業経営者は、伊藤忠商事の岡藤正広会長CEOだけでした。**バフェット氏は「日本が米国以外の最大の投資先だ」と述べました。**大手商社5社は合計でバークシャー・ハサウェイの株式ポートフォリオの5%弱を占めました。バフェット氏は「日本株で現状保有しているのは商社株だけだ。考えている会社は常に数社あるが問題が価格だ。もし商社株が2倍だったら、我々は投資しなかっただろう」、「他の日本企業への投資は10年後、20年後とうまく続いていくようなビジネスや人を求めている。明らかに私の理解を超えるものでない限り、日本のあらゆる大企業に目を向ける」と語りました。

当時のバークシャーの株式ポートフォリオのトップ3保有銘柄はアップル、バンクオブアメリカ、シェブロンでした。化石燃料株への投資拡大への批判に対して、バフェット氏は、世界経済はまだ石油を必要としており、石油会社は持続可能な未来の観点から様々な努力をしていると擁護しました。バフェット氏による日本株買い増しが明らかになった後、2023年4～6月に外国人投資家は約6兆円の日本株を買い越したので、**バフェット氏の日本株投資は、他の外国人投資家の追随買いを誘ったといえます。**

◉バフェット氏の日本株購入の条件

バークシャー・ハサウェイ社は米国では時価総額1兆円未満の企業にも投資していますが、外国株に投資するなら、時価総額1兆円以上は必要でしょう。そうすると、日本株で投資対象になるのは2024年末時点で180社弱しかありません。バフェット氏は投資対象企業に①事業のわかりやすさ、②株価の割安さ、③立派な経営者がいること、④継続的なキャッシュフロー創出と株主還元などを求めます。大手商社は外国人投資家からビジネスモデルがわかりにくいと言われたこともありましたが、バークシャー・ハサウェイ社と同じコングロマリットなので、似ていると思ったようです。

バークシャー・ハサウェイ社が2020年8月に日本の商社5社に大量保有報告書を出したときに、インフレ期待の高まりがあったように、バフェット氏のマクロ経済観も銘柄選択に影響します。バークシャー・ハサウェイ社の株式ポートフォリオは情報テクノロジー、金融、エネルギー、生活必需品などの業種が多くなっています。バフェット氏が日本は緩やかなインフレ局面に入り、植田和男日銀総裁の下で金融政策が正常化する予想を持つならば、日本の大手銀行株に投資してもおかしくないと思いました。また、Activision Blizzardのようなゲーム株に投資したこともあるので、日本で任天堂などのゲーム株に長期投資してくれるかもしれないと思いました。日立製作所のように、優れた経営者がいて、事業ポートフォリオの見直しや株主還元に積極的な企業も投資の検討対象になると考えました。しかし、バークシャー・ハサウェイは大手商社以外の日本株に投資しませんでした。

２０２４年秋には、アップルやバンクオブアメリカ株などを大量に売却して、現預金・同等物を３２５０億ドル（約49兆円）に積み上げ、そのほとんどを短期国債で運用していることが話題になりました。２０２４年11月11日のウォールストリート・ジャーナルは〝Does Warren Buffett Know Something That We Don't〟（ウォーレン・バフェット氏は我々が知らない何かを知っているのか？）との記事で、ウォーレン・バフェット氏は石油危機が起こる前の１９６９年や、２００８年のリーマンショック前に弱気になった実績があるので、近い将来に不吉なことが起きる可能性があるかもしれないと指摘しました。

◉北米投資家が日本株を買う理由はどこにあるか？

東証の海外投資家地域別株券月間売買状況によると、北米投資家は２０２４年9月まで4カ月連続で売り越しになりました。米国投資家は外国投資家のなかで日本株保有額が断トツに大きいイメージですが、東証の統計では、日本株の売買シェアが約７％しかなく、逆に欧州投資家が７割超を占めています。これは米国系大手運用会社が、外国株への投資はロンドンオフィスから注文を出すことが多いために起きる現象だと思われます。

我々がフォローしている米国の15本の主要ミューチュアルファンドの２０２４年末の日本株比重は、ベンチマークより平均24％アンダーウエイトしていました。世界株価指数であるMSCI ACWI（All Country World Indexの略で、いわゆる「オルカン」）における日本株比重は約５％に過ぎないうえ、MSCI ACWI指数から日本株は四半期ごとに10銘柄程度削除されているので（２０２５年２月末の日本株の組入銘柄数は１８３）、**MSCI ACWI指数をベンチマークにする外国人投**

図表1-3　MSCIのACWI指数に占める日米株比重の推移

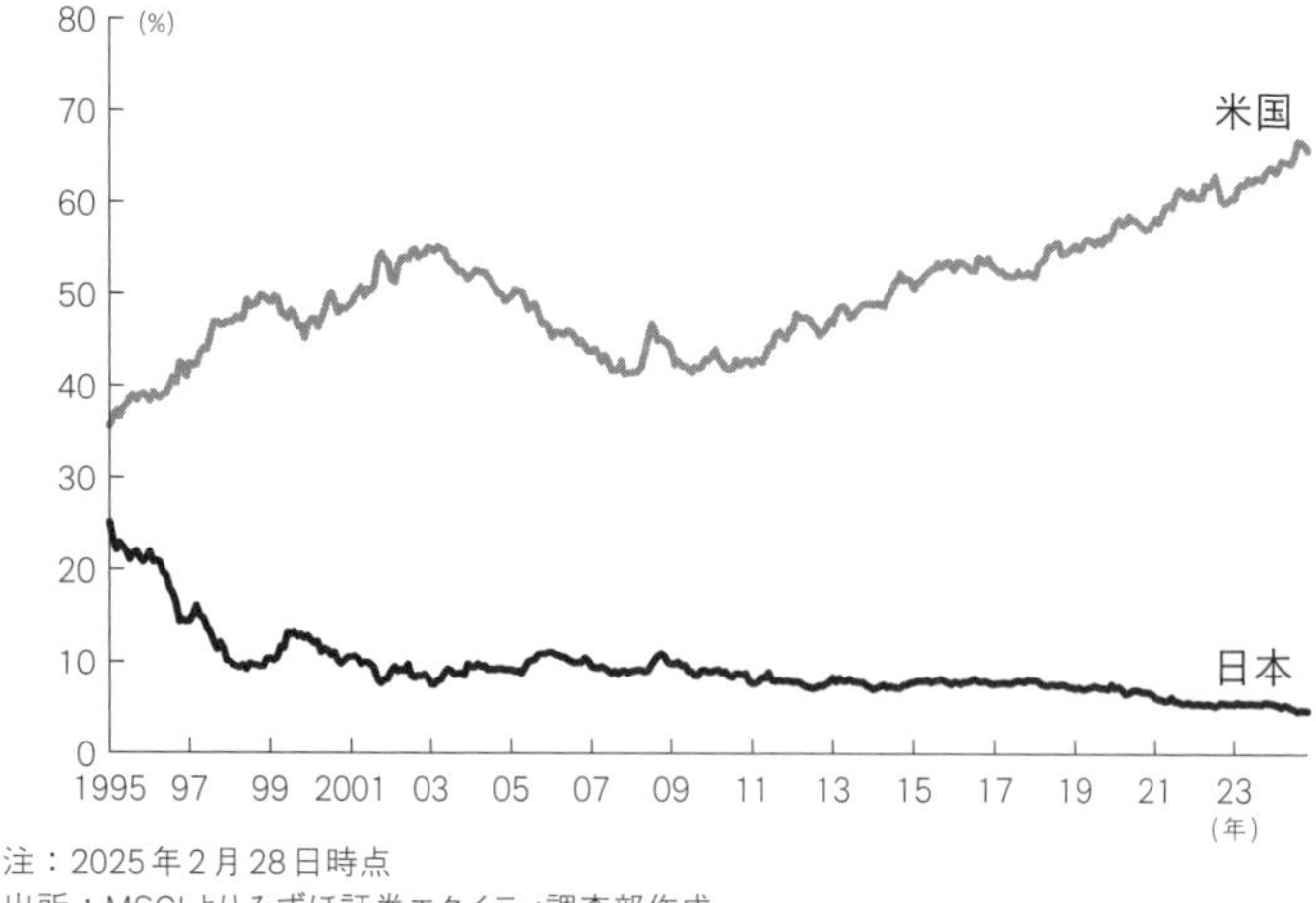

注：2025年2月28日時点
出所：MSCIよりみずほ証券エクイティ調査部作成

資家の日本株投資のインセンティブが低下しています。２０２４年末時点で、米国株では時価総額が１０００億ドルを超えている銘柄が92社あった一方、日本株で時価総額が１０００億ドルを超える銘柄はトヨタ自動車、三菱ＵＦＪＦＧ、ソニーグループ、リクルートＨＤ、日立製作所、ファーストリテイリング、キーエンスの7社しかありません。日本株で時価総額最大のトヨタ自動車もＳ＆Ｐ５００銘柄のなかに入れると、時価総額24位に過ぎません。そうした結果、MSCI ACWIをベンチマークとするファンドの上位組入で見かけることがある日本株はトヨタ自動車、日立製作所、ソニーグループ、キーエンス、リクルートＨＤなどです。

一方、米国株以外の株式を投資対象とするインターナショナル株ファンドやMSCIのEAFE（Europe、Australia、Far East）やMSCI ACWI ex. USA指数をベンチマークとするファンドでは日本株比重が15～23％あるので、もう少し時価総額が小さい日本株も投資対象にすることがあります。また、本数は少ないですが、海外の中小型株を対象にするファンドだと、日本株は中小型銘柄数が多いので、多く組み入れられます。

◉マクロ・ミクロ面での日本株購入のきっかけとなるものとは？

ファンダメンタルズの観点から、外国人投資家が日本株を買う理由は、**①日米企業のＲＯＥの格差縮小、②アクティビスト活動の活発化等によってバリュートラップを脱出する日本株が増加する可能性、③経済の構造改革期待などでしょう。**

①では、２０１３年にアベノミクスのコーポレートガバナンス改革が始まったときに、日本企業のＲＯＥが早期に二桁に乗るとの期待が高まったときがありましたが、それ以降のＲＯＥの改善ペースは遅かったため、外国人投資家から日本企業の改革スピードが遅いと指摘されました。**日本企業の事業ポートフォリオの見直しが遅く、自己資本の増加ペースのコントロールも不十分だったためです。**米国大手運用会社のインベスコのエンゲージメント担当者も２０２４年12月のセミナーで、「米国企業のＲＯＥは元々高い（平均20％）のがさらに上がっている一方、日本企業のＲＯＥは元々低いのに、上昇ペースが遅い」と指摘していました。２０２４年12月26日の日本経済新聞が、トヨタ自動車がＲＯＥを現状比２

図表1-4　世界主要株のROEとPBRの分布図

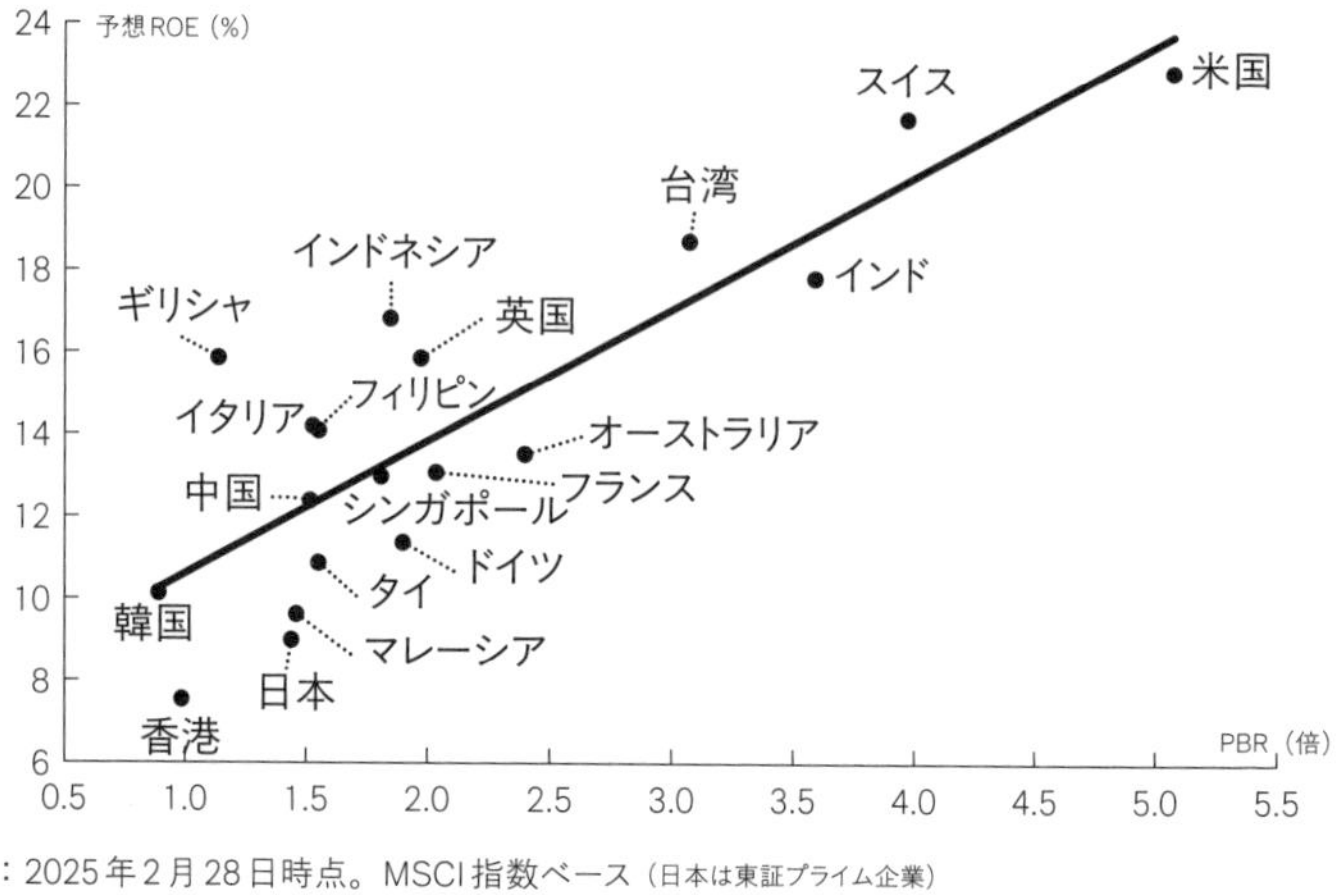

注：2025年2月28日時点。MSCI指数ベース（日本は東証プライム企業）
出所：ブルームバーグ、東洋経済よりみずほ証券エクイティ調査部作成

倍の20％とする目標を掲げると報じたため、それが本当に実現するのか注目されます。

②では、エリオットやバリューアクトなどのように日本市場に参入している米国の大手アクティビストがいる一方、２０１９年以来大きな動きがないサードポイントや、日本にまったくきたことがないStarboard Valueなどのような大手アクティビストも多数います。カナダのアリマンタシォン・クシュタールによるセブン＆アイ・ＨＤへの買収が成功すれば、バリュートラップにある日本企業を買収・投資しようという北米企業、プライベートエクイティ、バリューファンドが増えるかもしれません。なお、アリマンタシォン・クシュタールは日本的な慣習を気にしてか、敵対的買収に踏み切ることには否定的です。

③では、石破政権の政策は岸田前政権の経済政策の継続が多く、総裁選で争った高市早苗氏の場合のアベノミクス復活、小泉進次郎氏の場合の労働市場改革などの政策は期待薄となっています。

◉外国投資家は日本株のアンダーウエイトを継続

我々は２０２４年10月に7営業日にわたって北米投資家を訪問しました。以下の①～③が北米投資家の日本株に対する主な見方ですが、**ベンチマークに対するアンダーウエイトを継続したいという投資家が多い印象でした。**

①日本株のアロケーション

グローバル・ポートフォリオを運用するアセットアロケーター（資産配分担当者）には、「MSCI ACWI指数で5％に過ぎない日本株をオーバーウエイトする意味がない」と言われました。EAFEポートフォリオを運用するファンドマネージャーには、「日本株には成長性があって割安な株が少なくなったので、アンダーウエイトしている」と言われました。日本株のアピール・ポイントである低バリュエーションは「たんに低ROEと低成長性の反映ではないか」と指摘されました。ディープバリュー投資家からも、「日本株は将来的に良いキャッシュフローが見込まれる企業の割安株がなくなった」と言われました。毎回指摘されることですが、「日本の労働市場は硬直的であるため、企業のリストラが遅れている」との指摘を受けました。北米ではUberが広範囲に利用されていますが、**ライドシェアやAirbnb等への制限を、変わらぬ日本の象徴とみる向きがありました。**米国人は訪日外国人として、韓国人、中国人、台湾人に次いで4番目に多く、来日時にUber等を使えないことに不満を抱く人が多いようです。

ただ、米国には長期投資家が多いため、我々の日本の本格的なデフレ脱却や、日本企業の資本コストを意識した経営の意欲の高まりなどを背景とする日本株の長期強気ストーリーは概ね受け入れられたと感じました。

②中国の地政学的リスクと防衛関連株

中国は米国に対抗しうる唯一の大国なので、米国投資家は中国に対する関心が高いようです。中国経済が良くなると、日本株から中国株へ資金シフトしようとする投資家が出てくる一方、中国経済が悪くなる見通しが出ると、中国株から日本株への資金シフトが期待できますが、中国経済が悪くなりすぎると、日本経済への悪影響も出るので、**日本株にとっては、中国経済が適度に不振なのがベストです。**米国市場における中国株と日本株間の資金シフトを見るうえでは、ブラックロックの日本株・中国株ＥＴＦの純資産増減が役立ちます。米中対立時代に、日本企業はサプライチェーンをどのように管理するのか？　日本企業の生産の国内回帰は進んでいるのか？　中国企業の競争力向上は日本企業へどのような影

図表1-5　ブラックロックの日本株・中国株ETFの純資産の推移

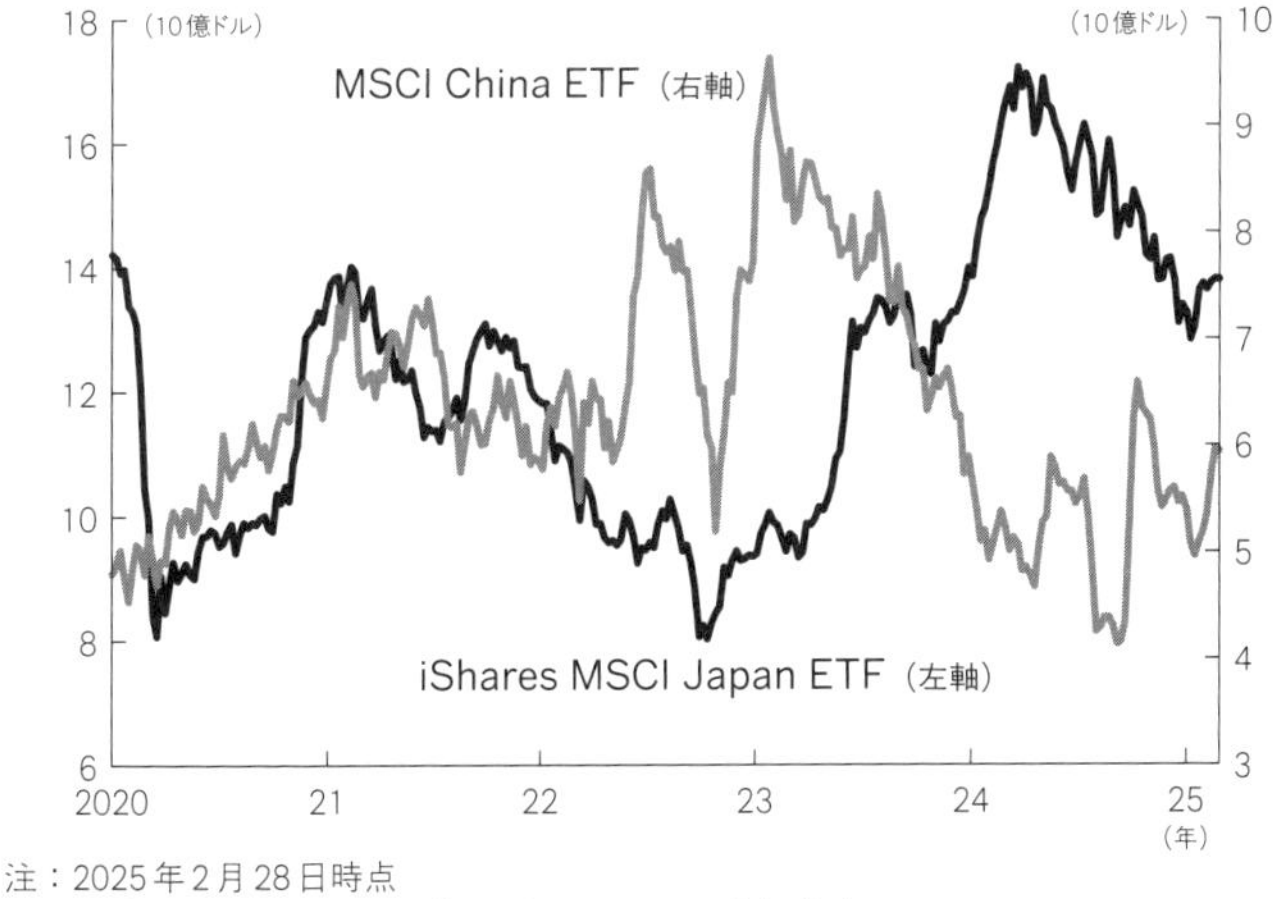

注：2025年2月28日時点
出所：ブルームバーグよりみずほ証券エクイティ調査部作成

響を与えているのか？　台湾有事の際はどうなるのか？　など中国に関する質問を多く受けました。その結果として、北米投資家は防衛関連株への関心が高いようでした。

我々は、日本企業は中国工場を減らして、国内回帰しているほか、米国や東南アジアでの生産を増やしているものの、国内市場は人口減少で中長期的に低迷が見込まれるので、工場新設は半導体をはじめとする電子部品やデータセンター、ＧＸ関連、食品等を除くと限定的であると答えました。中国経済が循環的に回復すれば、日本経済にポジティブであるものの、中国の現況は日本の１９９０年前半のバブル崩壊の状況に似ているので、本格回復は困難だろうと答えました。中国はあらゆる産業で自前主義を強化しており、自動車をはじめ中国でのシェアを低下させる日本企業が増えているので、以前より中国経済回復の日本の景気への恩恵は小さくなっていると述べました。

③個人消費の行方・人口減少の影響

米国経済が強くなるから、日本の外需が増えて、日本経済が良くなるなどの他人依存の景気回復は、外国人投資家からあまり評価されません。**外国人投資家は常に日本独自の成長ストーリーを求めています。**我々が内需関連業種を勧めたこともあり、今後個人消費は回復するのか？　長期的な人口見通しはどうか？　政府は人口減に対してどのような対策を取っているのか？　日本は外国人労働者の導入が進んでいるか？　日本の物価の安さはもはやアフリカ並みであり、日本の小売・消費財企業は今後も値上げできない環境に苦しむのか？　などの質問・指摘がありました。「日本の物価の安さはアフリカ並み」という指摘は面白いと思いましたが、実際にも米国の物価の肌感覚は日本の約2倍でした。

我々は、人手不足が深刻化しているので、賃上げ機運は強く、実質賃金伸び率はプラス定着が期待されると答えました。みずほ証券のエコノミストは実質個人消費の伸び率を２０２３年度▲０・４％の後、２０２４年度＋０・５％、２０２５年度＋０・９％と、回復を予想しています。日本では将来への不安が根強いので、米国のような力強い消費は期待できませんが、循環的な回復は期待できようと述べました。我々は小売株のなかで、訪日外国人や富裕層の消費の恩恵を受けてきた百貨店より、庶民の消費の場であるスーパー株がベターだと勧めましたが、イオンの２０２５年2月中間期の決算が失望になったうえ、スーパーはドラッグストアとの競争も激化しているので、投資意欲が湧かないと反論されました。人手不足は賃上げにプラスでも、労働集約的なスーパーの業績にはネガティブではとも指摘されました。

◉米国投資家の日本株保有銘柄は大手テクノロジー株に集中

米国にはボトムアップ型の投資家が多いので、普段マクロ的な話をすることが多いストラテジストも、大型株を中心に個別銘柄の議論が求められます。**米国大手ミューチュアルファンドの上位組入銘柄は、日立製作所、ソニーグループ、キーエンスなどの有名テクノロジー株に集**

図表1-6　米国主要ミューチュアルファンドの日本株上位組入銘柄

ファンド名	運用会社	運用資産（10億ドル）	日本株の上位10組入銘柄（うち5銘柄表示）
EuroPacific Growth Fund	Capital	125.5	リクルートHD
Diversified International Fund	Fidelity	10.9	日立製作所
International Discovery Fund	Fidelity	9.6	日立製作所
TIAA-CREF International Equity Fund	Nuveen	6.5	日立製作所、三井住友FG、三菱UFJ FG、トヨタ自動車
International Equity Fund	JP Morgan	4.3	ソニーグループ
Overseas Fund	Janus Henderson	3.2	第一生命HD、りそなHD、トヨタ自動車
International Advantage Portfolio	Morgan Stanley	2.7	キーエンス
Japan Fund	T.ROWE PRICE	0.2	ソニーグループ、三菱UFJFG、伊藤忠商事、日立製作所、セブン＆アイ・HD
Calamos International Growth Fund	Calamos Investments	0.2	日立製作所、アドバンテスト
Columbia Acorn International Select	Columbia Thread Needle	0.2	カプコン、リクルートHD
Japan Fund	Matthews Asia	0.1	ソニーグループ、三菱UFJFG、日立製作所、伊藤忠商事、キーエンス
Asia Dividend Fund	Matthews Asia	0.06	伊藤忠商事、オリックス、東京海上HD、スズキ
International Dividend Growth Fund	Nuveen	0.05	伊藤忠商事、オリックス

注：2024年12月末時点。このリストは推奨銘柄でない
出所：各社資料よりみずほ証券エクイティ調査部作成

中しています。

２０２４年10月の北米投資家訪問で、日立製作所はグローバルな電力網&ＤＸ関連株として評価されていました。パナソニックＨＤも日立製作所のような事業ポートフォリオの見直しを行なうべきと指摘されました（２０２５年２月、パナソニックＨＤは解体的な事業ポートフォリオの見直しを発表しました）。日立製作所に比べた三菱電機の出遅れに注目するバリューファンドがありました。三菱重工業は、防衛・原子力関連企業として評価されていました。ＩＨＩも含めて重工３社は英語で〝Heavy〟と呼ばれます。日本製鋼所をエネルギー関連株として評価する日本株に詳しいファンドマネージャーもいました。キーエンスはいつものように独自のビジネスモデルの高収益企業とみられていましたが、２０２４年の株価は横ばい推移だったことにフラストレーションを感じている投資家がいました。２０２４年10月時点でソニーグループは割安なものの、カタリストがないとみられていましたが、年末にかけて、コンテンツ株としての評価が高まって、上場来高値を更新しました。ウォーレン・バフェット氏が投資する大手商社への関心も依然高かったですが、我々は株価的なピークは過ぎたのではないかと答えました。日本のＡＩ関連銘柄は何かと聞かれたので、アドバンテストなどの半導体株やＮＴＴデータなどのデータセンター関連株以外に、ソフトウェア関連はAppier Groupなどの中小型株しかないと答えました。主要小売株のなかで、ファーストリテイリングは割高だと指摘され、ＰＰＩＨは社名を知らない投資家がいました（ドン・キホーテと言えばもっと通じました）。

◉北米投資家は素材株への関心が低い

日本製鉄はなぜＵＳスティールの買収にこだわるのかと尋ねられたので、国内市場は成長が見込めず、アジア市場も中国企業との競争が厳しいので、同社は米国とインド市場に賭けているのではと答えました。**米国投資家は日本製鉄のＭ＆Ａに関心があるのであって、鉄鋼などの素材業は新興国が行なうべき事業だと考えているので、素材株への関心は低いです。**化学でも、時価総額10兆円超の信越化学以外には関心がないという米国投資家がいました。化学アナリストも米国投資家を訪問するときは、中小型株のファンドマネージャーを訪問することが多いようです。クレハとクラレの区別がつかない北米投資家も少なくありません。

一方、トヨタ自動車を保有している投資家からは、何をきっかけに株価が反発するかと尋ねられ、我々は当面反発の材料はないだろうと答えましたが、２０２４年12月のホンダと日産自動車との経営統合の発表等で、自動車株は一時、大きく反発しました。ニデックは永守重信会長の強気姿勢にもかかわらず、株価不振が続いている理由を聞かれたので、中国でのシェア低下と自動車生産減少の悪影響を挙げました。ロング＆ショートの投資家からは中国事業が不振の日本企業を聞かれたので、オムロンや資生堂等を挙げました。ダイキン工業は中国よりインド事業を伸ばしていると指摘しましたが、米国大手空調会社のCarrier Globalに比べて利益率が低いとの反論がありました。ＪＲ東日本には値上げによる業績回復期待が出ていましたが、その後ＪＲ東日本は２０２６年３月からの値上げを発表しました。住友グループの企業は、コーポレートガバナンス改革意欲が低いのではないかとの指摘がありました。日本株に詳しい投資家からは、石破首相のおひざ元の鳥取銀行は流動性が低いので、流動性が高い地銀で買える株はないかと尋ねられたので、コンコルディアFGやふくおかFGを挙げました。

◉米国投資家から東証のガバナンス改革への評価は高い

我々が2024年10月に米国投資家を訪問する数週間前に、日本取引所グループの山道裕己CEOが北米投資家を訪問し、投資家との個別ミーティングも行なったそうです。**東証のプライム・スタンダード上場企業に対する資本コストや株価を意識した経営の要請は高く評価されました。**しかし、我々に対しては、①山道CEOは69歳なので、もし退任されたら、東証によるコーポレートガバナンス改革は続くのか、②東証のコーポレートガバナンス改革は最近目新しい話がなくなってきたが、今後どんな施策が期待されるのか、③東証は要請への企業の対応の実効性を高めるためにどんなことができるのかなどの質問がありました。我々は①山道CEOは2023年に就任したばかりなので、退任を云々するのは時期尚早、②確かに、東証の要請は旧聞の話になってきたので、株価上昇のカタリストになりにくくなってきたものの、今後はTOPIXの見直しなどがガバナンス改革の推進力になりうる、③東証は上場企業に行動の強要はできないので、機関投資家と上場企業の対話促進を通じて、実効性を持たせるしかできないと答えました。

プライム・スタンダード市場上場の企業は、東証の要請への対応を原則、コーポレートガバナンス報告書に書いて、決算説明会資料や統合報告書などへのリンクを貼りますが、外国人投資家でコーポレートガバナンス報告書を読んでいる人はほとんどいません。コーポレートガバナンス報告書を英語にしている上場企業は少ないし、コーポレートガバナンス報告書は日本語で読んでも堅苦しい表現が多いためです。**東証は2025年4月からプライム企業に対して、英語の決算情報や適時開示情報**（有価証券報告書等は対象外）**を原則、日本語と同時に開示することを求めるので、外国人投資家の日本株投資が増えることが期待されます。**

我々の2024年10月の北米投資家訪問では、英文開示の義務化が話題になりませんでしたが、2025年2月の欧州投資家訪問時に、日本語資料の完全翻訳ではなく、部分翻訳でも許されるのは不公平だとの指摘を受けました。逆に、ニューヨークの投資家に言われたのは、決算情報の場中発表を止めて欲しいということです。決算発表時間に関する東証のルールはないため、取引時間中に発表する企業と引け後（2024年11月5日から15時→15時半に延長）に発表する企業に分かれます。たとえば、13時に決算が発表されると、ニューヨーク時間は23時（冬時間）になります。そのため、夜中に日本株の取引をしているヘッジファンドなどもいます。企業が引け後に業績を発表すれば、その日は株価に影響を与えないため、ニューヨークの投資家は朝起きてから対応できます。

外国人投資家の現状

◉北米では7営業日で9都市を訪問

2024年10月の北米投資家訪問は、次のようなルートで行きました。

木曜日に羽田空港から日本航空の直行便で、テキサス州のダラスに入りました。ダラスにはインベスコの運用拠点があります。テキサス州の州都であるオースティンはダラスから飛行機で南に約1時間です。米国年金の日本株投資は、運用を外部委託している場合と、直接投資する場合がありますが、証券会社は後者の年金しか訪問しません。オースティンには、日本株に直接投資するテキサス州の年金システムがあります。ジョン・F・ケネディ大統領の暗殺の場所としても知られるダラスのほうが商業的に発達していますが、オースティンは最近テクノロジー企業の集積が進んで、人口が急増しています。テスラが本社をオースティンに移したのは有名な話ですが、リクルートHDが買収したIndeedの本社もあります。

オースティンで1泊してから、飛行機で北に約1時間で、コロラド州のデンバーに行きました。デンバーには第一生命が以前資本提携していた上場運用会社のジャナス・ヘンダーソンがあります。テキサス州は蒸し暑いですが、標高1600mにあるデンバーは晴れの日が多く、カラッとしていて過ごしやすいです。

土曜日は移動日で、デンバーからニューヨークへのフライトは約4時間です。日曜日は休日だったので、マンハッタンを南北東西に2万歩以上歩きました。三井不動産も開発に参加したハドソン・ヤードの地上100階の野外展望台〝edge〟に登りましたが、エレベーターに乗るのに50ドル（渋谷スクランブル・スクウェアの展望台の約3倍）もかかりました。ニューヨークの地下鉄料金は1回3ドル以上と東京メトロの約3倍です。大戸屋は米国では高級レストランとして売り出していることもあり、しまほっけ定食は約4000円と日本の約4倍です。月曜日にニューヨークで、長年付き合っているヘッジファンドやロングオンリーの投資家とミーティングしました。

夜のフライトでボストンに行きました。ラガーディア空港発ボストン行きの飛行機が3時間半も遅れたため、ボストンのホテル到着は翌早朝でした。ボストンの主要産業は資産運用（フィデリティやウエリントンの本社があります）、教育（ハーバード大学やマサチューセッツ工科大学等があります）、バイオ（Boston Scientificが有名企業です）です。**富裕層や大学基金が新興ファンドに資金を出すので、ファンド産業のエコシステムができています。**ボストンにはフランス最大手の運用会社のアムンディの米国運用拠点もあります。また、ミューチュアルファンド運用大手のコロンビア・スレッドニードルがあり、ベテランの日本人ファンドマネージャーがいます。ボストンのFinepoint Capitalという初めて訪れたファンドは、PE（Private Equity）に近い運用をしており、日本人担当者もいて、米国運用会社の新陳代謝を感じました。

火曜日夜にボストンから、カナダ第2の都市であるモントリオールに飛びました。モントリオールはフランス語圏ですが、金融関係者は英語を使います。モントリオールはトップダウンの話を好む傾向があり、Hexavestなどが有名運用会社です。

水曜日夜にモントリオールから1時間半のフライトで、シカゴに行きました。シカゴは風が強いので、〝Windy City〟と呼ばれます。シカゴには朝日ライフアセットマネジメントが提携するハリスアソシエイツや、世界のインフラに投資する上場運用会社のブルックフィールドなどがあります。ブルックフィールドの運用資産は1兆ドル（150兆円）強で、日本株では不動産や鉄道株等に投資しています。

木曜日夜にシカゴから4時間半のフライトで、ロスアンゼルスに着きました。**ロスアンゼルスの空港に着いて驚いたことが、タクシーが1台もなく、すべてUberだったことです。**米国ではUberを使いこなせないと、移動できません。ロスアンゼルスにはキャピタル・グループの本社があります。ロスアンゼルスでミーティングした後、ロスアンゼルスから車で約2時間のサンディエゴに行きました。サンディエゴにはバリューファンドで有名なブランデスの本社があります。サンフランシスコには長らく行っていませんが、同じバリューファンドで有名なDodge & Coxの本社があります。ブランデスとDodge & Coxには日本人の担当者もいます。みずほ証券のセールスからサンフランシスコのヘッジファンドに電話するように言われたので、サンディエゴに行く車のなかから、30分テレコン（電話会議）をしました。ロスアンゼルスではカナダのバンクーバーのファンドともズーム・ミーティングを行ないました。フレンドリー・アクティビストとして知られるタイヨウファンドは、シアトル近郊にありますが、訪問する時間がなかったため、帰国後にズーム・ミーティングを行ないました。

◉アジアの投資家はヘッジファンドが多い

香港やシンガポールの投資家の約半分は日本人経営のヘッジファンドです。政府系や中華系の地場運用会社、欧米系大手運用会社のアジア運用拠点もあります。政府系運用会社は香港のSAFE、シンガポールのGICとTemaseckなどです。香港ではオアシス、シンガポールではエフィッシモキャピタルや3Dインベストメント・パートナーズなどが主要アクティビストです。パフォーマンスが良いアクティビストの運用資産は1兆円を超えているようです。

東京のほうが、生活費が安く、自然も豊かで、食事も美味しいものの、税金が高いので、香港・シンガポールを拠点とするファンドが多数あります。香港・シンガポールにある日系ファンドは、日本に企業取材やアナリスト・ミーティングのために頻繁に訪れますが、日本の居住者と見なされないように、年間の日本滞在日数を半分以下に抑えています。日本政府は東京国際金融センター構想の下に、海外ファンドの東京誘致の努力をしていますが、成功しているとはいえません。香港に長くいるヘッジファンドのベテラン・ファンドマネージャーからは、同じ所得を稼いでも、税率の違いから、日本と香港では手取りが約2倍違うと言われました。2

024年に1000億円規模のロング&ショート・ファンドを運用し、数十億円の報酬を手にしたヘッジファンドのマネージャーもいたようです。

日本株に投資するヘッジファンドでは、ニューヨークに本社があるミレニアムと、アジア系のポリマーがプラットフォーマー系の大手になっています。2025年3月6日のFinancial Timesはミレニアムの運用資産が760億ドル(約11兆円)だと報じました。プラットフォーマー系ヘッジファンドとは、様々な運用スタイルのリターンの相関係数が小さいヘッジファンドを傘下に抱えて、リスクを抑えながら、レバレッジをかけて、高いリターンを目指す戦略のファンドです。ヘッジファンドとのミーティングでは、Long(買い推奨)のアイデアだけでなく、Short(空売り)のアイデアも求められます。日々の運用は机の上にスクリーンを6つ並べて、決算発表期には夜中まで働く人が少なくありません。

◉香港で1日9件&シンガポールで1日8件のミーティング

香港ドルとシンガポール・ドルはともに、米ドルにリンクしているので、米国ほどでないにしても、2025年1月に香港・シンガポールの投資家を訪問した際に、物価がすべて高く感じられました。香港の空港でビールを1パイント飲んだら、2000円近く取られました。ホテル代も値上がりしているので、会社の予算内で泊まれるホテルのグレードが低下しました。駐在員から、香港・マカオに若い日本人女性が、夜の仕事で出稼ぎにきているのを確認したという話を聞きました。日米欧ではアナリスト・ミーティングは1時間刻みですが、香港・シンガポールは50分刻みで、移動時間が短いので、香港では1日9件、シンガポールでは1日8件のミーティングを行ないました。同じビルに入っているファンドも少なくありません。

規模が大きいアクティビストからは、大型株で次のターゲットはどこがよいかと尋ねられました。アクティビストは普通のファンドマネージャーとは異なるバリュエーション手法を使っているようでした。香港・シンガポールでは、アクティビストの手口に提灯を付けるヘッジファンドが増えているようで、各アクティビストの特徴・手口・戦略などについて尋ねられました。**アクティビストへのコバンザメ投資は株価指数の銘柄入替時の売買のように、相対的にリスクの小さい戦略と見られていますが、村上ファンド系のように大きなポジションを自社株買いに応じる形で短期大量譲渡する場合があるので、入るときより降りるときがむずかしいとも言われました。**

◉香港・シンガポールの投資家はインバウンド関連株への関心が高い

人口約600万人のシンガポールでは人口に占める外国人比率が約4割に達しますが、私が日本の人手不足について話したところ、日本はなぜ外国人労働者をもっと活用しないのかと尋ねられました。我々は外国人労働者の受け入れ制度が2027年から「技能実習制度」から「育成就労制度」に変わり、外国人労働者は少し増えようが、円安で日本にきたい外国人労働者が減っているうえ、自民党は基本的に移民に否定的なので、外国人労働者が大きく増える可能性は低いと答えました。人手不足でオートメーション株が恩恵を受けるのではと尋ねられましたが、オートメーション株は中国へのエクスポージャーが高い銘柄は避ける必要があると述べました。

香港やシンガポールでは、物価が割安で自然も豊かな日本に旅行で行きたがる人が多く、現地ではドン・キホーテも人気なので、インバウンド関連株に関する質問も多くありました。我々は、訪日外客数は増加傾向にあるものの、足元の増加ペースが鈍化しているうえ、政府の2030年6000万人目標の達成を信じている投資家は少ないので、インバウンド関連株は個別物色が必要だと答えました。鉄道株はインバウンド関連株のみならず、値上げ効果、保有不動産の含み益、アクティビストの投資先としても注目されていましたが、我々は、鉄道は株式持合が多くガバナンス上の問題もあるうえ、株主優待目的の個人投資家の保有比率が高いので、アクティビストの投資戦略と合致しないターゲットだと答えました。

北米投資家同様に、個人消費動向や小売株全般に関する質問も多くありました。銀行株は日銀の利上げをどこまで織り込んでいるのかと尋ねられたので、1~3月の利上げは織り込んでいないようが、中立金利までの引き上げはまだ織り込んでいないのではと答えました。私は大手銀行より地銀がベターと述べて、東証から資本コスト経営の好事例に挙げられた山梨中央銀行や千葉興業銀行などについて議論しました。

◉中東の主要投資家は欧州の運用会社に委託していることが多い

中東出張ではＵＡＥ（アラブ首長国連邦）、カタール、サウジアラビアなどに行きます。ＵＡＥではＡＤＩＡ（アブダビ投資庁）が大きな投資家であるほか、ドバイには欧米系運用会社の拠点やヘッジファンドなどがあります。中東でのプライベートライフは楽しいとはいえませんが、ＵＡＥ等は無税なので、稼いだお金がそのまま所得になるので、退屈さを我慢して、中東から運用する欧米の投資家もいます。

観光先として日本人にも人気があるドバイは、中東のなかでは娯楽施設が整っているうえ、時差的にアジア、欧州、米国市場がすべて取引できるので便利だと言っていた欧米の投資家がいました。中国の支配力が強まり、香港からドバイなどに運用拠点を移す運用会社もあります。中東の投資家を訪問すると、実際に運用しているのは、中東人のほか、中東人に雇われた欧米人やアジア人であることもあります。中東の投資家は東証の海外投資家地域別株券売買状況の統計で、その他地域に分類されますが、中東資金は欧州の運用会社に委託されることが多いので、欧州投資家の売買に入っている部分も多いと推測されます。ソフトバンクグループのビジョンファンドが中東からかなりの資金を調達したのは有名な話ですが、中東のホテルで、同社の孫正義会長兼社長を見かけたことがありました。

◉中東のＳＷＦは日本株への分散投資意欲が高い

中東各国のＳＷＦ（Sovereign Wealth Fund）は、中東人と、アジアや欧州人の専門家によって運用されています。中東の投資家は時間にルーズな面があるので、ミーティング時間がずれることがしばしばです。サウジアラビアは酒が飲めないので、酒好きの私としてはあまり行きたくない国です。

サウジアラビアのＳＷＦであるＰＩＦ（Public Investment Fund）は任天堂をはじめとするコンテンツ株に多数投資しています。ＰＩＦが世界のコンテンツ株に積極的に投資しているのは、国としてコンテンツ産業を育成したいので、その研究のために投資しているのと、ＰＩＦの経営を仕切るムハンマド皇太子が、ゲームが好きだからという

図表1-7　SWF（政府系ファンド）ランキング

順位	SWF名	地域名	総資産（10億ドル）
1	Norway Government Pension Fund Global	欧州	1,796.3
2	China Investment Corporation	アジア	1,332.0
3	SAFE Investment Company	アジア	1,090.0
4	Abu Dhabi Investment Authority（ADIA）	中東	1,057.5
5	Kuwait Investment Authority	中東	980.0
6	Public Investment Fund（PIF）	中東	925.0
7	GIC Private Limited	アジア	808.8
8	Badan Pengelola Investasi Daya Anagata Nusantara	アジア	600.0
9	Qatar Investment Authority	中東	526.0
10	Hong Kong Monetary Authority Investment Portfolio	アジア	514.3

注：2024年12月掲載時点
出所：Sovereign Wealth Fund Institute（SWFI）よりみずほ証券エクイティ調査部作成

見方があります。**２０２４年１月に訪問した中東のＳＷＦは、運用資産が増えているところが多く、米国株一辺倒の投資にリスクを感じているので、日本株への分散投資意欲が強い印象でした。**ＳＷＦＩ（Sovereign Wealth Fund Institute）によると、ＡＤＩＡの運用資産は約１兆ドル（約150兆円）ですが、ＳＷＦは運用資産額や資産配分等を国家秘密として、開示していないところがほとんどなので、運用の実態は不透明です。私はクウェートをしばらく訪れていませんが、ＫＩＡ（Kuwait Investment Authority）のロンドンオフィスは訪れることがあります。日系主要運用会社の担当者は、クウェートにも営業に行くようです。中東人と付き合うには、ドライな関係ではなく、ウェットな関係が重要です。中東で酒を飲まなくても、日本に企業取材にくる際には、少数ながら酒を飲む人もいるので、パーソナルケアが重要です。

◉日本株に詳しい英国投資家

米国にはグローバルファンド運用の投資家が多い一方、**英国には日本株専門の投資家が多数いましたが、引退したり解雇されたりして、日本株専門家が大分減りました。**英国の投資家には歴史観やマクロ観等に基づくトップダウン型の運用が多いので、長く深く話していると大変勉強になります。現在、日系大手証券会社の海外拠点はロンドンとフランクフルトしかなくなりましたが、１９８０年代後半のバブルのピーク期には、ロンドンのみならず、パリ、ミラノ、アムステルダム、スイスの３都市（チューリッヒ、ジュネーブ、ルガノ）に営業拠点があり、スウェーデンのストックホルムにも駐在員事務所がありました。

英国ではエジンバラのグロース株投資のベイリーギフォードや、ロンドンのバリュー株投資のマラソン・アセットマネジメント、同じロンドンの高配当株投資家のジュピター、ヨークのバリュー投資家で上場運用会社のマングループ傘下のＧＬＧなどが主要投資家になっています。英国の上場運用会社のシュローダー、フランス最大手のアムンディ、ドイツのアリアンツなどは東京サイドから日本株運用を行なっています。

シュローダーやアムンディは日本株の公募投信を日本で販売しているほか、議決権行使結果を発表しているので、保有銘柄が明らかになっています。アムンディはパッシブ運用の比率が高い一方、アクティブ運用だけのシュローダーの２０２４年４～６月の議決権行使社数は２０３社でした（すなわち、東京サイドでの日本株の保有銘柄数は２０３銘柄）。また、シュローダーとベイリーギフォードはエンゲージメントを行なった日本企業を四半期ごとに開示しています。米国最大手アクティビストのエリオットはロンドンから日本株投資を行なっており、その他アクティビストでもシルチェスターやＡＶＩ（Asset Value Investors）もロンドン拠点です。なお、私はこの仕事を30年以上やっていますが、シェルチェスターだけは一度も訪問したことがありません。

◉欧州ではMiFID IIが日本株投資の減少要因

欧州では２０１８年にＥＵ指令であるMiFID IIが施行されて、運用会社が証券会社に注文を出すときに、注文執行とリサーチ購入費用を分けるように求められて、日系証券会社への手数料支払いが大きく減りました。米系大手証券では、日本株のリサーチはグローバル調査の一部として、おまけ的な扱いをしているところもあるようです。以前、日系大手証券会社のアナリストはロンドンのみならず、パリ、フランクフルト、スイスにも行っていましたが、ロンドン以外の投資家を訪問することが大分減りました。また、英国でもベイリーギフォードのサラ・ホイットニー氏や、シュローダーのアンドリュー・ローズ氏など著名な投資家が引退したことで、知り合いの機関投資家が大分減ってしまいました。**ベテランのファンドマネージャーが引退した後、若いファンドマネージャーは、日本株を担当しても将来が不安だとして、日本株のファンドマネージャーになりたがらないので、後継者難になっているようです。**

そうしたなか、1990年代の著名ストラテジストだったピーター・タスカ氏が1998年にアーカス・インベストを共同創業し、いまも現役でやってらっしゃるのはすごいと思います。ピーター・タスカ氏が1992年に上梓した『日本の時代は終わったか』は、先見の明がありました。

◉欧州では5営業日で5都市を訪問

2025年2月時点で欧州行きの飛行機はロシアの上空を飛べないので、ロンドンまで14時間超かかります。5営業日で5都市に行ったので、ディナーは毎回機内食でした。冬に晴天が多い東京と異なり、欧州の冬は曇りでどんよりしています。

私はロンドンに1993~1996年に駐在していたうえ、毎年投資家訪問に行っているので、地の利があります。ロンドンには著名アクティビストがいますが、日本株で割安な銘柄が少なくなったと嘆かれました。アイルランドはブリティッシュへの対抗意識か、朝食と紅茶からウィスキー・牛肉まで何でもアイリッシュの冠を付けたがるようでした。アイルランドのダブリンは税率が低いので、欧州大陸の大手運用会社が拠点を置いています。**ダブリンの投資家から、日本のAI競争力について尋ねられたので、「米中には到底敵わないものの、欧州並みでは」と答えました。**

スイスに行ったのは約5年ぶりでしたが、日本人にとっては物価が高すぎて、長居できない国です。空港でミネラルウォーターを買うと、500mlで1000円近くします。スイスはチューリッヒとジュネーブに投資家がいるので、電車で約3時間かけてチューリッヒからジュネーブへ移動しましたが、天気が良いと、スイスの山は絶景です。スイスの投資家からは、「日本企業の配当性向は欧米企業よりまだ低いのでもっと引き上げるべきだ、日本企業のバランスシート管理は不十分だ」と言われました。

ドイツのフランクフルトのベテラン投資家からは、株式持合比率と持合解消の行方等について聞かれました。オアシスの投資先のである花王を勧めたところ、資生堂は外資企業に買収される可能性はないのかと尋ねられました。ドイツでは、割安な日本旅行がブームになっていると聞きました。

ストックホルムは、２０２5年1月にＡＮＡが週3回、ストックホルム便を開始し、ストックホルムを「世界一美しい首都」とアピールしていますが、世界一美しいかは疑問が呈されます。ストックホルムの投資家からは、日本の個人消費が弱い理由として、年金受給者の消費や年金制度などについて尋ねられました。最後は、ＡＮＡはＪＡＬより運賃が割高だったので、直行便では帰らず、British Airwaysで夜にロンドンに移動し、翌朝ＪＡＬで帰国しました。

◉運用資産規模が大きい米国の大手運用会社

ブラックロックは２０２4年末時点の運用資産が11・5兆ドル（約１７２5兆円）と世界最大の運用会社ですが、日本株運用資産はほとんどがパッシブ運用と推測されます。ブラックロックはＧＰＩＦからパッシブ運用で約12兆円受託しているほか、米国の海外株式に投資するＥＴＦ・ミューチュアルファンドで日本株に約11兆円投資しています。他に公表されないＳＷＦや海外年金等の委託運用を通じても日本株に投資していることから、日本株への投資額は30兆円近いと推計されます。

非上場のキャピタル・グループは株式のアクティブ運用を主体とする運用会社であり、ＨＰ（ホームページ）に運用資産が2・7兆ドル（約４０5兆円）超と書いてあります。日本株運用は米国のミューチュアルファンド、日本の公的年金からの委託や公募投信等を通じて行なわれています。日本の公募投信は純資産が1兆円を超えると大きい投信とみなされますが、キャピタル・グループの〝New Perspective Fund〟は運用資産が約20兆円にも達します。欧州の投資家は日本株を1兆円超保有していると大きな投資家とみなされますが、キャピタル・グループの日本株保有額は10兆円近いと推測されます。キャピタル・グループの本社はロサンゼルスですが、大量保有報告書の出所をみると、東京のみならず、ジュネーブやシンガポールからも出ており、グローバルな拠点から日本株投資が行なわれていることをうかがわせます。

ボストンに本社があるフィデリティもアクティブ運用を主体とする運用会社です。大企業とのエンゲージメントが評価されて、GPIFからパッシブ・エンゲージファンドを受託しているほか（2024年3月末の運用資産は3461億円）、アクティブファンドとして「日本バリューアップ・ファンド」（2024年12月末の運用資産は207億円）を運用しています。後者は、グローバルな調査ネットワークを活用しながら、投資先企業との建設的な対話を通じて、企業価値の向上を目指す投信です。

フィデリティと同じくボストンに本社があるウエリントンはESG特性を重視して世界の主要株式に集中投資する「企業価値共創世界株ファンド」を野村アセットマネジメントの外部委託投信として運用しています。2024年末時点の運用資産は740億円で、38銘柄に投資し、上位10位組入銘柄に入った日本株はありませんでした。

JPモルガンアセットマネジメントはアクティブ運用だけで、日本株での議決権の行使社数が2023年4～6月152社→2024年4～6月142社と減りました。これは東京サイドで運用しているファンドの日本株銘柄数を示唆します。世界最大の銀行であるJPモルガンチェースの資産運用部門の2024年末の運用資産は4兆ドル（約600兆円）と巨大ですが、日本株運用はそのわずかに過ぎないようです。

◉米国大手運用会社は日本の主要企業の剰余金処分に反対

例年、株主総会で会社提案の剰余金処分案に対する反対比率が高い上位2位の運用会社は、JPモルガンアセットマネジメントとキャピタル・グループです。米国大手運用会社から見れば、日本企業の株主還元が不十分だということでしょう。

JPモルガンアセットマネジメントは「自己資本比率が50％以上あり、さらなる内部留保の蓄積を要しないにもかかわらず、当該年度に実施された自社株買い等を考慮しても総還元性向が50％を下回る剰余金処分案は原則として承認しない」としており、2024年4～6月の株主総会においても、剰余金処分の会社提案に対する反対比率が31・1％と主要運用会社のなかで最も高くなりました。JPモルガンアセットマネジメントが反対した剰余金処分案にはキーエンス、テルモ、ダイキン工業、髙島屋、JR東日本、JR東海、TBS HDなどがありました。

2024年4～6月の株主総会で、キャピタル・グループの剰余金処分に対する反対比率は

26・2％と2番目に高く、キーエンス、TDK、ダイキン工業、MARUWAなどの剰余金処分に前年に続いて反対しました。キャピタル・グループは「正当な理由なく、総還元性向が一貫して50％を下回っている場合、剰余金処分議案への反対を検討する」としています。

一方、ブラックロックの剰余金処分への反対は少なく、2024年4～6月に反対したのは議決権行使した1045件のうち、東映など5件のみでした。ブラックロックは剰余金処分について、「業績動向やバランスシートの状態、会社の成長見通し、自己株式取得の状況などを勘案し、また同業他社とも比較して、配当水準が過小でないと判断されれば賛成する」としています。

ブラックロックは外資系運用会社のなかで

図表1-8　2024年株主総会での運用会社別の剰余金処分への反対比率

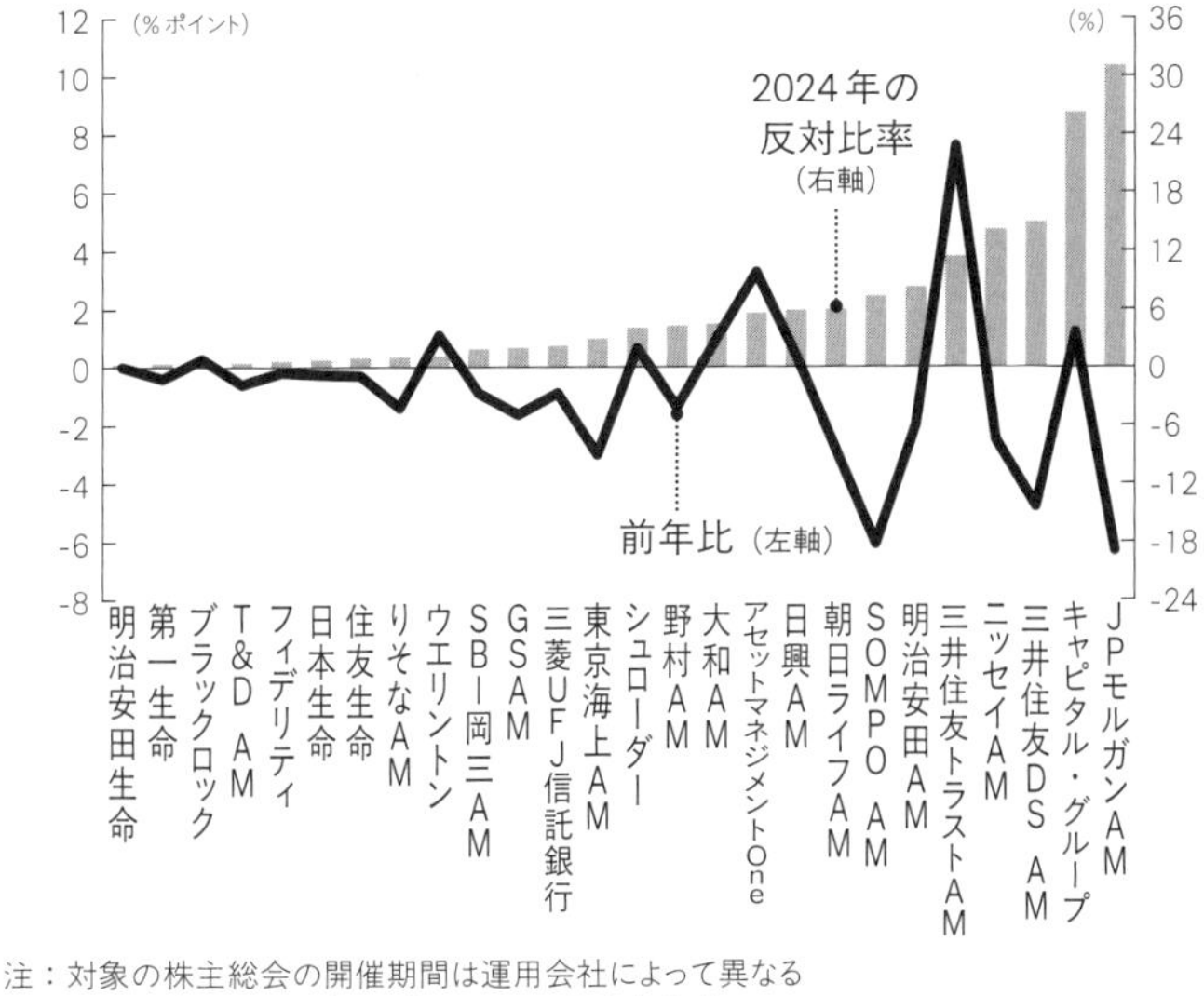

注：対象の株主総会の開催期間は運用会社によって異なる
出所：会社資料よりみずほ証券エクイティ調査部作成

は例年、会社提案への反対比率が低く、2024年4～6月は8・7％でした。アクティブ運用のJPモルガンアセットマネジメントやキャピタル・グループと異なり、ブラックロックはパッシブ中心で、保有銘柄が多く、運用資産規模も大きいので、自社の規模の大きさを考慮して議決権行使をしているようで、「与党の株主」と言われることがあります。

◉運用会社の付加価値の源泉は上場資産からプライベート市場にシフト

運用資産で最大のブラックロックの強みはパッシブファンドにありますが、2024年3Qの決算説明会でラリー・フィンクCEOは、「協調した投資とイニシアティブを通じて、我々はプライベート市場を進化させている。当社とGIP（約2兆円で買収したインフラ大手）が力を合わせて、インフラの巨大な投資ポテンシャルへのアクセスをドライブしている」と述べました。

米国の上場運用会社で時価総額が最大なのはブラックロックではなく、運用資産が1・1兆ドル（約165兆円）とブラックロックの10分の1に過ぎないプライベートエクイティのブラックストーンです。2024年末時点のブラックストーンの時価総額は2100億ドル（約31兆円）と、ブラックロックの約1・4倍に達します。運用会社の付加価値が上場市場からプライベート市場にシフトしている証左でしょう。

ブラックストーンのライバルであるKKR（コールバーグ・クラビス・ロバーツ）の株価は年初来約1・7倍に上昇し、時価総額がブラックロックに迫っています。

アレス・マネジメントはブラックストーンやＫＫＲに比べれば、規模が小さいプライベートエクイティですが、２０２４年末の時価総額が５６０億ドル（約８・４兆円）と第一三共並みです。アレス・マネジメントには三井住友銀行が５％弱出資し、同行で副会長を務めた大島眞彦氏（トヨタ自動車の社外取締役も兼任）が、日本法人の会長に就任しました。

一方、インベスコやティー・ロウ・プライスなどの伝統的なロングオンリー運用会社の株価は軟調に推移しており、高配当利回り銘柄としての側面を強めています。アライアンス・バーンスタインは日本で「米国成長株投信」の販売に成功していますが、米国株式市場での評価は低いようです。テンプルトン等を傘下に持つフランクリン・リソーシズは２０２４年１月に老舗運用会社のパトナムを買収しましたが、成長期待は高まらず、ＰＥＲは１桁台にとどまります。カンザスの伝統ある上場運用会社だったWaddel & Reedはオーストラリアのマッコーリー・グループに買収されて、マッコーリー・アセットマネジメントに変わりました。

第 2 章

膨張するアクティビスト

FOCUS ON
FOREIGN
INVESTORS'
INVESTMENT STRATEGY

日本のアクティビスト活動は第3次ブーム

◉日頃からほとんどのアクティビストに接している

私は主要アクティビストのなかで、シルチェスターとバリューアクト等とは直接コンタクトしたことがありませんが、日頃からほとんどのアクティビストに接しています。

アクティビストは組織上ヘッジファンド形態を取りますが、大量の銘柄を頻繁にロング&ショートするヘッジファンドと異なり、少数銘柄への集中・長期投資をすることが多いため、売買回転率が低く、証券会社にとっては良い顧客ではありません。海外出張では担当セールスが顧客とのミーティングのアポイントを入れますが、通常セールスは手数料支払いが少ないアクティビストにはアポイントを入れたがりません。しかし、アクティビストと話すと勉強になるので、セールスにアポ入れをお願いするときもありますし、自分で長年の知り合いのアクティビストにアポを入れるときもあります。アクティビストはプライムブローカーを務めるゴールドマンサックスなどの外資系証券との取引関係が深い一方、事業法人との関係を重視する日系証券との取引関係は薄くなっています。ただ、私は外資系証券に勤務していた経験があるうえ、長年株式持合の解消やコーポレートガバナンス改革の必要性を訴えてきたので、アクティビストからコンタクトを求めてくることが少なくありません。

過去に**海外アクティビストからの要請には、①株式持合の解消の現況や東証・金融庁による制度変更を英語で説明して欲しい、②株主提案について説明したいので、日系大手運用会社の議決権行使担当者にアポイントを入れて欲しい、③政府機関や経済団体にコーポレートガバナンス改革に関する意見を言いたいので、そうした機会をつくって欲しいなどがありました。**②で、私は長年、機関投資家の議決権行使の結果分析を行なっているので、プロキシーファイト時の票読みを頼まれたこともありました。某アクティビストからは、日本拠点をつくるのでエンゲージメント担当者の候補者を紹介して欲しいと依頼されたこともありました。

◉安倍政権でのコーポレートガバナンス改革がきっかけ

日本におけるアクティビストの歴史や各アクティビストの投資活動については、私が2020年3月に上梓した『アクティビストの衝撃』や2024年7月に上梓した『アクティビストの正体』を参考にしていただきたいのですが、**日本におけるアクティビスト活動は現在、第3次ブームの最中にあるといえます。**

第1次ブームは、1980年代後半に事業会社による敵対的買収が増加した時代です。ミネベアミツミ（当時ミネベア）が、1985年に三協精機（現ニデックインスツルメンツ）の19%の株式を買い集めました。不動産の秀和が1988～90年に忠実屋、いなげや、松坂屋、長崎屋、伊勢丹など当時の小売業の株式を次々と買い占めた事件がありました。米国のグリーンメイラーとして有名だったブーン・ピケンズ氏が1989年3月に、小糸製作所の20％強を保有する筆頭株主になりましたが、バブル崩壊とともに日本株から撤退しました。

第2次ブームは、2000年代半ばに村上ファンドやホリエモンが暗躍した時代です。2000年に村上ファンド（当時の資産運用会社はMAC）の村上世彰氏が昭栄（現ヒューリック）に対して初の敵対的TOBを行ないました。昭栄は2012年に同じみずほ系の不動産会社ヒューリック（旧日本橋興業）と合併して、優良不動産会社に変わりました。2000年代に村上世彰氏が手掛けた企業には東京スタイル（現TSI HD）、ニッポン放送（現フジ・メディア・HD）、阪神電気鉄道（現阪急阪神HD）などがありました。当時、堀江貴文氏（ホリエモン）が経営していたライブドアが買収を目指したニッポン放送株の取引を巡って、村上世彰氏と堀江貴文氏がインサイダー取引で逮捕されて、有罪になったことや、一般社会を敵に回すような奔放な発言を行なったことで、日本におけるアクティビストの評判が悪化しました。村上世彰氏は罰金刑で済みましたが、堀江貴文氏は約2年半にわたって刑務所に収監されました。

当時アグレッシブなアクティビストとして恐れられた米国のスティール・パートナーズは、2008年にはアデランスの社長解任に成功しました。2007年のブルドックソースに対するTOBでは、株主総会で承認された買収防衛策を巡って訴訟になり、スティール・パートナーズは東京高裁で「濫用的買収者」の烙印を押されました。スティール・パートナーズが2006年3月末に保有比率を23％まで引き上げた明星食品は、日清食品に買収されました。

サッポロHDは、2000年後半にスティール・パートナーズに20%近い株式を保有されてTOBを提案されましたが、買収を免れました。米国のダルトン・インベストメンツも2000年代半ばから活動しているアクティビストで、2006年にサンテレホンをMBOに追い込みました。

現在の第3次ブームは2012年末に、安倍政権でのコーポレートガバナンス改革とともに始まったと考えられます。日本株が儲かると思ったのか、シンガポールに移り住み、アジアの不動産を中心に投資していた村上世彰氏も日本株投資を再開しました。日本では第2次ブーム時のアクティビストの悪評が尾を引き、評判が改善しているとはいえませんが、**第3次ブームではアクティビストによる建設的な提案も増えています。**日本人が運用しているファンドでは、アクティビスト・ファンドと呼んでほしくない、エンゲージメント・ファンドと呼んでほしいという人もいますが、私は、アクティビスト・ファンドとエンゲージメント・ファンドは「紙一重」の差しかないと考えています。

◉日本のアクティビスト・ファンド数は10年で9倍以上に

上場企業であるアイ・アールジャパンHDは、アクティビストの調査に力を入れています。外部者だと、アクティビストの手口は大量保有報告書が出ないとわかりませんが、株主名簿には表記されない国内外の機関投資家株主を特定するサービスである株主判明調査も行なっているアイ・アールジャパンＨＤには、顧客企業から５％未満の保有でもアクティビストによる投資の情報が行くようです。アイ・アールジャパンＨＤは〝Power of Equity〟を標榜しており、四半期ごとの決算説明会資料に、日本に参入しているアクティビスト・ファンド数や、アクティビストによる株主提案の件数の推移をグラフで掲載しています。

日本に参入しているアクティビスト・ファンド数は２０１４年の８本から、２０２４年末時点で73本と９倍以上に増えました。アイ・アールジャパンＨＤの推計によると、アクティビストの日本株投資額は約９・５兆円と、プライム市場の時価総額の約１％に達しました。東証の「株主状況分布調査」によると、２０２３年度末の外国

図表2-1　日本に参入しているアクティビスト・ファンド数

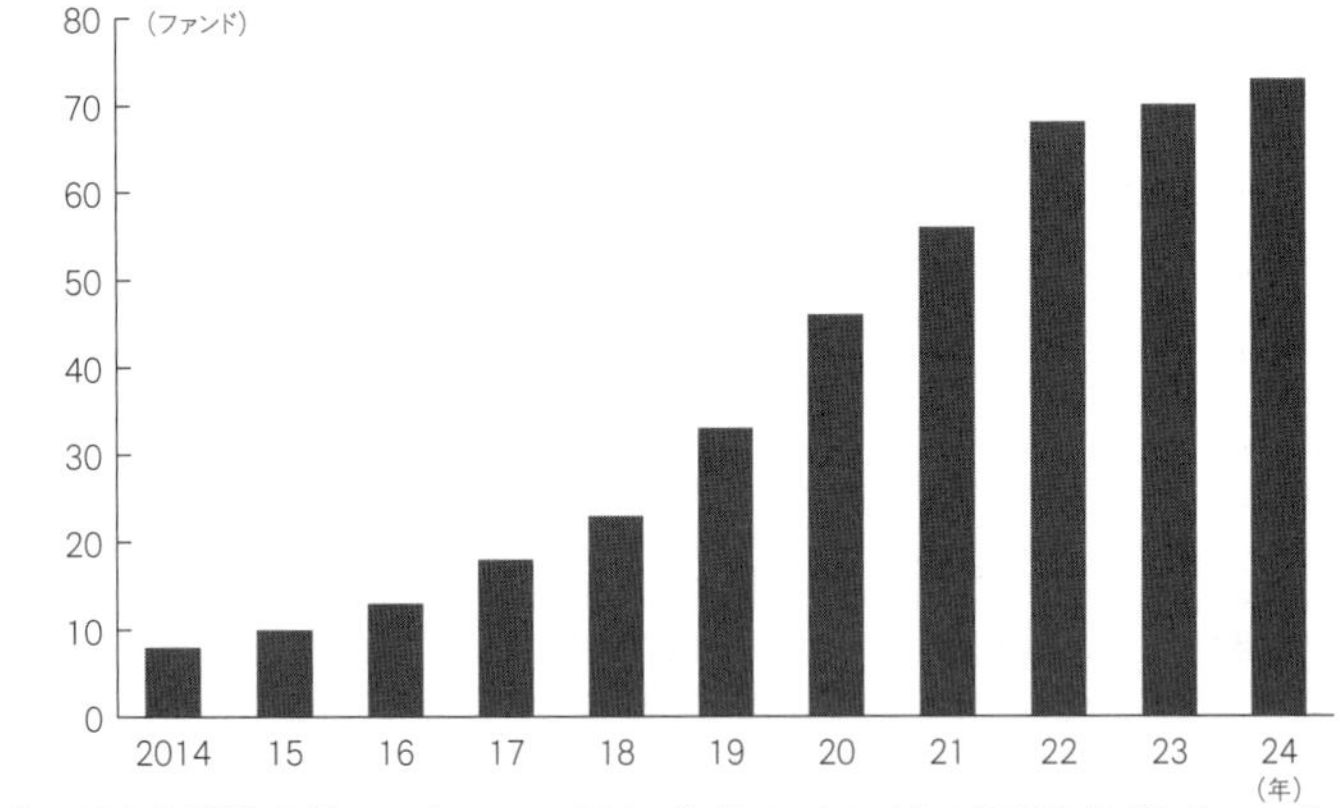

注：日本株投資が明らかになっている国内・海外でアクティビスト活動実績があるファンド。
　　アクティビスト活動を開始していない時期の日本株投資はファンド数に含まない
出所：アイ・アールジャパンHD資料よりみずほ証券エクイティ調査部作成

人の日本株保有額は320兆円だったので、**アクティビストの保有額は外国人投資家全体の保有額の3%未満に過ぎません。**アクティビストの保有額は、米国大手投資家のキャピタル・グループの日本株推計保有額10兆円を下回る金額でしかありません。アクティビストの日本株投資は、マスコミや他投資家の関心を惹きやすいので目立ちますが、金額的には過大評価すべきでないといえます。アイ・アールジャパンHDは2024年度上期の決算説明資料で、「従来型のアクティビストは株主還元拡大の余地が大きい企業を主なターゲットにしていたものの、新たなアクティビズムは、事業ポートフォリオの集中と選択を行ない、利益・マルチプル拡大による株価上昇余地があると判断される企業をターゲットにすることが多くなってきた」と述べました。アイ・アールジャパンHDは受注を平時対応案件と有事対応案件に分け、また金額5000万円以上を大口案件と定義しています。

◉2024年のアクティビスト活動

最近のアクティビストは正論を吐くことが多いので、アクティビストから提案を受けた企業が一旦は提案を拒否しても、後からアクティビストが提案していたことを実行することがあります。

セブン&アイ・HDは2023年に米国のバリューアクトから求められたコンビニ事業への経営集中を否定して、イトーヨーカ堂とのシナジー効果を強調していましたが、2024年に入って、カナダのアリマンタシォン・クシュタールからの買収提案を受けて、スーパーマーケット事業の一部を売却を発表しました。

２０２４年11月には、ＰＢＲが約０・２倍まで低下した日産自動車に対してエフィッシモキャピタルとオアシスが投資したと報じられて、日産自動車株が反発しましたが、12月にホンダとの経営統合の協議が発表されたため、両ファンドの目利き力の高さが示されました。しかし、２０２５年２月に両社は統合協議の破棄を発表したため、両ファンドの今後の対応が注目されます。

オアシスは立派なホワイトペーパー（提案書）を書くようになってきましたが、２０２４年４月に「より強い花王」との経営提案書を公表した後、２０２４年12月に５・２％で大量保有報告書を提出しており、通常と順番が逆のように感じられました。

３Ｄインベストメント・パートナーズが投資して、ＫＫＲとベインキャピタルのＴＯＢ合戦になった富士ソフトにおいても、両ＰＥファンドの買収価格は３Ｄインベストメント・パートナーズが最初に大量保有報告書を提出したときの約２倍の株価なので、３Ｄインベストメント・パートナーズの企業価値評価が正しかったことを示します。

エリオット・マネジメントは２０２４年11月に、東京ガスの保有不動産の含み益に注目して大量保有報告書を提出しました。

京成電鉄は２０２４年６月の株主総会で英国のパリサーからの株主提案を否決しましたが、

オリエンタルランドの保有株の一部を売却しました。

なお、2024年6月の株主総会で成立したアクティビストの株主提案は、ストラテジックキャピタルのダイドーリミテッドに対するものだけでしたが、ストラテジックキャピタルは社外取締役を送り込んだ直後に、同社株を利食ったため、アクティビストはやはり短期志向との誹《そし》りを浴びました。

◉2024年8月の株価急落局面で株式を買い増したアクティビスト

「割安な日本株が減った」と嘆いていたアクティビストにとって、2024年8月2日や5日の株価急落局面は格好の買い場になりました（急落局面に押し目買いできる現金ポジションをどれほど持っていたかに依存したでしょうが）。

2024年8月2〜8日の5営業日の大量保有報告書をみると、旧村上ファンド系は大平洋金属、ヨロズ、三井住友建設の保有比率を引き上げたほか、金属製品のパイオラックスに新規に大量保有報告書を提出しました。旧村上ファンド系とヨロズの戦いは約10年に及んでいます。ストラテジックキャピタルはゴールドクレスト、淀川製鋼所、東亜道路工業の保有比率を引き上げました。NAVF（Nippon Active Value Fund）はあすか製薬HD、ヘリオステクノHD、那須電機鉄工、栄研化学の保有比率を引き上げました。エフィッシモキャピタルは不動テトラ、UACJ、サンケン電気の保有比率を引き上げました。同じシンガポールのシンフォニー・フィナンシャルは日証金とレンタルのニシオＨＤの保有比率を引き上げました。３Ｄインベストメント・パートナーズは、東邦ＨＤの保有比率を引き上げました。２０２４年６月の株主総会で東洋証券に対して株主提案を行なった日系のＵＧＳアセットマネジメントは、建設のヤマトと佐田建設の保有比率を引き上げました。エンゲージメント・ファンドでは、みさき投資会社が日本電子に新規に大量保有報告書を提出し、ありあけキャピタルが千葉興業銀行の保有比率を引き上げました。

アクティビストではありませんが、光通信による保有比率の引き上げも目立ちました。この株価急落局面で、英国のシルチェスターは保有比率の引き上げがなかったため、シルチェスターの運用資産は減っているのではとの見方がありました。

◉２０２４年の株主総会で初めて株主提案を行なったファンド

毎年、日本市場に明示的に新規参入するアクティビストは1～2社です。

英国のパリサーが２０２４年６月の株主総会で京成電鉄に対して行なった定款一部変更（資本配分政策の策定及び投資有価証券の管理に関する規定の新設）の株主提案の賛成率は29・８９％で否決されました。パリサーは京成電鉄に対して、①オリエンタルランドの保有比率を15％未満（現保有比率は19％）まで減らし、同社株式が京成電鉄の貸借対照表上でその他有価証券に再分類されることで、帳簿価格と時価の間に生じている会計上の歪みを解消する、②重点的な投資戦略と株主還元施策を含む資本政策を採用し、東証の要請に沿って、京成電鉄の資本配分を最適化する、③取締役会の多様性確保、経営陣と株主のあいだで企業価値向上に向けた目標の共有、相談役制度の廃止及び取締役の他社との兼任など最高水準のコーポレートガバナンスの導入に加えて、投資家とのコミュニケーション方針を改善することを提案しました。京成電鉄は2024年11月にオリエンタルランドの自社株買いに応じて、保有比率を21%↓20%と引き下げましたが、依然として持分法適用会社であることから、中途半端な措置と見なされました。

ニューヨークに本社があるNHGGP（日本グローバル・グロース・パートナーズ）は、2024年6月の株主総会で初めて東洋水産に対して株主提案を行ない、うち定款一部変更（資本コストや株価を意識した経営の実現に向けた対応に関する開示）の株主提案が48・7%もの高い賛成率を集めたので注目されました。①NHGGPは元々PEファンドであり、立派なプレゼン資料をつくった、②日系運用会社等を訪問して株主提案の説明を行なった、③情報開示強化関連の株主提案には賛成する運用会社が少なくないことが、高賛成率につながったと考えられました。

東洋水産は総資産に占めるネットキャッシュ比率が40%超で、自己資本比率が81%に達するため、資本効率の改善が長年の課題になっていました。東洋水産は2024年6月に発行済株式総数（自己株式を除く）の2・5%の自己株式取得を発表し、コーポレートガバナンス報告書で「企業価値向上による株主共同の利益にかなった方策を検討している」と記載しました。東洋水産は2024年度中間決算説明資料で、資本コストや株価を意識した経営の実現に向けた対応の準備を進めており、2025年5月の決算発表時の次期中期経営計画で具体的な取組みを話すとしました。東洋水産は米国売上比率が約4割で製麺事業が成功しているので、セブン&アイ・HDのように、外国事業会社が注目する可能性もあるでしょう。

◉エリオットは大日本印刷を利食い

ほとんどのアクティビストはヘッジファンド業態なので、運用資産を公表していませんが、世界最大のアクティビストであるエリオット・マネジメントは、自社のHPで2024年6月末時点の運用資産が697億ドル（約10兆円）であることを開示しています。**日本株に投資しているアクティビストでは、エフィッシモキャピタル、オアシスなどの運用資産が1兆円程度と推計され、比較的大手とみなされていますが、エリオット・マネジメントの運用資産はその約10倍ということになります。**2024年2月4日に、エリオット・マネジメントが三井不動産に投資して自社株買い等を要求したと報じられたときに、2月5日の三井不動産株は前日比で+6・6%と上昇しました。エリオット・マネジメントは三井不動産に対して大量保有報告書を提出しておらず、三井不動産の有報や半期報告書でも上位10の株主に掲載されなかったので、保有比率は1・2%未満のようでした。

三井不動産はエリオット・マネジメントの要求に呼応するかのように、2024年4月11日に「新経営理念及び新長期経営方針」、増配を発表したことで、株価は4月15日に上場来高値をつけました。しかし、その後株価は下落基調となり、11月8日に発表した中間決算も営業利益が前年同期比▲6％とコンセンサス予想を下回ったことで、株価は2月5日の水準を下回りました。エリオット・マネジメントは2023年に大日本印刷にも投資して、政策保有株式の売却や自社株買い等を要求しましたが、2024年3月末の有報で2・7％の株式を保有する5位の株主だったことが明らかになりました。しかし、9月末の「半期報告書」で上位10の株主に掲載されなかったので、利食って保有比率が1％未満に下がったと推測されました。

◉エリオットが東京ガスに新規投資

エリオット・マネジメントは2024年11月19日に重要提案行為等を目的に、東京ガスの5・03％保有の大量保有報告書を提出しました。**エリオット・マネジメントの日本株投資チームが2020年に刷新されてから、大量保有報告書を日本企業に提出するのは初めてでした。**同日のFinancial Timesによると、エリオット・マネジメントは約1・5兆円と推計される東京ガスの不動産ポートフォリオを縮小し、エネルギー事業に集中することを求めているとのことでした。

東京ガスは豊洲等に豊富な不動産を保有しますが、豊洲に同様の不動産を持つ事業会社としては、2014年にサードポイントから不動産事業のスピンオフ要求を受けたことがあるＩＨ

2023年度					
賃貸等不動産期末残高（100万円）	賃貸等不動産期末時価（100万円）	不動産含み益（100万円）	不動産含み益調整PBR（倍）	実績PBR（倍）	不動産含み益調整PBRと実績PBRの差（ポイント）
875,323	2,498,551	1,623,228	0.87	0.41	0.46
578,655	1,215,611	636,956	0.81	1.32	-0.51
877,066	1,454,563	577,497	0.45	0.50	-0.05
891,108	1,462,252	571,144	0.68	0.96	-0.28
1,439,535	1,962,637	523,102	2.23	2.99	-0.76
455,651	921,838	466,187	0.98	0.66	0.32
134,015	581,479	447,464	0.89	1.11	-0.22
165,334	569,915	404,581	1.62	2.69	-1.07
924,722	1,280,150	355,428	0.98	1.07	-0.09
350,451	687,556	337,105	1.28	2.23	-0.95
143,093	415,486	272,393	0.64	0.98	-0.34
458,709	717,108	258,399	0.77	0.85	-0.09
302,886	554,580	251,694	1.06	1.24	-0.18
71,627	316,296	244,669	0.50	0.58	-0.08
117,778	361,260	243,482	0.77	1.14	-0.37
521,442	752,061	230,619	1.10	1.26	-0.15
384,885	611,000	226,115	0.79	0.68	0.11
594,543	804,682	210,139	0.62	0.86	-0.23
1,280,086	1,472,318	192,232	1.20	1.30	-0.10
364,242	534,540	170,298	0.94	1.11	-0.17
299,008	457,157	158,149	0.80	1.34	-0.54
130,706	287,990	157,284	1.31	1.92	-0.62
350,265	505,198	154,933	1.02	1.28	-0.26
778,902	920,681	141,779	0.91	0.96	-0.05
167,346	294,697	127,351	0.89	1.21	-0.32
31,277	155,622	124,345	0.50	0.61	-0.11
277,492	398,680	121,188	1.09	1.18	-0.10
242,824	363,699	120,875	0.94	1.16	-0.21
372,603	490,151	117,548	0.76	0.97	-0.21
28,093	144,136	116,043	1.01	1.76	-0.75
88,109	196,536	108,427	0.52	0.83	-0.30
184,784	291,564	106,780	0.99	1.20	-0.21

図表2-2　賃貸等不動産の含み益が大きい事業会社

コード	銘柄名	業種	時価総額（自己株式を除く普通株ベース）
9020	東日本旅客鉄道	陸運	3,350.3
9005	東急	陸運	995.9
6178	日本郵政	サービス	4,804.5
9042	阪急阪神HD	陸運	937.4
8267	イオン	小売	3,170.8
9021	西日本旅客鉄道	陸運	1,401.1
9531	東京瓦斯	電力ガス	1,790.0
9602	東宝	情報通信	1,201.3
8750	第一生命HD	保険	4,062.9
9024	西武HD	陸運	848.5
9301	三菱倉庫	運輸倉庫	382.3
9104	商船三井	海運	1,946.6
1812	鹿島建設	建設	1,465.9
9401	TBS HD	情報通信	650.5
9006	京浜急行電鉄	陸運	403.4
1802	大林組	建設	1,450.4
9503	関西電力	電力ガス	1,930.1
8233	高島屋	小売	373.6
1925	大和ハウス工業	建設	3,077.8
1803	清水建設	建設	949.0
9003	相鉄HD	陸運	219.9
8252	丸井グループ	小売	474.6
9142	九州旅客鉄道	陸運	562.9
8601	大和証券グループ本社	証券	1,477.1
9045	京阪HD	陸運	344.9
5901	東洋製罐グループHD	金属製品	378.9
8795	T&D HD	保険	1,615.3
9007	小田急電鉄	陸運	512.5
9044	南海電気鉄道	陸運	284.9
9302	三井倉庫HD	運輸倉庫	194.0
9119	飯野海運	海運	109.1
9008	京王電鉄	陸運	461.9

注：データは2025年2月28日時点。QUICK Astra Managerに2023年度の賃貸等不動産の期末残高と期末時価のデータの収録がある東証プライム企業（不動産を除く）。不動産含み益が1,000億円以上。不動産含み益調整PBRは直近時価総額／（自己資本＋税引き後不動産含み益）。法人税30%として税引調整。時価総額は自己株式を除く普通株ベースを利用。このリストは推奨銘柄でない

出所：QUICK Atra Managerよりみずほ証券エクイティ調査部作成

Ｉがあります。ＩＨＩは防衛関連株としての評価から、すでに株価が大きく上昇していました。みずほ証券のアナリストは「東京ガスの不動産事業全体の資産簿価は概ね３０００億円規模だが、賃貸事業等不動産として区分されている部分の簿価は約１３００億円規模、これに対する時価評価が約５８００億円程度となり、約４５００億円の含み益・簿価の約４・３倍の時価になっている。Bloomberg や Financial Times の報道によれば、エリオットに近い関係者による見方として、当社の不動産事業の資産価値が１・５兆円程度あるとの試算について報道しているが、当該試算の根拠は不明」と指摘しました。東京ガスは２０２３年末に約３８００億円で買収した北米でシェールガス開発を手掛けるロッククリフ・エナジーが、市況要因もあって２０２４年度のＲＯＡが低迷しているため、海外事業の収益改善も課題になっています。

東京の地価上昇に加えて、エリオット・マネジメントによる東京ガスへの投資によって、「優良不動産を持つ事業会社」への関心が一層高まりました。 ＴＢＳ ＨＤは東京エレクトロンの保有株のみならず、赤坂の保有不動産でも注目されています。東宝は保有不動産のみならず、コンテンツ関連株としても評価され、２０２５年２月に上場来高値を更新しました。京阪ＨＤは保有不動産のみならず、２０２５年２月に資本政策の見直しと自社株買いを発表したことで、株価が急騰しました。

◉富士ソフトを巡るKKRとベインキャピタルの争奪戦

3Dインベストメント・パートナーズとファラロンがそれぞれ22％、9％弱を保有していた富士ソフトに対して、KKRが2024年8月8日に8800円でTOBを発表し、富士ソフトは賛同の意見表明と応募推奨を行ないました。3Dインベストメント・パートナーズが富士ソフトに対して最初に大量保有報告を提出したのは、2021年12月で、3Dインベストメント・パートナーズは富士ソフトに対して社外取締役選任の株主提案を出して非公開化を求め、2023年夏に富士ソフトの非公開化に向けた買収提案の募集を始めました。3Dインベストメント・パートナーズは富士ソフトの本業の収益率が同業他社より低いこと、本業とは関係のない不動産を大量に保有していることを問題視していました。KKRは富士ソフトに対するTOBに際して、3Dインベストメント・パートナーズとファラロンからTOBへの応募契約を結びました。3Dインベストメント・パートナーズとファラロンの富士ソフトの大量保有報告に基づく平均買付価格に基づけば、両ファンドはKKRへの保有株の売却でそれぞれ約830億円、約280億円の売却益を得ると試算されました。

2024年9月3日にKKRのライバルであるベインキャピタルは、富士ソフトに対してKKRのTOB価格を5％程度上回る価格で非公開化の提案を行なったと発表しました。ベインキャピタルは発表文で、当社は1850億ドルの運用資産を持つ国際的投資会社であり、日本では2006年以来、投資先企業の企業価値向上に向けた取組みを進めていると述べました。

経済誌『選択』2024年10月号によると、KKRとベインキャピタルは「犬猿の仲」だそうです。KKRとベインキャピタルの争奪戦は、KKRが11月上旬に終えた1回目のTOBで34%の株式を取得し、11月20日～12月19日に2回目のTOBを行ないました。KKRはTOB価格を1回目の8800円から、ベインキャピタルによるTOB価格を1円上回る9451円に引き上げたうえ、現経営陣もKKRのTOB賛同を表明していましたが、ベインキャピタルは12月11日にTOB価格を9450→9600円に引き上げました。これに対して、KKRは2025年2月4日にTOB価格を9850円に引き上げた結果、ベインキャピタルは撤退しました。**3Dインベストメント・パートナーズが2021年12月に富士ソフトに最初に大量保有報告書を出したときの取得株価は5470円だったので、その8割以上高い株価で2大プライベートエクイティによるTOB合戦が行なわれることになりました。**

◉注目されるセブン&アイ・HD買収の行方

セブン&アイ・HDは2024年にカナダの流通大手アリマンタシォン・クシュタールから買収提案を受けていることを明らかにしたことで、株価が大きく上昇しました。アリマンタシォン・クシュタールの狙いは、セブン&アイ・HDの米国セブンイレブン事業だと見られました。日本企業は円安でも海外企業を買収するばかりで、外国企業による買収はめったに起こりませんでしたが、日本を代表する流通業であるセブン&アイ・HDが外国企業に買収されることになれば、外国企業、プライベートエクイティ・ファンド、バリュー投資家による日本株投資が増えると期待されました。アリマンタシォン・クシュタールがセブン&アイ・HDの同意なき買収に乗り出せばいいとの指摘もありましたが、アラン・ブシャール会長は日本的慣行を重視してか、2024年11月に「敵対的買収は検討していない」と述べました。セブンイレブンは元々上場していましたが、2005年の組織再編でセブン&アイ・HDに完全子会社化されました。

経営に何らかの問題がある企業は、アクティビストから提案を受けたり、買収のターゲットになったりすることが往々にしてありますが、セブン&アイ・HDもその事例です。セブン&アイ・HDは2023年5月の株主総会で、バリューアクトから取締役候補者の株主提案を受けましたが、賛成率25~34%で否決しました。バリューアクトはスーパー事業を分離したうえでの、コンビニ事業への集中を求めたのに対して、セブン&アイ・HDはコンビニとイトーヨーカ堂の事業間にシナジーがあると主張しました。しかし、その後セブン&アイ・HDはイトーヨーカ堂などのスーパー事業の売却を検討していると報じられました。アクティビストの主張は正論であることが多く、そのターゲットになった企業は一旦アクティビストの提案を拒否しても、タイムラグをおいて、アクティビストの主張を受け入れたかのように行動することが時々あります。セブン&アイ・HDに対しては、創業家である伊藤家もMBOの検討に乗り出しましたが、7兆~9兆円もの買収資金を調達できなかったため、撤退しました。

◉エフィッシモキャピタルとオアシスが日産自動車に投資

普通、アクティビストの保有比率の変化は、大量保有報告書を通じて判明しますが、大量保有報告書では5％以上の保有しかわかりません。一方、**企業が年に2回発表する有価証券報告書や半期報告書では、5％未満の保有でも、上位10の株主が判明するので、アクティビストが新たな大株主に現れていないか、有価証券報告書や半期報告書を注意深く見ている投資家がいます。**

日産自動車が2024年11月11日に提出した「半期報告書」で、エフィッシモキャピタルが2・5％を保有したことが判明し、翌日に株価が＋13％と上昇しました。大株主名にエフィッシモキャピタルの名前は掲載されておらず、代わりに「サンテラ（ケイマン）リミテッドアズトラスティ オブ イーシーエムマスターファンド」となっていました。同ファンドが川崎汽船やサンケン電気の大株主としても出てくるエフィッシモキャピタルの実質的な名義であることを理解していないとわからないことでした。エフィッシモキャピタルは日産自動車の上場子会社である日産車体でも29・7％保有する大株主であることから、日産自動車のガバナンス改善期待に加えて、親子上場解消の期待も出たようであり、日産車体の株価も11月12日に＋9％と上昇しました。

日産車体は「半期報告書」で、大量保有報告書でエフィッシモキャピタルの投資を確認したものの、実質所有株式数の確認ができないため、大株主の状況には含めていないとしていまし

図表2-3　日産自動車と日産車体の上位10株主

日産自動車

順位	株主名	所有割合（%）
1	ナティクシス エスエイ アズ トラスティー フォー フィデューシー ニュートン	22.8
2	ルノー エスエイ	16.3
3	日本マスタートラスト信託銀行	8.6
4	ジェーピー モルガン エスイー ルクセンブルク ブランチ	3.2
5	サンテラ（ケイマン）リミテッド アズ トラスティ オブ イーシーエム マスター ファンド	2.5
6	日本カストディ銀行	1.6
7	ステートストリート バンク ウェスト クライアント トリーティー	1.2
8	日本生命	1.0
9	モックスレイ・アンド・カンパニー・エルエルシー	0.9
10	野村信託銀行（投信口）	0.6
	上位10社合計	58.7

注：2024年9月末時点、ナティクシス エスエイの実質株主はルノー エスエイ

日産車体

順位	株主名	所有割合（%）
1	日産自動車	50.0
2	イーシーエム エムエフ	22.6
3	バンクオブニユーヨーク ジーシーエム クライアント アカウント	4.2
4	インタートラスト トラスティーズ（ケイマン）リミテッド	3.4
5	ゴールドマン・サックス・インターナショナル	2.5
6	日産車体取引先持株会	1.8
7	日本マスタートラスト信託銀行（信託口）	1.7
8	ジェーピーモルガンチェースバンク	0.6
9	日本カストディ銀行（信託口）	0.6
10	NORTHERN TRUST CO	0.5
	上位10社合計	87.8

注：2024年9月末時点、大量保有報告書でエフィッシモキャピタルが次の株式を所有している旨が記載されているが、当社として実質所有株式数の確認ができないため、上記大株主の状況には含めていない。

	エフィッシモキャピタル	29.7

出所：会社資料よりみずほ証券エクイティ調査部作成

た。DIAMOND online（2024年11月15日）は、オアシスもエフィッシモキャピタルよりも前から日産自動車に投資しているが、保有比率が高いわけではないと報じました。オアシスはドラッグストア業界で再編狙いの投資で成功（ツルハHD＋ウエルシアHD）してきたことから、DIAMOND onlineは日産自動車＋ホンダなど自動車業界の再編狙いではとの見方を示しましたが、それは12月に正しかったことが判明しました。

エフィッシモキャピタルは2017年に日産車体に株主提案を行なった際に、過去10年以上にわたって保有していると述べていたため、同社株を17年程度保有していると推測されました。日産車体は2015年度以降ROEが5％を下回っており、2024年6月の株主総会ではストラテジックキャピタルからも、少数株主保護委員会の設置に係る定款変更の株主提案を受けましたが、35・4％の賛成率で否決しました。日産自動車出身の冨山隆社長の賛成率も64・6％であったため、アクティビストのみならず、機関投資家からの反対比率も高かったようです。

◉株主総会でアクティビストの株主提案が成立するのは稀

アイ・アールジャパンHDの集計によると、アクティビストによる株主提案件数は2023年の71件→2024年の68件と若干減りました。**アクティビストの株主提案は以前より建設的になってきており、運用会社も賛成しやすくなってきていると考えられますが、アクティビス**

ト提案の成立は依然として極めて少なくなっています。

２０２４年６月の株主総会で成立したアクティビストの株主提案は、ストラテジックキャピタルのダイドーリミテッドへの取締役選任の提案だけでした。アクティビストというよりプライベートエクイティという色彩が強いＮＨＧＧＰ（日本グローバル・グロース・パートナーズ）の東洋水産に対する資本コストや株価を意識した経営の開示を求める株主提案は48・７％の賛成率を集めましたが、定款変更の提案は３分の２以上の賛成がないと成立しないので、大差で否決されたことを意味します。株主提案へは個別案件ごとに是是非非で判断するとしている運用会社が多いですが、株主提案への賛成率・反対率が高い運用会社は例年同じ傾

図表2-4　アクティビストによる株主提案数

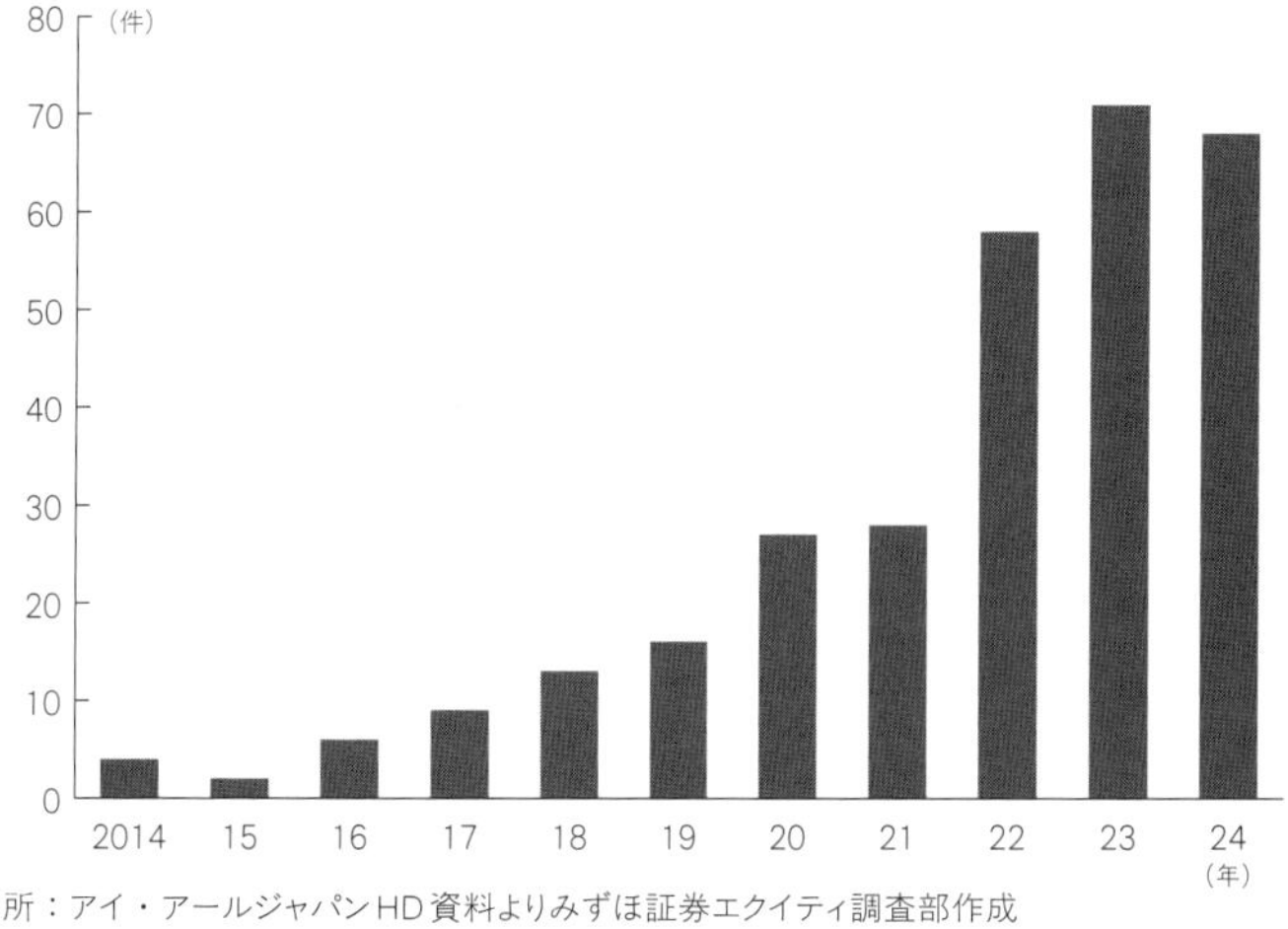

出所：アイ・アールジャパンHD資料よりみずほ証券エクイティ調査部作成

向にあります。

◉日系運用会社は株主提案への賛成率が低い

株主提案への賛成率が高いのは外国運用会社ですが、2024年4～6月もJPモルガンアセットマネジメント、シュローダー、フィデリティなどの外国運用会社の賛成率が高くなりました。一方、大手生保の株主提案への賛成率が低く、明治安田生命は2年連続、住友生命は3年連続で株主提案への賛成がゼロでした。**日系運用会社の株主提案への賛成率が低いことが、株式持合の多さと並んで、米国大手アクティビストが日本市場への参入を躊躇する理由になっています。**キャピタル・グループは過去2年に株主提案への賛成がゼロでしたが、2024年4～6月は90件の株主提案のうち、東洋水産への提案など9件に賛成しました。日興アセットマネジメントの2024年4～6月の株主総会における株主提案への賛成が22・2%と、前年同期の8・7%から大きく上昇したのは、東証の資本コストや株価を意識した経営の要請を後押しする意味合いがあったようです。

アクティビストの行動原理とは

◉アクティビストは短期売り逃げではない

アクティビストへの批判として最も多いのが、アクティビストは短期志向であり、増配や自社株買いの発表で株価が上昇すれば、株式を売却して出ていくというものです。日本経済新聞も2024年12月の「資本騒乱 膨張アクティビスト」という連載記事のなかで、「『短期売り逃げ』ファンドに賛否 企業の成長支援に責務」との内容を掲載しました。

アクティビストの保有や売却は大量保有報告書が提出されないと、通常わからないので、主要アクティビストの平均保有期間を2024年12月時点で、2020年以降に大量保有報告書が提出された銘柄を対象に計算しました。最終の大量保有報告書が5%以上のまま上場廃止になった銘柄を除き、5%以下になった後、5年以内に再度大量保有報告書が提出された場合は、継続保有としてカウントしました。この試算によると、平均保有期間はシルチェスターが約7年、エフィッシモキャピタルが約6年、ダルトン・インベストメンツとNAVF（Nippon Active Value Fund）が約5年だったのに対して、ストラテジックキャピタルは約3年、オアシスと村上ファンド系が約2年でした。

アクティビストによる投資が短期志向かどうかは、投資手法に加えて、資金調達で、短期で解約できないロックアップ期間を設定しているかどうかにも依存しましょう。長期塩漬けが失敗した投資と見なされることがある一方、株価はファンダメンタルズから乖離して短期で急騰したら、売却するのがファンドマネージャーの責務といえましょう。エフィッシモキャピタルは投資が巧い一方、ＥＸＩＴが得意でないとの見方もありますが、保有株の利食いよりも、運用資産の拡大に重きがあるようです。ファミリーオフィス的に自身の資金運用だけを行ない、**最も短期志向と批判されることがある村上ファンド系ですら、平均2年保有しているということは、アクティビストが極端な短期志向とは必ずしもいえないでしょう。**

◉アクティビストの考え方がわかる丸木強著『「モノ言う株主」の株式市場原論』

投資先を明かさないアクティビストも少なくないなかで、ストラテジックキャピタルはＨＰで、過去の株主提案のトラックレコードを２０１４年から開示しています。丸木強代表は早稲田大学等で講演を行なっており、そのときのプレゼン資料も掲載されています。丸木氏は旧村上ファンドの幹部でしたが、いまは村上世彰氏との交流はほとんどないようです。ストラテジックキャピタルの運用資産は約１０００億円です。

丸木氏が２０２４年5月に上梓した『「モノ言う株主」の株式市場原論』はアクティビストの考え方がわかる良書です。そのなかで丸木氏は「日本ではオーナーであるはずの株主が軽視されているから株価が低い。我々が投資するのは、改善余地がある悪い会社だ。買収防衛策を導入している企業は、自らバーゲンセールの貼り紙をしているようにしか見えない。防衛したいのは、経営者の地位ではないか？　ＴＯＢの際には、買収価格で争う時代になった。我々は資本主義下の上場企業として当たり前の姿に戻そうと提案しているだけだ。それによって、企業価値が上がり、株式市場で正当に評価されれば、その企業のすべてのステークホルダーも報われるはずだ。当社の投資先企業の株価は、我々が売却した後も伸びている。東証や金融庁の対応によって、時代がアクティビストに追いついてきた。ここ数年のあいだに、世の中の雰囲気はずいぶん変わった。我々の活動が社会からそこそこ認知され、批判ばかりではなく、評価もいただけるようになった。メディアの書き方も、『モノ言う株主』が行なっていることは意外と正しいのではないか、聞く耳を持ってもいいのではないかという論調が増えてきた。政策保有株式の保有でＲＯＥがぶれてしまうので、**政策保有株式は有害無益だ**。**株主提案こそ、企業価値向上の原石だ**。**上場企業は不動産賃貸業を行なってはいけない**。ＰＢＲ１倍未満の企業の経営者の年間報酬は５００万円でよい」などと述べています。

◉アクティビストによって投資スタイルが異なる

アクティビストは複数の投資手法、投資スタイルを取りますし、時代とともにそれらは変動します。企業に対する対応がアグレッシブか、ソフトかによっても分けられますが、それも時代とともに変動します。それらはあくまで印象ですから、私が抱いている印象は市場関係者や投資された企業が抱いている印象と異なるかもしれません。

村上ファンド系、ストラテジックキャピタル、英国上場のＮＡＶＦ、香港のオアシスなどはアグレッシブなアクティビストである印象である一方、英国のシルチェスターやＡＶＩ、米国のバリューアクト、タイヨウファンドなどはソフトな印象です。

村上ファンド系やストラテジックキャピタル等は株主還元を求めるアプローチが多い一方、バリューアクトは事業ポートフォリオの変革の提案が多くなっています。オアシスは２０１８年に安藤ハザマに対して安全衛生管理の徹底など変わった株主提案を行ないましたが、最近は建設的な株主提案を行なうようになりました。シルチェスターが大株主になっている関西のある企業は、シルチェスターはジェントルマンなアクティビストであり、もっとアグレッシブなアクティビストに投資されるよりマシなので、ずっと株主でいて欲しいと言っていました。エフィッシモキャピタルは２０００年代にはアグレッシブな提案をしていましたが、近年はソフトになってきている印象です。

◉ファンドの投資手法は時間とともに変化

米国のブランデスは２０００年代に小野薬品やロームなどに株主提案を行ないましたが、近年は株主提案を行なっておらず、普通のバリューファンドに変わりました。いちごアセットマネジメントは、２００７年に東京鋼鐵と大阪製鐵の経営統合に介入して、「いちごの乱」と呼ばれましたが、アクティビスト的な介入はこの一度だけでした。学者の論文等では、過去に株主提案を一度でも行なうと、アクティビストに分類されることがあります。

世界最大のアクティビストである米国のエリオット・マネジメントは、2019年までは香港オフィスから経営統合に関与する投資などが多かったものの、担当者が代わったことで、最近はロンドンオフィスから三井不動産や東京ガスなど保有不動産に着目する投資が増えています。**東芝への投資ではエフィッシモキャピタル、エリオット・マネジメント、3Dインベストメント・パートナーズなど多くのアクティビストが巨額の利益を手にしました。**3Dインベストメント・パートナーズは最近、富士ソフト、サッポロHD、ワコールHDなど保有不動産に着目する投資が多くなっています。AVIは普段は水面下で投資先企業とソフトな対話を行なっているものの、エスケー化研などどうしても合意できなかった案件だけ、正式な株主提案を行なっているようです。エスケー化研に対しては4年連続で提案しました。

アクティビストは、マスコミに目立つようにパブリック・キャンペーンを行なうか、目立たないように行動するかによっても分けられます。オアシスやエリオット・マネジメントなどがマスコミに出ることが多い一方、東芝や富士ソフト等に投資した米国のファラロンはロー・プロファイルを維持しています。ファラロンのパートナーである今井英次郎氏は弁護士資格を持ち、2022年から東芝の社外取締役を務めています。

◉同じ企業に複数のアクティビストが関心を持つことも

経営に問題がある企業は、あるアクティビストを追い返しても、その問題が解消されないならば、時を経て、別のアクティビストの投資対象になることが少なくありません。以下はその事例です。

フジテックは2007年にダルトン・インベストメンツが15％取得し、株主提案を受けたことがありましたが、2022年の株主総会でオアシスの提案が一部成立しました。サッポロHDは2008年にスティール・パートナーズによるTOBから逃れましたが、2023年に3Dインベストメント・パートナーズから株主提案を受けました。TBS HDは2018年にAVIから東京エレクトロンの売却提案を受けましたが、2005年に村上ファンド系から大量保有報告書を提出され、楽天グループに買収を提案されたことがありました。帝国繊維は2018年にスパークス・アセット・マネジメント、2020年にAVIから株主提案を受けましたが、ともに否決しました。帝国繊維は2025年3月の総会ではNAVFから提案を受けました。

東洋建設は2022〜2023年にYamauchi No.10 Family Office（YFO）からTOBを受けましたが、その前に旧村上ファンド系が大量保有報告書を提出していました。北越コーポレーションは2023〜2024年にオアシスから社長退任を求めるキャンペーンを受けましたが、2023年にはNAVFも株主提案を行ないました。2023年の株主総会でナナホシマネジメントから株主提案を受けた焼津水産化学工業は、3Dインベストメント・パートナーズと村上ファンド系からも大量保有報告書を提出され、2024年6月に上場廃止になりました。2023年の株主総会でAVIの株主提案が一部成立したNC HDは、2024年の株主総会でも、シンガポールのSwiss-Asia HDから株主提案を受けた後、上場廃止になりました。

2024年まで4年連続ストラテジックキャピタルから株主提案を受けた文化シヤッターには、NAVFも大量保有報告書を提出していました。AVIの上位保有銘柄になっているTSI HDは、村上世彰氏が2度にわたって株主提案を行なって否決された東京スタイルとサンエー・インターナショナルが2011年に経営統合して誕生した会社です。2023年の株主総会でシルチェスターから株主提案を受けた京都FGは、株式持合への関心が高く、AVIも上位保有しています。2024年5月にダルトン・インベストメンツがMBOを提案したと報じられたフジ・メディア・HDは、ダルトン・インベストメンツとNAVFが7・2%を共同保有していますが(2024年末時点)、シルチェスターは2024年10月に保有比率を5%以下に引き下げました。

◉アクティビストが注目する親子上場

親子上場については、投資家から「親会社の利益が優先され、子会社の少数株主の利益が損なわれる」との懸念が持たれることが多くあります。東証は親子上場会社に対して情報開示の強化を求めていますが、プライム市場には日本郵政グループに加えて、ソフトバンクグループや楽天グループなどが親子上場しており、東証は親子上場に対して厳格な姿勢を見せていません。東証は2025年2月に、「親子上場等に関する投資者の目線」を発表しました。機関投資家も上場子会社に対して過半数の独立社外取締役の選任を求めますが、機関投資家の厳格な議決権行使も親会社が50％以上の株式を保有する状況では効果が乏しくなっています。2024年4〜6月株主総会では、イオン系の上場子会社で運用会社の反対が高かったですが、イオンは親子上場を解消する素振りを見せていません。親子上場の解消の発表は緩やかなペースにとどまっています。

親子上場問題には、様々なアクティビストが介入してきた歴史があります。親子上場の解消に成功したのは、古くはエフィッシモキャピタルが2008年に投資した大和紡績（現ダイワボウHD）とダイワボウ情報システムズ、ストラテジックキャピタルが株主提案を行なって、凸版印刷（現TOPPAN HD）が2019年に完全子会社化した図書印刷など限られています。凸版印刷は2022年にはトッパン・フォームズも完全子会社化したため、上場子会社がなくなりました。ダイワボウHDはダイワボウ情報システムズを完全子会社化した後、繊維事業からEXITして立派なIT企業に変貌しましたが、エフィッシモキャピタルの介入がなければ、ダイワボウHDはいまも繊維事業を営むコングロマリットだったかもしれません。ストラテジックキャピタルは2匹目のドジョウを狙って2020年に東レとその上場子会社の蝶理の両方に株主提案を行なって否決されて、蝶理はいまも東レの上場子会社のままです。

◉GMOインターネットは上場子会社を放置の方針

2024年は3Dインベストメント・パートナーズの株主提案を受けた富士ソフトが、上場4子会社の完全子会社化を発表した後、自らもMBOで上場廃止になることになりましたが、GMOとの冠が付く上場会社は11社もあります。オアシスは2018年の株主総会でGMOインターネットに買収防衛策について反対の提案をしましたが、賛成率44%で否決されました。イオンの上場子会社も8社ありましたが、2025年2月にイオンモールとイオンディライトの完全子会社化が発表されました。

図表2-5 上場子会社数・割合の推移

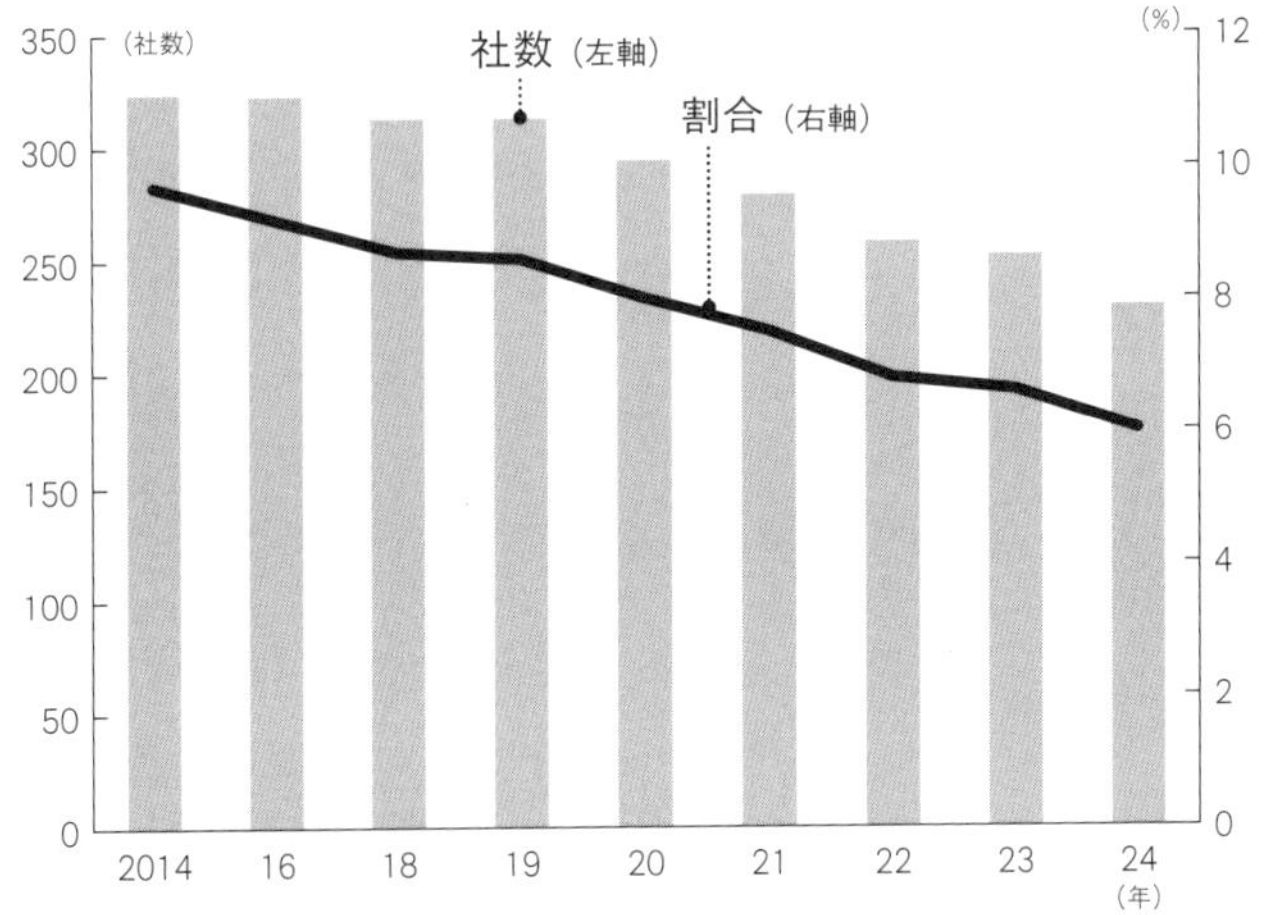

出所：東証資料よりみずほ証券エクイティ調査部作成

運用会社は少数株主の保護のために、過半数の独立社外取締役がいない上場子会社には反対する議決権行使基準を設けていることが多くなっています。この条件にあてはまるイオンの上場子会社のジーフットと持分法適用会社のキャンドゥ、大東建託の子会社のハウスコム、神戸製鋼所の子会社の日本高周波鋼業、古河電工の子会社の古河電池、セコムの子会社のパスコでは、2024年6月の株主総会で投票した運用会社の賛成がゼロでしたが、株主全体の賛成率は概ね90％を超えました。上場子会社は親会社が過半数の株式を保有しているので、少数株主に反対されても株主総会で会社提案が否決されることはありません。

◉オアシスがNECによるNECネッツエスアイの完全子会社化に介入

NECは2024年10月29日に38％の株式を保有するNECネッツエスアイを完全子会社化する理由として、「NECネッツエスアイの競争優位性の維持と持続的な成長のために、NECグループの経営資源の包括的かつ積極的な活用が必須との考えの下に、非公開化によって利益相反の解消を図り、NECグループの経営資源を迅速かつ柔軟に相互活用できる体制を整えることができる」ことを挙げました。

NECのNECネッツエスアイの買収株価は、発表日前日の株価に＋21％のプレミアムを付けた3250円であり、10月30日に同株価に収束しました。TOBでは通常プレミアムは＋30％以上付けられることが多いなか、NECネッツエスアイに対するプレミアムが＋21％と低かったためか、2024年11月にオアシスが重要提案行為を目的に6％で大量保有報告書を提出し、2025年1月に保有比率を15・2％に引き上げました。親子上場の解消は予想するのがむずかしいので、オアシスは発表後の10月30日からNECネッツエスアイ株を買い増したようです。

NECはTOB開始のお知らせのなかで「NECネッツエスアイの2024年9月末のPBRは約2・6倍だった。経済産業省の『公正なM&Aの在り方に関する指針』によると、上場子会社に対するTOB及びMBO案件のうち対象会社のPBRが2倍超の事案16件のうち、過去1カ月～半年平均の株価に対するプレミアムは20～30％が最頻値だった」とTOB価格を正当化しました。スクイーズアウトで完全子会社化を目指すNECのNECネッツエスアイの直接的な保有比率は38・5％でしたが、退職給付信託を通じた間接保有分12・9％を足すと、51・4％に達しました。NECがTOBによる買付予定数の下限を15・3％に設定したのは、株主総会の特別決議に必要な3分の2以上の保有を目指すためです。

オアシスの介入を受けて、NECは12月20日、買付予定数の下限を6・8％に変更するとともに、TOB価格を3300円に引き上げました。NECはTOBで全株式を取得できなかった場合は、スクイーズアウトの手続きを取るとしています。NECはその手続きとして、①株式売渡請求（90％以上の株式を所有する大株主は、株主総会の決議を経ずに他少数株主に対して売渡請求を行なうことができる）、②株式併合（保有比率が90％未満の場合でも臨時株主総会における3分の2以上の賛成で株式併合を行なうことができる）を予定しています（いずれの場合も買取株価等に不服がある少数株主は、裁判所に訴えることができます）。

ＴＯＢの後、ＮＥＣのＮＥＣネッツアイの保有比率は73・9％に上がり、２０２５年３月の臨時株主総会で株式併合を決議しました。

◉オアシスが訴えたアルプスアルパインの統合比率を巡る裁判は棄却

ＭＢＯ・ＴＯＢを巡ってアクティビストが関与するケースも多くあります。オアシスはそれを頻繁に行なうファンドであり、裁判になった事例もあります。オアシスが２０１９年のアルプス電気（現在のアルプスアルパイン）によるアルパインの完全子会社化の際の株式交換比率１：０・６８が低すぎると訴えた裁判は、２０２２年３月に東京地裁で棄却、２０２３年９月に東京高裁でも棄却されたため、現在最高裁で係争中です。

会社側は株式交換比率の決定及び公表から、総会承認まで約５００日（平均は１４２日）もかかった理由として、米国証券法に基づく届け出に時間がかかることなどを挙げていました。オアシスは東京高裁で、①この間アルプス電気が業績予想を下方修正、アルパインが業績予想を上方修正したにもかかわらず、統合比率が変更されなかった、②アルパインの企業評価にのみサイズプレミアムが適用されて、割引率が高めに設定されアルパインが過小評価された、③会社法学者の意見書をもとに、東京地裁の法解釈には明白な誤りがある等を主張しました。会社側は記録がないと反論しましたが、オアシスは両社に投資していたエリオット・マネジメントと両社とのエンゲージメントが行なわれ、利益供与として特別配当等の株主還元が行なわれたと主張しました。アルパインの臨時株主総会で、アルプス電気とエリオット・マネジメントを除くアルパイン少数株主の統合反対比率は過半数に達しました。なお、アルプスアルパインは2024年3月期までの5年間のうち3年間で最終赤字に陥り、PBRも1倍割れになっているなど、経営統合の効果が出ているとはいえません。

◉東証はMBOの新ルールを検討

伊藤忠商事のファミリーマートの完全子会社化の買取価格を巡って、オアシスと米国のRMBキャピタルが訴えた裁判では、2023年4月には東京地裁が買取価格を2300円→2600円と引き上げる判決を下し、伊藤忠商事は高裁に控訴しました。

もし買取価格が最終的に2600円に決まった場合に、その恩恵を受けるのは訴えた株主だけで、一般株主ではありません。牛島信弁護士（日本コーポレート・ガバナンス・ネットワーク理事長）は2024年2月のみずほ証券のセミナーで、「公正な対価によるM&A実現のためには、中長期的な企業価値の向上を内容とするアクティビストの提案に機関投資家が賛同することが必要だ」と述べました。2025年1月8日の日本経済新聞は「東証が、買収提案を受けた取締役会にMBOの手続きや買収価格が妥当であることを具体的に示すことを求める新ルールを導入する予定」と報じました。

◉オアシスは「より強い花王」を提案

オアシスは2024年12月に重要提案行為を目的に、5・2%で花王に対して大量保有報告書を提出しました。オアシスは花王の株主総会が終わったばかりの2024年4月に「より強い花王」と題する96ページに及ぶホワイトペーパーを出しており、当時花王の株式を3%以上保有していると述べていたので、このタイミングでの大量保有報告書の提出は遅く感じられました。同ペーパーで、オアシスは2021年6月から花王と非公開の対話を行なっており、2023年9月以降、エンゲージメントをより強化させていると記載しました。また、**オアシスは22年間にわたり、投資先企業の変革を支援した実績があると述べました。**オアシスは花王の問題点として、①消極的なグローバル展開、②戦略を欠くマーケティング、③不十分な流通網、④肥大化したブランドポートフォリオ、⑤リーダーシップと監督能力の欠如などを挙げて、これらの問題点を正すために、グローバル展開に注力、ブランドポートフォリオの見直し、マーケティング戦略の強化、監督機能及び透明性の向上などを求めました。

花王の営業利益は2023年まで4年連続の減益に陥っていましたが、2024年は前年比+144%と5年ぶりの増益に転じました。花王は決算説明会資料で「稼ぐ力」改革進展による利益率改善やグローバル事業成長戦略の進展などをアピールしました。花王の株価は2024年に反発しましたが、長期でみると、同業のユニ・チャームや米国のP&Gに対して大きくアンダーパフォームしています。

オアシスは2025年3月の花王の株主総会で、社外取締役選任などの株主提案を行ない、花王は反対意見を表明しました。

◉オアシスの投資先のDICでは美術館閉鎖に賛否

オアシスはインキで世界首位のDICに対しても、2023年12月に大量保有報告書を提出し、2024年10月に保有比率を11・5％に引き上げました。DICの業績は、売上は増加傾向にありますが、2021年に買収したC&E顔料事業の減損で、2023年に▲399億円の最終赤字に陥るなど、利益は低迷しています。DICは2024年2月に長期経営計画「DIC Vision 2030」における2025年度の営業利益計画を当初の800億円から、400億円へ半減させました。

DICは企業価値向上に向けた対応として、投資効率や稼ぐ力を重視した経営に取り組んでいるとして、2024年11月に連結子会社のDICデコールの売却を発表しました。また、リストラ策の一環として2024年8月に、創業者がつくった千葉県のDIC川村記念美術館を2025年1月に休館すると発表しましたが、地元民からの反発があり、休館予定日を3月に延期しました。DICは同美術館が簿価ベースで112億円の美術品を所蔵していると発表していますが、時価は1000億円超に上ると指摘する専門家もおり、それが正しければ、DICの時価総額の3分の1弱に相当します。DICは2024年4月に社外取締役だけで構成される価値共創委員会を設け、美術館問題を含めた企業価値向上策を議論してきました。
オアシスは2025年3月のDICの株主総会でも、定款変更の株主提案を行ないました。

◉オアシスは北越コーポレーションに対するキャンペーンを実施

オアシスは2023年5月に北越コーポレーションに対して「今こそ責任追及を：北越のコーポレートガバナンス改善」とのキャンペーン・プレゼンを発表し、株主総会において三菱商事出身で2008年から社長を務める岸本晢夫氏の再任議案に反対票を投じることを呼びかけました。再任反対の理由として、①2021年に保有する大王製紙の株式の売却を提案したにもかかわらず、保有し続けた結果、400億円の経済的損失を招いた、②過去4回の中計目標がことごとく未達に終わっている、③従業員の平均給料も減っている、④岸本社長は就任以来、他のすべての取締役を解任し、自身の役職と支配体制を維持してきた、⑤PBRが長期にわたって1倍割れとなっていることなどを挙げました。2006年に王子HDが北越コーポレーションに対して敵対的買収をしかけて失敗し、三菱商事がホワイトナイトとして登場した経緯がありました。

オアシスは2024年6月の北越コーポレーションの株主提案で、岸本晢夫社長や4人の社外取締役の解任などを提案しましたが、否決されました。オアシスの北越コーポレーションに対する株主提案では、オアシスが18％、大王海運が8・6％、大王海運の共同保有者の美須賀海運が10％、3社合計で36・6％の株式を保有していたにもかかわらず、社外取締役解任の提案では38％の賛成しか集まらなかったため、オアシスの大量保有報告に疑念が生じました。北越コーポレーションは２０２４年7月に、「オアシスの第5〜9議案に賛成した議決権数がオアシスと大王海運等が、直近提出した変更報告書に記載の保有議決権数の合計を下回ることを確認した。極めて不合理であって、オアシスらが変更報告書の提出を懈怠している可能性が強く疑われる。オアシスに説明を求める書簡を送ったが、回答がなかった」と発表しました。

◉日本におけるアクティビズムの生き字引である村上世彰氏

日本におけるアクティビズムの歴史は、村上世彰氏抜きに語ることはできません。元経産官僚の村上世彰氏は、親の代からの投資一家に育ち、小学3年生のときに大学に入るまでの小遣いを一括前払いで貰って、最初にサッポロHDの株を買い、高校生のときに仕手化したDOWAホールディングスで儲けたそうです。**村上世彰氏は資産を活用していない会社を見るとどうにかしたくなると言い、「日本にコーポレートガバナンスを浸透させる」というミッションの達成に向けて、日々挑戦を続けているそうです。**村上世彰氏の投資手法はアセット・ストリップ（焼畑農業）との批判に対して、「使っていない資産を抜くだけで、使っているお金を奪うわけでない」と講演で反論しました。

村上氏一族はシンガポール在住で、ファミリーでアクティビスト活動を行なっていますが、

内容	賛成率（%）
取締役選任	25.7 ～ 28.3
青木宏憲社長等の解任	16.9 ～ 17.6
取締役の選解任	38.0 ～ 42.7
取締役選任、個人別の固定報酬額決定、会長・副会長の廃止	-
自己株式取得	12.19
剰余金処分	13.62
定款の一部変更（戦略検討委員会の設置）	21.67
社外取締役の入替え、役員報酬制度の見直し	一部可決
内山高一代表取締役社長の取締役再任への反対	NA
取締役の報酬額改訂	7.1
監査等委員会設置会社制度への移行	6.9
相談役・顧問等の廃止	26.8
自己株式取得	18.6
TCFDを踏まえた経営戦略を記載した計画の開示	14.3
長岡勤社長等の解任	28.2 ～ 33.5
自己株式取得	27.9
安全衛生徹底の定款変更	13.6
定款変更	32.9
自己株式取得	9.4
取締役選任	19.8 ～ 22.1
委員会設置会社への移行	11.9
相談役・顧問の廃止	22.5
取締役４人の解任と５人の取締役選任	可決
安全衛生徹底の定款変更	30.1
佐野公哉社長の解任	否決
買収防衛策の廃止等	否決
適切な経営資源の配分、ガバナンス体制の刷新	エンゲージメント
アルプス電気による買収価格が低すぎる	エンゲージメント
ROEを意識した経営への定款変更	否決
パナソニックによる買収手法を株式交換からTOBへ変更	エンゲージメント
KDDI株の売却、株主還元	エンゲージメント
スマホビジネスへの進出	エンゲージメント

図表2-6　オアシスの過去の主な投資先

提案日時	コード	会社名
2025年2月	4967	小林製薬
2024年8月	3549	クスリのアオキHD
2024年5月	3865	北越コーポレーション
2023年8月	3391	ツルハHD
2023年6月	1861	熊谷組
2023年2月	6406	フジテック
2022年6月	6406	フジテック
2021年6月	5901	東洋製罐グループHD
2020年12月	9681	東京ドーム
2020年6月	1719	安藤・間
	6406	フジテック
	9301	三菱倉庫
2020年4月	6736	サン電子
2019年6月	1719	安藤・間
2018年3月	3001	片倉工業
	9449	GMOインターネット
2017年11月	2168	パソナグループ
2017年10月	6770	アルプルアルパイン
2017年3月	3001	片倉工業
2017年1月	NA	パナホーム
2015年	6971	京セラ
2013～14年	7974	任天堂

注：このリストは推奨銘柄でない
出所：会社発表よりみずほ証券エクイティ調査部作成

シティインデックスイレブンスなどは日本に拠点があります。村上ファンド系と呼ばれるグループには、シティインデックスイレブンス、南青山不動産、レノなどの法人があるほか、村上ファミリーの個人名で株主になることもあります。本書ではアベノミクス開始後に、日本株投資を復活したこれらのエンティティをまとめて村上ファンド系と呼称します。村上氏側によると、これらの法人は別組織とのことですが、渋谷区の本店所在地は同じです。シティインデックスイレブンスとレノはオリックス出身の福島啓修氏、南青山不動産は池田龍哉氏が社長を務めていますが、自己資金に加えて、村上ファミリーの資金を運用していると推測されます。大量保有報告書の提出回数が最も多いのは、シティインデックスイレブンスですが、最近はシティインデックスファーストというファンドも出てきています。外部資金を扱わず、自己資金だけを運用するファンドは、ファミリーオフィスと呼ばれます。長女の野村絢氏はモルガンスタンレー証券を経て、父と投資家家業を行なうようになりました。2023年から長男の村上貴輝氏も、個人名で大量保有報告書を出すようになりました。次女の村上フレンツェル玲氏は、村上財団の代表理事を務めています。

◉パリサーが株主提案を行なった京成電鉄には村上ファンド系も参戦か？

京成電鉄は2024年6月の株主総会でパリサーの株主提案を否決しましたが、パリサーは2024年9月末時点でも約2％の株式保有を継続していたことから、2025年の株主総会でも再チャレンジするとみられます。

京成電鉄はパリサーから保有するオリエンタルランド株の売却を求められていましたが、京成電鉄は2024年11月26日にオリエンタルランドの株式1800万株（オリエンタルランドの自己株式を除く発行済株式総数に対する割合1・1％）を売却するとし、11月29日にはその売却益の計上等により、2024年度業績予想の上方修正と増配を発表したため、株価が上昇しました。東洋経済ONLINE（2024年11月25日号）が、「『京急』『京成』に照準定めた旧村上ファンドの思惑2006年の『阪急・阪神合併』の再現を想起」との記事で、「京急と京成の私鉄大手2社の株式を旧村上ファンド系の投資会社が保有した。京急の株式を買い出したのは最近。あと少しで保有比率が5％を超える水準になる。京急が11月8日に提出した2024年度の半期報告書に、9月末時点で同社株式の1・27％以上を持つ大株主が記載されているが、旧村上ファンド系の名前はないことから、10月以降に保有株式を増やしていると見られる。京成の保有比率はまだ1％未満と小さく、買い付けしたのは最近のようだ」と報じたことで、11月25日に京成は＋13・8％、京急は＋11・1％と上昇しました。

村上世彰氏は2006年に阪神電気鉄道株46％を買い占め、阪急HDがホワイトナイト的に阪神電気鉄道を統合し、現在の阪急阪神HDが誕生した経緯があるため、村上ファンド系が両社の保有比率をどこまで上げるのか注目されました。保有比率5～10％にとどめるアクティビストが多いなか、村上ファンド系は33・3％超を買うことを厭いません。ただ、村上ファンド系の5％未満の保有がマスコミに報じられるのは珍しいことでした。村上ファンド系は報道によって両鉄道株の株価が上昇したなかで、すでに同社株を利食っているのではないかとのうがった見方が出ましたが、2025年2月に村上ファンド系は京急に対して5・1％で大量保有報告書を提出しました。

◉村上ファンド系の銀行株への投資

村上ファンド系では村上世彰氏の長男であるMURAKAMI TAKATERU氏（半期報告書になぜか英語表記されていました）が、2024年9月末に四国地方の地銀であるトモニHDの2・7％の株式を保有する4位の株主になったことが明らかになって、株価が上昇していました。トモニHDは株価が上昇したとはいえ、PBRが約0・3倍と低いことに注目したと推測されました。

村上貴輝氏は同じくPBR約0・3倍の日本山村硝子やPBR約0・5倍のリケンNPRなどに対して、株式会社MI2と共同保有で大量保有報告書を出していました。村上ファンド系（シティインデックスイレブンス）は2022年度の半期報告書でも、秋田銀行、岩手銀行、武蔵野銀行、八十二銀行、スルガ銀行の上位10の株主になり、地銀株投資に本格的に乗り出すとの見通しが一時高まりましたが、その後保有比率を引き下げました。

◉アクティビストが業界再編を促進

日本企業は業界再編が遅れ、同一業種に多くのプレーヤーが存在することが、低収益の理由として長年挙げられてきました。経済産業省も業界再編を促すための施策を採ってきましたが、政府は企業にM&Aを強制することはできません。**安値で仕込んだ株式を、高値で企業に売却しているという批判はあるかもしれませんが、経済産業省出身の村上世彰氏は、アクティビストとして業界再編に貢献しています。**村上世彰氏は石油業界の再編に以前から関心を抱いていたようであり、2019年の出光興産と昭和シェル石油の経営統合の際に橋渡しをしたと報じられました。20%超まで株式を買い増したコスモエネルギーHDは、岩谷産業が保有株式を買い取ることになり、村上ファンド系は約450億円の利益を得たと推計されました。2020年に村上ファンド系が大量保有報告書を提出したホームセンターの島忠は、DCMHDとニトリHDが買収を争って、ニトリHDに買収されました。2021年に村上ファンド系が25%の株式を取得した西松建設は、伊藤忠商事が保有株式を取得して筆頭株主になりました。村上ファンド系は西松建設への投資で約100億円の利益を得たと推計されました。2022年に43%まで株式を買い増した大豊建設は、麻生自民党副総裁と関係のある麻生（非上場）が過半数の株式を取得して子会社にしました。

オアシスのツルハHDに対する株主提案は2023年8月の株主総会で否決されましたが、2024年2月にイオンが、オアシスが保有していたツルハHD株を1023億円で買い取って、ツルハＨＤとイオンの上場子会社であるウエルシアＨＤの経営統合に向けた協議を開始し、３社間で資本業務提携を結ぶと発表しました。オアシスは二匹目のドジョウを狙ってか、２０２４年７月にクスリのアオキＨＤに対しても、コーポレートガバナンス改善のキャンペーンを行ない、８月の株主総会で青木宏憲社長ら取締役３人の解任を求める株主提案を行ないましたが、否決されました。オアシスは２０２０年に当時上場していた東京ドームにも社長解任の株主提案を行なって否決されましたが、結果的に東京ドームは三井不動産に買収されました。

アクティビストの動きを利用して儲ける方法

◉個人投資家が実践できる5つのやり方

アクティビストの5％以上の保有比率を見るには、金融庁のEDINETが基本ですが、ミンカブ・ジ・インフォノイドが運営する「株探」なども毎日、大量保有報告書を掲載します。投資家がアクティビスト投資を投資アイデアに結び付ける方法には以下の5つがありますが、実際の投資に当たっては投資対象企業の慎重な分析が重要です。

①コバンザメ投資。村上ファンド系等は5％の大量保有報告書を提出した後、保有比率を引き上げることが多くなっています。逆に、株主総会招集通知や半期報告書等に記載されたアクティビストの5％未満の保有比率に着目した投資が行なわれる場合もあります。コバンザメ投資を行なうのは、個人投資家やイベントドリブンのヘッジファンドが多く、大手機関投資家は行なっていません。我々の2025年1月の香港・シンガポール訪問では、アクティビストの取引手口に提灯を付けるファンドが大きく増えているとの印象を受けました。

②アクティビストによる投資の結果、再編期待が高まっている業界への投資。ドラッグストア、ホームセンター、化学、建設業界などが該当するでしょう。

③社長の選任議案の賛成率が大きく下がった企業に対して、今後の経営改革を期待して投資。
④何度もまたは何年もアクティビストの投資対象になる企業への投資。アクティビストからしつこく投資される企業は最終的に経営が変わったり、上場廃止に向かったりする可能性があるでしょう。
⑤低ＰＢＲ対策の本気度が高い企業への投資。

◉アクティビストの投資対象になりやすい化学会社

低ＰＢＲで、業界再編が遅れている化学会社は、アクティビストの投資対象になりやすいようです。オアシスは大きな不祥事があった小林製薬に対して、２０２４年７月に同様の目的で大量保有報告を出し、12月に保有比率を10・1％に引き上げました。オアシスは12月に〝Mold Grows in A Culture〟とのホワイトペーパーを出し、同社のガバナンス問題等を指摘しました。ＮＡＶＦとダルトン・インベストメンツは、ＰＢＲが約１倍のステラケミファを２０１８年から長期保有しており、２０２５年１月に共同保有比率を19・１％に引き上げました。両社は保有目的で「役員構成の変更、配当方針の変更、自社株買いなど資本政策への変更等を求める可能性がある」としています。ステラケミファの２０２４年９月末の半期報告書によると、ＮＡＶＦは４・４％の保有比率で４位の株主になっており、ダルトン・インベストメンツは大量保有報告書での13・５％の保有が認識されていますが、カストディアン名のためか、上位10の株主には掲載されていません。NAVFは2024年5月にPBRが約0・7倍の積水樹脂に対しても、5・1%で大量保有報告を出しました。

村上ファンド系（エスグラントコーポレーション&野村絢氏）は2023年10月に、PBRが約0・7倍のクレハに大量保有報告を提出し、2025年2月に保有比率を15・5%に引き上げました。2024年9月末時点の半期報告書で、野村絢氏は10・1%の株式を保有する第2位の株主でした。

シルチェスターは2024年6月5日に、PBRが約0・8倍の東ソーに大量保有報告書を提出し、2024年10月に保有比率を7・3%に引き上げました。シルチェスターは保有目的として、「増配、自己株式の買入の頻度または総量、金庫株消却その他資本政策の変更を要求することがある」としています。東ソーの半期報告書によると、2024年9月末時点でシルチェスターは4位の株主でしたが、その後の保有比率の引き上げを当てはめれば、2位の株主になった可能性がありました。シルチェスターはPBR約0・7倍の日本触媒も2019年から長期保有しており、保有目的は東ソーと同様です。シルチェスターはPBRが1倍弱のダイセルも、同様の目的で2020年1月から保有しており、2024年末時点の保有比率は8・3%となっています。

◉アクティビストの投資対象になりやすい建設会社

低ＰＢＲで政策保有株式が多い建設会社も、アクティビストの投資対象になる傾向があります。大林組は２０２３年6月の株主総会で、シルチェスターからの特別配当を求める株主提案を26％の賛成率で否決しましたが、２０２４年度に業績予想の上方修正、株式持合解消による株主還元の強化などを発表し、株価は２０２４年12月に上場来高値を更新しました。シルチェスターは２０２３年6月に大東建託に５・０％で大量保有報告書を提出しましたが、その後の保有比率に変化はありません。シルチェスターは２０２３年9月に清水建設の保有比率を５％未満に引き下げており、その後の清水建設の株価の高パフォーマンスからは、早すぎる利食いだったといえます。

ダルトン・インベストメンツは２０２４年6月の株主総会で、戸田建設に対して自己株式取得の株主提案を行ないましたが、23・7％の賛成比率で否決されました。ダルトン・インベストメンツは戸田建設に対して大量保有報告書を提出していませんでしたが、シルチェスターが２０２４年5月に保有比率を５％未満に引き下げました。

ひびきパースが２０２４年6月の株主総会で、きんでんに対して行なった剰余金処分の株主提案は、賛成率26・7％で否決されました。しかし、きんでんは、２０２５年1月に発表した「中期経営計画における資本政策について」に、株主資本コストを上回るＲＯＥ７％以上の確保、政策保有株式の純資産比を10％目安に縮減することなどを盛り込みました。

オアシスは２０２４年3月に熊谷組の保有比率を7・1％↓10・2％に引き上げましたが、２０２４年6月総会で株主提案は行ないませんでした。熊谷組は２０２４年度の中間決算説明会資料に、企業価値向上に向けた取組みを掲載しました。

村上ファンド系に株を買い占められた大豊建設は２０２２年に麻生（非上場）の子会社になりましたが、村上ファンド系は依然として大豊建設の保有比率を引き上げており、２０２４年12月に17・8％となりました。村上ファンド系は、業績が悪化している三井住友建設の保有比率を２０２５年１月に26％まで引き上げました。

ストラテジックキャピタルは２０２４年6月の東亜道路工業の株主総会で剰余金処分の株主提案を行ない、19・5％の賛成率で否決されましたが、ストラテジックキャピタルが２０２５年1月に保有比率を16％に引き上げたことは、２０２５年の株主総会で再チャレンジする意図かもしれません。

◉アクティビストが投資対象として検討する可能性がある企業

アクティビストの投資戦略は多様です。米国大手アクティビストは大型株をターゲットにしますが、日本に参入しているアクティビストは規模が小さいので、中小型株が投資対象になることが多くなっています。一般的には低ＰＢＲ＆低ＲＯＥで、政策保有株式やネットキャッシュ比率が高い企業がアクティビストの投資対象になりやすい傾向があります。大手アクティ

2024年初来株価変化率(%)	23年度実績PBR(倍)	2023年度末の特定投資株式保有			2024年の自社株買い発表の有無
		銘柄数	BS計上額(100万円)	BS計上額／純資産(%)	
-1.6	0.6	113	1,116,439	97.8	○
-1.1	0.8	89	175,368	49.3	○
-19.4	0.7	15	1,574,919	48.4	
-3.9	0.7	47	63,697	27.9	
-14.4	0.5	55	72,327	24.4	○
-17.3	0.7	70	95,124	22.7	
-7.3	0.8	81	96,959	20.3	
-5.6	0.6	22	36,740	18.7	○
-2.8	1.0	60	69,457	18.6	
-5.1	1.0	20	69,281	18.5	○
-13.6	0.6	35	46,691	17.6	○
-15.0	0.5	93	75,187	17.1	
-8.8	0.8	32	31,645	16.5	○
-5.6	0.8	24	58,212	16.1	○
-7.6	0.6	68	32,862	15.3	○
-1.1	0.8	23	17,421	15.3	
-1.4	0.6	65	54,209	15.2	○
-9.8	0.9	53	48,665	15.1	○
-8.7	0.7	14	88,680	15.0	○
-18.7	0.6	24	66,360	14.5	○
-22.8	0.5	40	286,103	14.5	
-9.1	0.7	39	31,844	13.5	○
-4.0	0.8	43	96,858	13.1	○
-5.7	1.0	32	36,327	13.0	
-35.5	1.0	45	100,685	12.6	
-16.8	0.8	68	59,378	12.4	○
-20.9	0.6	20	33,763	12.2	○
-3.0	0.7	27	137,341	12.2	
-25.0	0.6	25	29,048	12.2	
-4.3	0.9	12	15,401	12.0	
-21.7	0.8	24	55,704	12.0	○
-13.1	0.8	29	15,694	11.9	
-9.9	1.0	33	12,295	10.6	○
-9.4	0.9	25	23,588	10.3	○
-12.2	0.9	38	28,055	10.1	

図表2-7　政策保有株式の純資産比が高く、低PBR、株価アンダーパフォーム企業

コード	銘柄名	業種	株価（円）	時価総額（10億円）
5844	京都FG	銀行	2,162	651.5
1860	戸田建設	建設	923	297.7
6971	京セラ	電機	1,659	2,505.9
2001	ニップン	食品	2,137	168.4
9075	福山通運	陸運	3,470	141.5
5076	インフロニア・HD	建設	1,160	342.0
8424	芙蓉総合リース	他金融	11,355	343.9
5232	住友大阪セメント	ガラ土	3,502	116.4
8088	岩谷産業	卸売	1,563	366.0
4202	ダイセル	化学	1,296	358.9
4403	日油	化学	2,018	477.3
3941	レンゴー	紙パ	799	216.5
1833	奥村組	建設	4,275	165.3
5463	丸一鋼管	鉄鋼	3,464	291.0
8609	岡三証券グループ	証券	633	146.4
3201	日本毛織	繊維	1,327	101.2
8078	阪和興業	卸売	4,925	208.5
2810	ハウス食品グループ本社	食品	2,810	276.8
6923	スタンレー電気	電機	2,423	405.8
5471	大同特殊鋼	鉄鋼	1,221	265.3
5713	住友金属鉱山	非鉄	3,278	953.3
9031	西日本鉄道	陸運	2,172	172.3
7459	メディパルHD	卸売	2,194	481.0
2531	宝HD	食品	1,169	230.5
4528	小野薬品工業	医薬品	1,623	809.4
2784	アルフレッサ HD	卸売	1,994	404.5
3105	日清紡HD	電機	907	153.4
5406	神戸製鋼所	鉄鋼	1,770	701.5
8584	ジャックス	他金融	3,890	136.5
4534	持田製薬	医薬品	3,130	117.3
9048	名古屋鉄道	陸運	1,771	348.4
9119	飯野海運	海運	1,031	112.3
4958	長谷川香料	化学	2,798	119.5
6134	FUJI	機械	2,196	214.8
8283	PALTAC	卸売	3,921	247.0

注：データは2月28日時点。時価総額1,000億円以上の東証プライム企業。2023年度の特定投資株式の純資産比率が10％以上。2023年度実績PBRが1倍未満かつ2024年初来株価変化率がマイナス。特定投資株式は上場銘柄のみ、みなし保有を除く、持株会社は子会社保有分を含む。このリストは推奨銘柄でない

出所：QUICK Astra Manager、日経、東証よりみずほ証券エクイティ調査部作成

ビストも、投資対象を選ぶ際に客観的な財務条件でスクリーニングするという話を聞きました。

みずほ証券ではウィークリー・レポートに、様々な観点から「今週のスクリーニング」を掲載しており、我々が行なったスクリーニングに対して、海外アクティビストから質問をいただいたり、条件を変えてスクリーニングしたいので、原データをエクセルで送って欲しいというリクエストを受けたりすることもあります。スクリーニングは、誰が行なっても同じ結果になるため、そこからどの企業を投資対象にするかは、投資家の長年の経験や定性判断に基づきます。アクティビストが投資する際には、株式（業界用語では「玉」と呼ぶ）を集めることができるか、投資対象先の経営者が外部の意見を聞くを持つか、リーダーシップが弱いかなどが重要な判断基準です。普通の機関投資家であれば、事前の取材なしに投資することはないでしょうが、アクティビストは取材を断られることも少なくないので、一定のポジションをつくってから、株主として取材に行く場合もあるようです。

◉予想がむずかしいMBO候補

M&A助言会社のレコフの集計によると、2024年のMBO件数は18件と、これまで最多だった2021年の21件に迫りました。**MBOには事前・事後的にアクティビストが関与するケースが度々あります。**2024年1月にMBOが成立した大正製薬HDは、マネックス・アクティビスト・ファンドの3位の組入銘柄でした。大正製薬HDはPBR0・85倍でのMB

Oだったため、マネックス・アクティビスト・ファンドはMBO価格に不満を表明しましたが、大正製薬HDは「資産売却に際しての困難性や清算に伴う追加コストの発生等を考慮すると、純資産額を重視することは合理的ではない」と反論しました。

ロンドン証券取引所上場のNAVFはアグレッシブなアクティビスト・ファンドであることが知られていますが、同ファンドの投資先だった化学会社のイハラサイエンスとT&K TOKAは、2023年にともにMBOを発表しました。NAVFとダルトン・インベストメンツは経営者が同じ、ジェームズ・ローゼンワルド氏ですが、ダルトン・インベストメンツは2024年5月に、フジ・メディア・HDに対して、MBOを要求する書簡を送ったと報じられました。

2024年11月にはプライム市場上場の西本Wismettac HDとスタンダード市場上場の大和重工とがMBOを発表しました。西本Wismettac HDは業績が好調で、時価総額が約600億円ありましたが、オーナー系の持株比率が高い企業でした。大和重工は長年業績が低迷し、オーナー持株比率は低い企業でしたが、時価総額はわずか10億円程度でした。

基本的にMBOはオーナー持株比率が高い中小型株に起こることが多くなっています。オーナーの保有株は自分名義のみならず、資産管理会社や親族等にも分散していることが多いので、定義は容易でありません。我々は過去にMBO候補のスクリーニングを行なったことがありますが、MBOは経営者の意思決定次第なので、客観的な財務指標だけで候補企業を見つけるの

創業者持株比率(%)	時価総額(10億円)	2024年初来株価変化率(%)	実績PBR(23年度,倍)	予想PER(24年度,倍)	過去2年の自社株買い発表の有無
43.8	15.8	1.8	1.8	22.5	
31.6	21.8	-9.5	0.6	NA	○
33.9	128.4	-33.5	3.0	14.4	○
48.7	36.5	-25.7	0.9	7.8	
36.1	30.8	1.0	1.5	24.7	
59.7	20.1	2.8	3.5	20.6	
51.1	22.4	-25.4	3.2	19.6	
43.6	21.7	-21.1	1.8	15.2	
32.3	28.4	-27.9	4.1	13.3	
30.1	45.2	10.2	4.3	27.4	○
36.7	47.5	15.5	2.0	14.6	○
31.9	341.3	-4.7	4.2	69.6	
33.8	14.1	7.3	2.7	15.5	○
56.1	14.4	-2.2	0.6	9.8	
31.4	25.1	13.2	2.0	7.1	○
43.0	10.2	-3.0	1.0	8.4	○
40.7	12.7	-14.7	5.6	32.5	
61.7	98.9	-3.5	1.0	20.3	
47.5	61.5	-20.1	0.8	NA	
62.0	38.1	-16.5	5.2	34.3	
35.3	25.9	-29.7	3.6	19.6	○
51.2	19.3	-20.8	3.8	NA	
39.3	15.9	-22.0	3.3	15.2	○
43.4	12.0	-36.3	2.6	12.8	
38.3	39.1	-6.2	4.4	19.6	○
37.5	27.3	-8.5	4.2	22.8	○
35.7	282.6	-20.8	7.1	21.5	
33.8	10.4	10.9	6.0	16.4	
36.6	18.7	-25.1	1.7	31.2	
34.2	46.1	8.3	1.1	14.6	
36.2	16.1	-36.4	2.6	67.6	
44.1	172.6	-8.8	6.6	20.3	○
40.1	43.2	-18.9	2.7	8.6	○
44.1	92.3	19.5	2.5	20.7	
35.0	17.5	-1.9	3.7	24.8	○
43.8	58.4	-37.4	4.0	11.7	
59.3	25.1	-11.4	2.5	20.4	○
54.1	32.4	6.1	3.8	18.0	○
59.8	64.1	-78.3	2.4	8.6	○
41.1	10.9	-7.8	1.3	17.4	
40.9	307.0	9.7	3.6	21.2	○

図表2-8　創業者持株比率が高く、年初来株価上昇率が低く、PBRが高くない銘柄

コード	銘柄名	業種	創業者
1435	robot home	不動産	古木 大咲
2120	LIFULL	サービス	井上 高志
2379	ディップ	サービス	冨田 英揮
2429	ワールドHD	サービス	伊井田 栄吉
2461	ファンコミュニケーションズ	サービス	柳澤 安慶
2477	手間いらず	情報通信	渡邉 哲男
2930	北の達人コーポレーション	化学	木下 勝寿
3040	ソリトンシステムズ	情報通信	鎌田 信夫
3193	エターナルホスピタリティグループ	小売	大倉 忠司
3196	ホットランド	小売	佐瀬 守男
3245	ディア・ライフ	不動産	阿部 幸広
3397	トリドールHD	小売	粟田 貴也
3415	TOKYO BASE	小売	谷 正人
3454	ファーストブラザーズ	不動産	吉原 知紀
3475	グッドコムアセット	不動産	長嶋 義和
3538	ウイルプラスHD	小売	成瀬 隆章
3547	串カツ田中HD	小売	貫 啓二
3632	グリー	情報通信	田中 良和
3668	コロプラ	情報通信	馬場 功淳
3694	オプティム	情報通信	菅谷 俊二
3835	eBASE	情報通信	常包 浩司
3926	オープンドア	情報通信	関根 大介
3937	Ubicom HD	情報通信	青木 正之
3963	シンクロ・フード	情報通信	藤代 真一
3983	オロ	情報通信	川田 篤
3984	ユーザーローカル	情報通信	伊藤 将雄
4194	ビジョナル	情報通信	南 壮一郎
4346	NEXYZ.Group	他金融	近藤 太香巳
4434	サーバーワークス	情報通信	大石 良
4719	アルファシステムズ	情報通信	石川 義昭
4880	セルソース	医薬品	山川 雅之
5032	ANYCOLOR	情報通信	田角 陸
6058	ベクトル	サービス	西江 肇司
6080	M&Aキャピタルパートナーズ	サービス	中村 悟
6194	アトラエ	サービス	新居 佳英
6196	ストライク	サービス	荒井 邦彦
6539	MS-Japan	サービス	有本 隆浩
7059	コプロ・HD	サービス	清川 甲介
7071	アンビスHD	サービス	柴原 慶一
7358	ポピンズ	サービス	中村 紀子
9449	GMOインターネットグループ	情報通信	熊谷 正寿

注：データは2025年2月28日時点。TOPIX構成銘柄のうち、時価総額100億円以上の企業。創業者名は敬称略。創業者持株比率は発行済株式数における創業者保有株数の割合。創業者持株比率が30%以上。2024年初来株価変化率が20%未満。2023年度実績PBRが10倍未満。予想PERは東洋経済予想。このリストは推奨銘柄でない

出所：Factset、日経、東洋経済よりみずほ証券エクイティ調査部作成みずほ証券エクイティ調査部作成

はほぼ不可能です。ただ、MBO候補への関心が高まっているので、限界を認識しつつスクリーニングを行ないました。

2025年2月の欧州投資家訪問で、我々はMBO増加による上場企業数の減少をアピールしましたが、中小型株のMBOは市場インパクトが小さいと反論されました。

◉アクティビスト・ファンドに投資する手も

明治安田アセットマネジメントが2024年12月6日に設定した「ダルトン・ジャパン・パートナー戦略ファンド」の純資産は当初23億円にとどまりましたが、2023年3月に190億円超に増えました。日系運用会社が海外のアグレッシブなアクティビスト・ファンドを公募投信として販売する初のケースとして注目されました。長期目線のエンゲージメントを通じて、パートナーとして企業価値向上と適正な株価の実現を目指すとしています。**ダルトン・インベストメンツの共同創業者のジェームズ・ローゼンワルド氏が運用するロンドン上場のNAVFは高パフォーマンスなので、同様のパフォーマンスが出るか注目されます。**

カタリスト投資顧問の「マネックス・アクティビスト・ファンド」の純資産は約250億円で頭打ちになっていますが、公募投信としてアクティビスト・ファンドが定着するか注目されます。「マネックス・アクティビスト・ファンド」は、2023年11月にMBOを発表した大正製薬HDを上位組入していたことが高パフォーマンスにつながりました。公募投信は前月末の上位10組入銘柄を公表することが多いですが、この投信は集中投資しているため、3カ月遅れで上位5組入銘柄を公表します。2024年9月末の上位組入銘柄はＴＢＳ ＨＤ、大日本印刷、ＩＨＩ、しまむら、東宝でした。カタリスト投資顧問は2024年6月の株主提案で、しまむら、大日本印刷、住友電設に対して株主提案を行ないましたが、いずれも否決されました。カタリスト投資顧問は2025年1月に自動車部品のハイレックスコーポレーションの株主総会で、買収防衛策の廃止や資本コストの開示などの株主提案を行ないましたが、20％台の賛成率で否決されました。カタリスト投資顧問ではマネックスグループの松本大会長が、投資先企業とエンゲージメントしていることで知られています。

◉フジテレビ事件で名を馳せたダルトン・インベストメンツ

2025年1月に引退した中居正広氏の事件を巡るフジテレビの不祥事で、ダルトン・インベストメンツはお茶の間の人も知る存在となりました。ダルトン・インベストメンツとＮＡＶＦが共同保有としてフジ・メディア・ＨＤに大量保有報告書を最初に出したのは2023年12月でしたが、2024年12月に保有比率を7・2％に引き上げました。

2024年5月末に日本経済新聞が、ダルトン・インベストメンツがＭＢＯを求めていると報じたことについて、フジ・メディア・ＨＤは「当社及び当社経営陣がＭＢＯによる非公開化を検討している事実はない」と反応しました。

フジ・メディア・HDは2024年度3Q累計の売上の約2割を占める都市開発・観光事業が営業利益の45%を占めていたため、メディア・コンテンツ事業が不振でも、企業価値が高いと見られていました。過去5年平均のROEは4%でしたが、2024年5月に発表した中期グループビジョンで、ROE5%以上の目標を掲げました。

英国のバリューファンドのマラソン・アセットマネジメントとシルチェスターも大量保有報告書を出していましたが、2024年中に5%未満に引き下げました。放送会社には外国人投資家に持株制限がありますが、2024年9月末時点の外国人の議決権保有比率は規制上限に近い19・99%に達していました。

ダルトン・インベストメンツはフジ・メディア・HDに対して、第三者委員会の設置や経営陣の刷新などを求める書簡を送りました。フジ・メディア・HDでは、1988年から社長・会長を務めてきた日枝久相談役（87歳）が最高実力者だと見られています。フジ・メディア・HDは1月以降、経営刷新小委員会、再生・改革プロジェクト、社外関係者向け第三者委員会専用ホットラインなどを相次いで設置しました。長年日本ではアクティビストの評判があまり良くない状況が続いてきましたが、フジテレビを巡るダルトン・インベストメンツの活躍で、中長期的に評価が改善する可能性があるでしょう。

アクティビストの隆盛は続くのか

◉事業会社に対するアクティビストに関するアンケート調査

我々は２０２４年７月に事業会社向けに、６月株主総会の総括とアクティビスト動向について講演した際に、アンケートを取らせてもらいました。

アクティビストに対する見方（複数回答可）では、「良いアクティビストと悪いアクティビストを分けて考えたい」という回答が最多で58％でした。「アクティビストの提案は以前より洗練されてきているように感じる」との回答が53％で2位でした。３番目に多かった回答は「アクティビストは

図表2-9　事業会社のアクティビストに対する見方

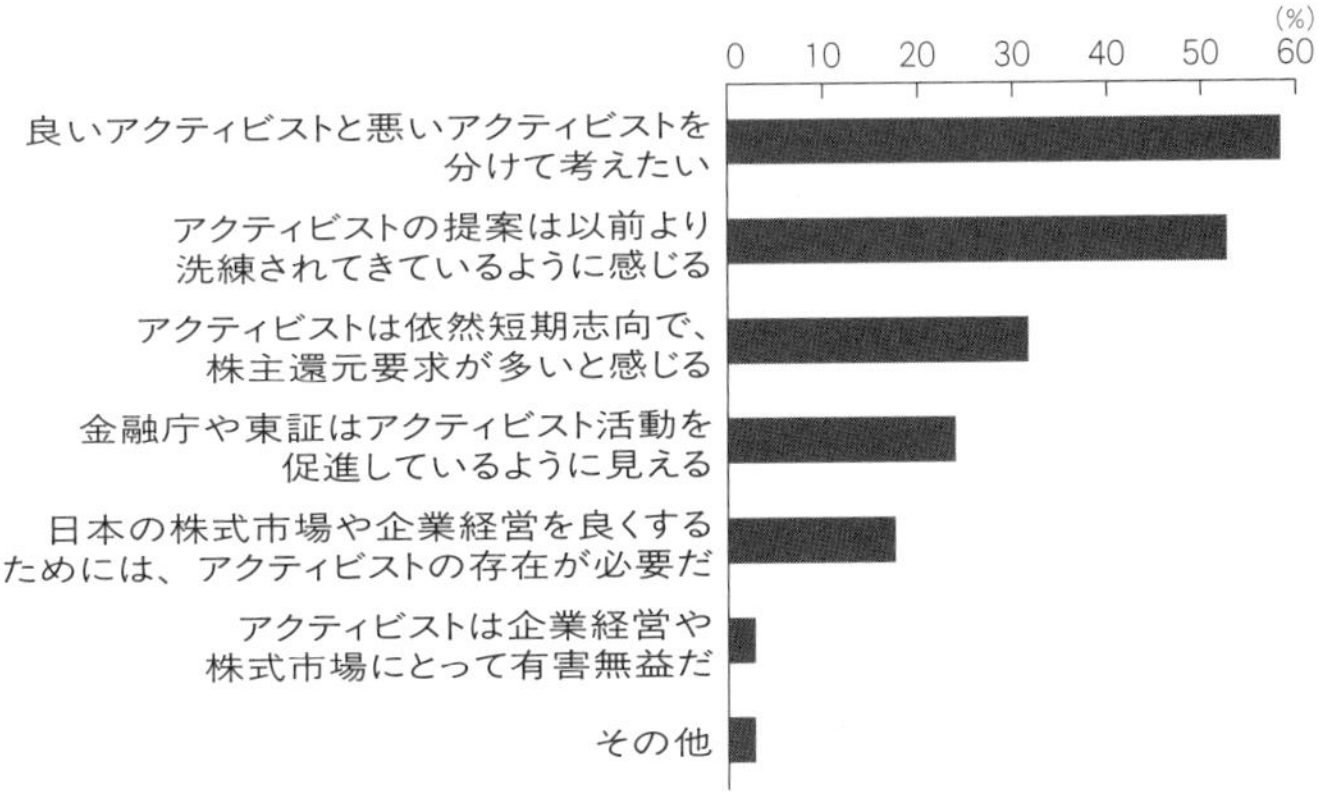

注：みずほ証券主催事業法人向けセミナー（7月23日開催）でのアンケート調査。複数回答可。回答者数142人、回答数272
出所：みずほ証券エクイティ調査部作成

依然短期志向で、株主還元要求が多いと感じる」でした。**事業会社のアクティビストへの見方は、以前より好転しつつあるようにみえます。**

一方、アクティビストに投資されないために何が必要と考えるかとの質問に対しては、高株価・高バリュエーション、効率的な事業ポートフォリオ、余計な現預金を持たない、の順に回答が多かったです。個人的には「持合解消の推進」が24％と、「株式持合の強化」の5％を上回ったことに安心しました。

◉日本は株主権が強すぎるのか？

日本経済新聞は2024年12月に「資本騒乱 膨張アクティビスト」との特集記事を連載しましたが、どちらかといえば、アクティビストに対してネガティブな内容でした。その12月2日の記事では、「気がつけば『ファンド天国』」だとし、日本は他国より株主の権利が強いと指摘しました。アクティビストから企業を守る立場にある西村あさひ法律事務所の太田洋弁護士も、2023年5月に上梓した『敵対的買収とアクティビスト』で、「わが国では、米国やドイツと異なり、少数株主権が非常に強い」という問題を指摘しました。

東証が2018年10月に株式取引における最低売買単位（単元株式数）を100株に統一したことで、株主提案を行なうためには、議決権の1％か300個以上の議決権を6カ月間保有すればよいことになりました。提案数も株主1人当たり10個までできます。一方、米国では株主提案を行なうためには、1～3年以上の保有が必要で、提案数も1株に1個に制限されています。欧州では株主提案に議決権の5％以上の保有が求められています。また、臨時株主総会の招集請求権の行使要件も、日本は議決権の3％以上の株式を6カ月間保有すればよいとされています。米国では多くの企業が本社を置くデラウェア州の法律で、会社は定款で臨時株主総会の招集請求権を制限できます。英国では臨時株主総会の招集を求めるのに議決権の10％以上の保有が必要とされています。

以前から電力会社に対する個人株主による環境関連の株主提案が多く出されていましたが、NTTでは2023年6月末に1：25の株式分割を行ない、投資単位が大幅に下がったこともあり、2024年6月の株主総会では個人株主から取締役1名の選任提案がありました（賛成率5・4％で否決）。アクティビストに否定的な見方をする専門家からは、会社法を改正して、株主権を制限すべきとの意見が出ています。

ただ、**日本ではまだ株式持合が依然多く、株主提案が成立することもめったにないため、実質的な株主権が強いかどうかは議論の余地があるでしょう。**

◉アクティビストに大きな影響を与えるスチュワードシップ・コード改訂の議論

2025年2月に金融庁でスチュワードシップ・コードに関する有識者会議が開かれ、スチュワードシップ・コード（SSC）改訂の最終案が提示されました。実質株主を判明しやすくするために、欧州式の導入が予定されています。大量保有報告書を出さなければいけない5%までは、投資先企業に知られずに株を集めたいと考えるアクティビストが少なくありません。

現行のスチュワードシップ・コードは指針4－1で、「株式保有の多寡にかかわらず、機関投資家と投資先企業との間で建設的な対話が行なわれるべきであるが、機関投資家が投資先企業との間で対話を行なうに当たっては、自らがどの程度投資先企業の株式を保有しているかについて、企業に対して説明することが望ましい場合もある」としていますが、改訂案では指針4－2として、「機関投資家は、投資先企業との間で建設的に対話を行なうために、投資先企業からの求めに応じて、自らがどの程度投資先企業の株式を保有しているかについて企業に対して説明すべき」を新たな指針として追加する案が議論されました。

投資家サイドの有識者からは、①日次で保有比率の開示を求められても対応できないので、月末値などの開示にせざるを得ない、②アセットオーナーとの契約上、保有比率を開示できないケースもあるので、その場合は〝Comply or Explain〟を適用し、遵守しない理由の説明が許されるべき、③保有比率の開示のためのシステム対応に多大なコストがかかる可能性があるなどの課題が表明されました。一方、事業会社サイドの有識者からは、SSCに署名していない海外投資家は規制対象外となるが、できるだけ実質株主判明に海外投資家が含まれるような制度設計にすべきだとの指摘がありました。今回はスチュワードシップ・コード改訂によるソフトローでの対応になりますが、将来的には会社法改正による義務付けが検討されています。

◉日本でも協働エンゲージメントは普及するか？

日本がスチュワードシップ・コードとコーポレートガバナンス・コードを輸入した英国では、複数の機関投資家が共同で企業と対話する協働エンゲージメント（英語で〝Collective Engagement〟）が盛んに行なわれていますが、日本では大量保有報告制度の重要提案行為や共同保有報告書の問題があるため、協働エンゲージメントがやりにくい面がありました。しかし、2024年5月の金融商品取引法改正によって、複数の投資家が「経営に重大な影響を与えるような合意」を行なわない限り、大量保有報告制度の「共同保有者」に該当しないことが明確化されました。金融商品取引法改正の詳細は、金融庁の省令で規定されるため、その公表を待っている段階にあります。

配当方針や資本政策の変更といった、企業支配権に直接関係しない提案を共同して行なう場合等は、共同保有者として大量保有報告書を提出しなくてもよくなる予定です。現行スチュワードシップ・コードは指針4－4で、「機関投資家が投資先企業との間で対話を行なうに当たっては、単独でこうした対話を行なうほか、必要に応じ、他の機関投資家と協働して対話を行なうこと（協働エンゲージメント）が有益な場合もあり得る」としていますが、これを「機関投資家が投資先企業との間で対話を行なうに当たっては、単独でこうした対話を行なうほか、他の機関投資家と協働して対話を行なうこと（協働エンゲージメント）も重要な選択肢である。対話のあり方を検討する際には、投資先企業の持続的成長に資する建設的な対話となるかを念頭に置くべきである」と改訂する案が示されました。

金融庁の有識者会議では、投資家サイドの有識者から、協働エンゲージメントは政府によって促進されるべきではなく、運用会社自らの選択肢の1つの扱いでよいのではないかとの指摘がありました。一方、事業会社サイドの有識者からは、協働エンゲージメントで企業への圧力が高まったり、「ウルフパック」が行なわれたりする可能性があるので、金融庁に相談窓口を設けたらどうか、金融庁の大量保有報告違反のエンフォースメント（法執行）も弱いとの指摘がありました。ウルフパックとは、複数のアクティビストがひそかに協調して、株式の買い集めなどを行ない、時期を見て、対象企業に対して共同して要求を突きつける行為をいいます。アクティビストが活発な米国で、「ウルフパック」はネガティブな意味で使われることが多くなっています。

◉ダルトン・インベストメンツの創業者のジェームズ・ローゼンワルド氏の講演

ダルトン・インベストメンツの共同創業者のジェームズ・ローゼンワルド氏は、2024年11月18日の『同意なき買収』時代に備える　企業価値を高めるコーポレートガバナンス」との産経新聞のセミナーで、次のように述べました。

「私は現在ニューヨーク大学の教授を務めている。私が最初に日本株に投資したのは1972年で、キリンHDと当時の東京銀行（現三菱UFJFG）だった。それ以来、50年以上にわたって日本株に投資している。１９９９年に創業した当社の運用資産は５０００億円超で、平均保有期間は約７年と長期だ。自分は年老いているので、従業員の持株比率を増やしている。当社の資金提供者は欧米のクライアントであり、中国のクライアントはいない。当社はダルトン・インベストメンツとＮＡＶＦの２つの戦略を持つ。伝統的なバリュー投資家である当社の運用哲学は、①良い事業を持つ企業に投資、②大きなマージン・オブ・セーフティの追求、③利害の一致性にフォーカス、④強いトラックレコードだ。日本では東証がアクティビストとしての機能を果たしている。持合解消を促進した経済産業省に感謝したい。ようやく日本も株主の民主主義を達成できる状況になってきた。日本株は現在バーゲンセールの状況にある。日本企業には８％以上のＲＯＥ、役員には基本報酬の３～５倍の株式報酬、過半数の社外取締役、ＲＯＩＣの重視、企業価値の向上もしくは非公開化の検討を求めたい」

◉東証の要請がダルトン・インベストメンツの株主提案を促進

ダルトン・インベストメンツは２０２２年までは株主提案を行ないませんでしたが、東証の上場企業への要請を受けて、２０２３年からは積極的に株主提案を行なうようになりました。ジェームズ・ローゼンワルド氏は**東証が上場企業に資本コストと株価を意識した経営の要請を行なったことについて、東証もアクティビスト化していると評価していました。**ジェームズ・ローゼンワルド氏は、２０２０年にＮＡＶＦをロンドン証券取引所に上場しました。ダルトン・インベストメンツとＮＡＶＦ（Nippon Active Value Fund）の株主提案は、企業の経営課題にかかわらず、自己株式の取得、譲渡制限付株式報酬制度に関わる報酬額承認、取締役の過半数を社外取締役とする定款変更が多く、ワンパターンに見えますが、同じ株主提案をしても効果があると考えているようです。ダルトン・インベストメンツは株式持合が多い豊田自動織機の２０２４年６月の株主総会に向けて、資本コストや株価を意識した経営の実現に向けた対応に関する開示に係る定款変更の株主提案を行ないましたが、その後提案を取り下げました。

ダルトン・インベストメンツはインターＦＭで日曜日９時半から「Investor's Sunday」という投資情報番組のスポンサーをしており、私も２０２４年12月に出演しました。ダルトン・インベストメンツのパートナーの西田真澄氏がＭＣを務めています。西田氏は、株式市場で嫌われている銘柄に長期的視点から投資すると述べました。

◉アクティビストを歓迎する経営者もいる

ボストンから日本の中小型株に対してバリュー運用を行なっているKaname Capitalは、GMO International Activeに勤務していたEric Ikauniks氏とToby Rodes氏によって設立されました。調査部長の槙野尚氏はみさき投資株式会社出身です。〝Kaname〟は日本語の「要」を意味します。槙野尚氏は２０２３年5月にみずほ証券で行なった講演で、中小型＆バリュー投資の悩みとして、①Value TrapではなくTrapped Value、②エンゲージメントも取締役会も機能しないガバナンス構造、③見て見ぬふりの市場参加者を挙げました。Kaname CapitalはＨＰの〝Why Japan ?〟で、日本の中小型株に事業のエクセレンスと魅力的なバリュエーションを提供する銘柄が多いと指摘しました。

Kaname Capitalは２０２３年６月の株主総会で、フクダ電子に対して、買収防衛策の廃止、大規模買付行為への対応策、取締役個人別の報酬額の決定方法、取締役の報酬額の決定方法に関する規定の新設について株主提案を行ないましたが、賛成率６・４〜24・３％で否決されました。２０２４年６月の株主総会でもフクダ電子に対して、取締役２名選任、取締役の報酬額改定、社外取締役の報酬上限額撤廃の株主提案を行ないましたが、賛成率６・５〜12・１％で否決されました。

Toby Rodes氏は２０２４年６月にプライム市場上場の独立系SierのＩＤ ＨＤの社外取締役に就任しました。ＩＤ ＨＤにはKaname Capitalが６％の大量保有報告書を提出していました。**ＩＤ ＨＤの舩越真樹社長はアクティビストを、無料で経営にアドバイスしてくれるコンサルタントになりうると歓迎しているそうです。**舩越社長は外国人投資家の多様な意見が経営に役立つと考えており、自ら積極的に海外ＩＲを行ない、Toby Rodes氏にも自ら社外取締役就任を依頼したそうです。

◉まだ日本に投資していない米国主要アクティビストが多い

投資戦略	主な投資先企業
事業資産や遊休資産の売却、事業戦略の見直し等を求める	Southwest Airlines、Texas Instruments、大日本印刷
低バリュエーション企業に投資し、経営陣の変革を求める	JetBlue Airways、Caesars Entertainment
集中投資し、投資先企業の経営陣と経営改革を直接交渉	Herbalife Nutrition、Zoetis Inc
過小評価の企業に投資して取締役選任や事業売却等を求める	Walt Disney、Janus Henderson
事業ポートフォリオの変革を求めるイベントドリブン戦略	Apple、Advance Auto Parts、ソニーグループ
安定的インカムやドミナントな市場シェアを持つGARP企業に投資	Tenet Healthcare、Cigna Group
過小評価された企業に投資し、経営戦略の変更を求める	Pfizer、Salesforce Inc、Alight Inc
事業ポートフォリオの変革の余地がある企業等に投資	Walt Disney、Microsoft、セブン&アイ・HD
ガバナンス改善を求める水面下及びパブリック・キャンペーン	Norfolk Southern Corporation、Elanco Animal Health
バリュー志向の集中的ロング・ショート戦略	Twilio Inc.、Olin Corporation
長期的にポジティブな変化がある産業の高クオリティ企業に投資	Algonquin Power & Utilities、Vestis Corporation
オペレーション改善の余地・変化がある企業に投資	Wolfspeed、Freshpet Inc
建設的なアクティビズム	V.F. Corportion、PRA Group
事業戦略、資本政策、ガバナンス等の改善余地がある企業に投資	Mattel、TriMas Corporation
長期的なプロキシーファイト	Exxon Mobil

図表2-10　米国の「15の最も恐れられているアクティビスト」

順位	ファンド名	ポートフォリオの規模（10億ドル）	創業年	創業者
1	Elliott Management	16.12	1977	Paul Singer
2	Icahn Capital	11.92	1987	Carl Icahn
3	Pershing Square	10.76	2004	Bill Ackman
4	Trian Partners	8.02	2005	Nelson Peltz
5	Third Point	7.80	1995	Dan Loeb
6	Glenview Capital	5.72	2000	Larry Robbins
7	Starboard Value	4.84	2011	Jeff Smith
8	ValueAct Capital	4.54	2000	Jeffrey Ubben
9	Ancora Holdings	4.40	2003	NA
10	Sachem Head Capital	2.34	2012	Scott Fergusson
11	Corvex Capital	2.16	2010	Keith Meister
12	Jana Partners	1.83	2001	Barry Rosenstein
13	Engaged Capital	0.62	2012	Glenn Welling
14	Barington Capital	0.10	2000	James Mitarotonda
15	Engine No.1	0.08	2020	Christopher James

注：掲載記事をもとにみずほ証券エクイティ調査部が一部加筆
出所：INSIDER MONKEY（2024年8月13日付）よりみずほ証券エクイティ調査部作成

2024年8月13日付の〝INSIDER MONKEY〟に掲載された〝15 Most Feared Activist Hedge Funds〟によると、**エリオット・マネジメントは最も恐れられているアクティビストになっています。**世界最大のアクティビストのエリオット・マネジメントはニューヨークが本社ですが、日本株投資はロンドンの拠点から行なっています、

2位には88歳にして、いまだアクティビスト活動を行なっているカール・アイカーン氏のIcahn Capital L.P.が入りました。3位にはBill Ackman氏が率いるPershing Squareが入りましたが、ロンドン証券取引所に上場するPershing Square HDの時価総額は98億ドル（約1・5兆円）に達します。Pershing Square HDは月次で純資産やパフォーマンス等を公表しており、2024年9月末時点で13社にロング・ポジションを取り、ショート・ポジションはゼロでした。4位のTrian Partnersはウォルト・ディズニーに35億ドル投資して、2024年4月の株主総会で同社創業者のNelson Peltz氏等を送り込もうとしたが失敗し、6月までに保有株を売却しました。ランキング5位だったサードポイントは2019年のソニーグループへの投資を最後に日本株投資で音沙汰がありません。サードポイントの〝Q2 2024 Investor Letter〟によると、サードポイントはアップル、Corpay、Intercontinental Exchangeなどに投資していました。同7位のStarboard Valueは日本株に投資した記録はありませんが、2024年10月に株価がイーライリリーに対して大きくアンダーパフォームしているファイザーに10億ドル投資して、パフォーマンスをターンアラウンドする変化を求めたと報じられました。

第 3 章

外国人投資家が日本株を買う条件
── 持合解消

FOCUS ON
FOREIGN
INVESTORS'
INVESTMENT STRATEGY

日本市場の株式持合の実情

◉株式持合の歴史

株式持合とは企業がお互いの株式を持ち合う現象ですが、広義では生損保等が保険契約の獲得を目的に、一方的に株式を保有する分も含まれます。1960年代に日本が国際資本移動を開放した際に外資に買収されないようにお互いの株式を持ち合ったり、証券不況時に株式を買い取った日本共同証券や日本証券保有組合が買い取った株式を売却したりした際に、株式持合が形成されました。また、1980年代後半のバブル期には事業会社が特金・ファントラなどを使って、積極的に株式投資を行なっていました。

その後、資産バブルの崩壊や金融規制の強化によって、1990年代に銀行の持合解消が始まり、2000年代に事業会社はコーポレートガバナンス改革の一環として、持合解消を求められるようになりました。安倍政権におけるスチュワードシップ・コードとコーポレートガバナンス・コードの策定が、持合解消を促しました。政策保有株式を過度に保有すると、資本効率性が低下します。一方、持合株主や安定株主が多いと、モノ言う株主等につけこまれないというメリットが生じます。**海外には株式持合という慣習があまりないので、外国人投資家、特に米国投資家にとっては、株式持合は理解しがたい慣習です。**

◉株式持合の定義と開示

株式持合には様々な呼称があります。有価証券報告書には「株式の保有状況」という項目があり、そこに企業は上場株式と非上場株式に分けて、前年度末の保有銘柄数、貸借対照表の計上額、その年度の増減の銘柄数及び金額を掲載することになっています。個別銘柄の開示は、貸借対照表計上額が資本金の1％を超える銘柄と、この資本金基準を充たさない場合には保有上位60銘柄が開示対象になります。保有理由も掲載することになっていますが、営業上必要だなどの曖昧な記述が多くなっています。

こうしたなか、三井不動産は企業にどのビルを借りてもらっているからなどの理由を書いています。たとえば、東レ株を2023年度末に144億円保有していた理由として、「東レは日本橋三井タワー等のテナントであり、当社グループの賃貸事業において有用性がある」と書いています。一方、三井不動産株を242億円保有していた東レは保有理由として、「建物等の賃借先であり、取引関係強化を通じた事業運営の安定化のために保有している」と掲載しました。

こうした相互保有株式は、有価証券報告書では「特定投資株式」と呼ばれていますが、コーポレートガバナンス報告書では「政策保有株式」と呼ばれ、企業はその方針を記載することになっています。たとえば、住友不動産は2024年11月にアップデートしたコーポレートガバナンス報告書で、「取引先等との安定的・長期的な取引関係の構築及び強化等の観点から、持続的な成長と中長期的な企業価値の向上に資すると判断した場合は、取引先等の株式を取得し保有することができる」と記載しています。持合株式、特定投資株式、政策保有株式という呼称以外に、安定株主という言葉もあります。

◉持合解消を巡る賛否両論

関西経済連合会（会長は住友電気工業の松本正義会長）は2023年9月に発表した「意見書『コーポレートガバナンスに関する提言』」で、原則1－4は、「政策保有株式を一律に縮減することが望ましいとの前提に立っているように読み取れる内容になっている。政策保有株式を、銘柄ごとに意義が異なるにも関わらず一律に縮減させる方向性を明記することは、それぞれの企業における事業戦略の幅を狭め、結果として持続的な企業価値向上の妨げとなる懸念がある。『縮減ありき』と解釈されるような表現を修正すべきである」として、「上場会社が政策保有株式として上場株式を保有する場合には、政策保有に関する方針・考え方を開示すべきである」と表現を改めるべきだと提言しました。しかし、その住友電気工業も2024年度の中間決算発表で、持合解消の計画を発表したのは驚きました。

一方、機関投資家の議決権行使担当者の集まりであるスチュワードシップ研究会は2024年5月に発表した「政策保有株式を取り巻く問題提起のその課題解決に関して」で、政策保有株式を保有されている企業の問題として、最適なキャピタルアロケーションの阻害や経営規律の歪みなどを指摘し、議決権行使結果やプロシクリカリティ（景気循環増幅効果）への認識・対策の開示などを提案しました。**スチュワードシップ研究会は政策保有株式を保有されている企業の問題として、株主意思反映の妨げや経営規律の緩みなどを指摘して、株主資本コストの観点からの必要な自己資本の再定義や取締役会の認識の開示などを提案しました。**

◉安定株主比率は依然高い

『商事法務』は年に一度、企業に対するアンケートベースの、企業が考える「安定株主比率」を発表しています。上場企業全体で（回答社数は１９７９社）、40～60％台の安定株主比率と回答した企業の比率はアベノミクスが始まる前の２０１２年の68・７％

図表3-1　企業が考える安定株主比率

(%)	10%台	20%台	30%台	40%台	50%台	60%台	40%~60%台合計	その他	無回答	回答社数
2007	2.4	6.9	13.5	17.8	24.3	26.4	68.5	6.3	2.8	1,952
2008	2.3	6.6	13.1	16.9	26.1	25.0	68.0	6.6	3.3	1,962
2009	2.8	6.0	12.4	16.5	27.3	26.2	70.0	6.3	2.5	1,897
2010	2.5	5.6	13.1	17.6	25.9	26.4	69.9	5.8	3.1	1,868
2011	2.9	6.2	13.9	18.2	24.2	24.9	67.3	6.6	3.1	1,849
2012	2.5	6.2	13.5	18.3	25.0	25.4	68.7	6.2	2.9	1,845
2013	3.6	6.9	11.9	19.6	23.8	23.9	67.3	7.0	2.8	1,792
2014	4.4	6.8	13.0	18.5	24.0	23.5	66.0	7.1	2.7	1,756
2015	5.0	7.2	14.6	17.5	24.3	21.0	62.8	6.9	3.5	1,704
2016	4.6	7.6	16.0	17.7	22.4	20.9	61.0	7.1	3.9	1,755
2017	5.8	7.5	15.1	17.7	23.0	20.4	61.1	7.2	3.2	1,730
2018	5.8	8.7	15.3	17.8	21.9	20.6	60.3	7.2	2.7	1,727
2019	6.6	9.1	14.9	18.9	22.3	18.7	59.9	6.5	3.0	1,694
2020	6.9	9.8	14.5	19.3	23.1	17.9	60.3	6.0	2.6	1,595
2021	7.3	10.9	14.8	19.2	22.0	16.6	57.8	6.5	2.8	1,749
2022	7.7	10.9	15.3	18.4	21.8	17.0	57.2	7.1	1.8	1,917
2023	7.6	10.7	15.7	16.9	22.5	16.2	55.6	7.7	2.7	1,979
2024	7.4	10.7	17.4	17.7	22.2	14.3	54.2	8.0	2.3	1,902

出所：商事法務よりみずほ証券エクイティ調査部作成

から、2023年に55・6%と13ppt低下しましたが、**依然として40~60%台の安定株主がいると回答した企業が過半数に達するということは、純粋な株主の考えが経営に反映されにくいことを意味します。**時価総額が小さい企業ほど安定株主比率が高い一方、資本金1000億円以上の企業では40~60%台の安定株主比率と回答した企業の割合は18・6%と低くなっています。

ちなみに、この安定株主比率は事業会社+金融機関+個人投資家の持株比率の合計値に近く、企業は株式持合の相手企業のみならず、個人投資家も安定株主と見ているようです。

◉政策保有株式が多い企業・少ない企業

自社株買いであれば、その枠を取る際に企業が適時開示しますが、政策保有株式のデータは基本的に年に一度、有価証券報告書にしか開示されません。

2023年度末に上場政策保有株式の銘柄数が多い事業会社は、住友不動産、清水建設、セコム、鹿島建設、博報堂DYHD、きんでんの順でした。住友不動産は上場政策保有銘柄数を2022年度末218→2023年度末206、清水建設は同143→138と減らしましたが、保有銘柄数での順位は変わりませんでした。セコムは持合解消が少なく、投資先のソラコムが上場したことで、上場政策保有銘柄数が113→114と増えました。博報堂DYHDも持合解消が少なく、投資先のLaboro.AIが上場したことで、上場政策保有銘柄数が110

↓111と増えました。きんでんは2023年度にNTTやクボタ等を売り切りましたが、SCREEN HDでは保有株数を増やしており、保有銘柄数の減り方が116↓102となりました。セコムは2023年の株主総会でダルトン・インベストメンツから株主提案を受けましたが、きんでんも2024年の株主総会でひびきパースから株主提案を受けて、ともに否決しました。TOPPAN HDは上場政策保有銘柄数を122↓89と大きく減らしたため、順位も4位↓10位と低下しました。レンゴーも銘柄数が114↓93と削減数が多かったため、順位が6位↓9位と下がりました。

運用会社が議決権行使基準にすることが多い（上場）政策保有株式の純資産比が高い企業は2022年度末と同じくTBS HD、京セラ、戸田建設、三菱倉庫、大成建設、清水建設等でした。大手ゼネコンは積極的に持合解消を進めていますが、2023年度末にかけた時価上昇によって、同比率は上昇した企業が多くあります。株式持合では保有している企業のみならず、保有されている企業の責任も問われます。2023年度末に政策保有株式として保有されている社数が多い企業のトップ3は2022年度末と同じく住友不動産、イオン、JR東海の順でした。

◉2023年度の上場政策保有株式の増減ランキング

TOPIX500企業（金融を除く）のなかで、2023年度の上場政策保有株式のネット削

2022年度		2022→2023年度変化	
特定投資株式保有銘柄数	特定投資株式BS計上額（100万円）	特定投資株式保有銘柄数	特定投資株式BS計上額（100万円）
218	514,827	-12	80,431
143	266,386	-5	52,668
113	19,891	1	5,827
125	244,290	-12	63,899
110	91,539	1	743
116	78,222	-14	23,686
105	71,813	-5	11,797
111	255,734	-15	20,669
114	67,144	-21	8,043
122	260,759	-33	7,221
92	153,028	-3	22,340
90	4,624	-2	2,143
104	274,241	-17	116,276
113	280,827	-26	68,169
92	60,399	-5	4,842
82	21,914	0	6,651
85	82,386	-5	26,935
84	83,376	-4	21,322
84	14,466	-6	3,549
96	145,027	-19	-1,086
92	56,824	-18	-19,364
76	64,833	-3	20,220
76	207,017	-4	51,531
74	77,139	-2	29,215
73	46,914	-2	5,993
72	61,114	-2	34,010

図表3-2　2023年度末の上場政策保有株式の銘柄数が多い主な事業会社

コード	銘柄名	2023年度 時価総額（10億円）	特定投資株式保有銘柄数	特定投資株式BS計上額（100万円）
8830	住友不動産	2,478.5	206	595,258
1803	清水建設	988.0	138	319,054
9735	セコム	2,401.6	114	25,718
1812	鹿島建設	1,646.2	113	308,189
2433	博報堂DY HD	414.9	111	92,282
1944	きんでん	631.9	102	101,908
2502	アサヒグループHD	2,833.6	100	83,610
7912	大日本印刷	1,207.1	96	276,403
3941	レンゴー	216.5	93	75,187
7911	TOPPAN HD	1,409.3	89	267,980
1860	戸田建設	297.7	89	175,368
6457	グローリー	153.2	88	6,767
1802	大林組	1,459.6	87	390,517
1801	大成建設	1,237.5	87	348,996
4324	電通グループ	825.3	87	65,241
2875	東洋水産	985.7	82	28,565
3861	王子HD	628.7	80	109,321
5901	東洋製罐グループHD	414.3	80	104,698
2331	綜合警備保障	548.7	78	18,015
6367	ダイキン工業	4,601.9	77	143,941
2269	明治HD	869.2	74	37,460
5802	住友電気工業	2,078.9	73	85,053
5401	日本製鉄	3,577.8	72	258,548
9533	東邦瓦斯	432.2	72	106,354
4530	久光製薬	359.7	71	52,907
5076	インフロニア・HD	342.0	70	95,124

注：時価総額は2025年2月28日時点。2023年度の特定投資株式の個別銘柄を公表している時価総額1,000億円以上の東証プライム企業（金融・卸売を除く）。2023年度の上場特定投資株式保有銘柄数が70銘柄以上、特定投資株式は上場株式のみ、みなし保有を除く、持株会社は子会社保有分を含む。このリストは推奨銘柄でない
出所：QUICK Astra Managerよりみずほ証券エクイティ調査部作成

減額（上場政策保有株式の株式数増加・減少に係る取得・売却価額の差）が最も大きかったのは、トヨタ自動車の▲３２３２億円、２位が豊田自動織機の▲２４０２億円、３位が日立製作所の▲２２２９億円、４位が三菱電機の▲１６５６億円、５位がデンソーの▲１２４３億円、６位がアイシンの▲１１１７億円、７位が富士通の▲９８４億円と、トップ７にトヨタグループの企業が４社、大手電機メーカーが３社入りました。

　電機メーカーは以前から持合解消に前向きでしたが、トヨタグループは２０２３年度の中間決算時にトヨタ自動車が持合解消の方針を打ち出しました。ただ、トヨタグループの企業は２０２３年度末にかけた自動車株の上昇によって、持合株の一部を売却しても、保有時価が増えました。

図表3-3　TOPIX500企業の2023年度の上場政策保有株式の増減ランキング

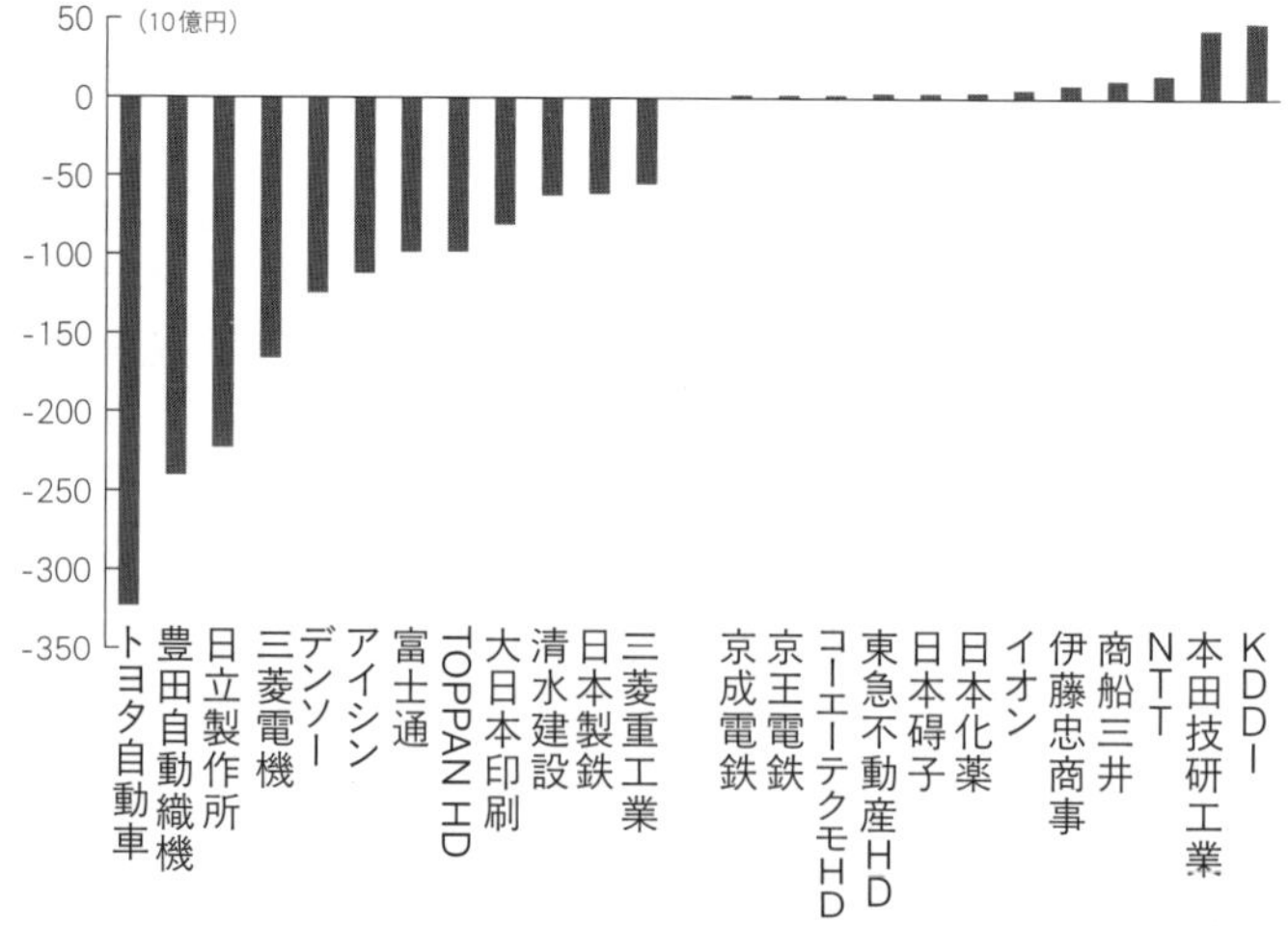

注：金融を除くTOPIX500構成銘柄。2023年度の上場政策保有株式のネット増減額（株式増加・減少銘柄に係る取得価額と売却価額の差）の上位・下位12社

出所：会社資料よりみずほ証券エクイティ調査部作成

8位はTOPPAN HDの▲981億円、9位は大日本印刷の▲809億円でした。エリオット・マネジメントが大株主になっている大日本印刷は2023～2027年度の5年間に、政策保有株式を2200億円売却し、純資産比を10％未満に縮減する目標を掲げています。大日本印刷は2023年度に上場株式を808億円売却しましたが、保有株の時価上昇により、純資産比（みなし保有株式を除く）が22・8％で横ばいに推移しました。大日本印刷は説明会資料にコーポレートガバナンス・コード導入以降、上場政策保有株式の銘柄数を2014年度末269→2023年度末96と減らしたとの図を掲載しました。TOPPAN HDも説明会資料で、2018年4月以降の政策保有株式の売却額が5000億円超に達したとして、政策保有株式の純資産比を2025年度に15％未満、2026年度以降に10％未満にする目標を掲げています。TOPPAN HDは2023年度末の同純資産比が24・8％だったのは、株価上昇による影響が7％あったと述べました。

◉通信会社はベンチャー投資先が政策保有株式になるケースが多い

一方、2023年度の上場政策保有株式のネット増加額が大きかった企業のトップ3は、KDDIの＋484億円、ホンダの＋438億円、NTTの＋154億円でした。

大手通信会社は携帯事業が成熟化しているため、他業界への出資攻勢を強めています。KDDIはローソンに50％出資（政策保有株式には当たらない）したほか、CVC（コーポレート・ベンチャー・

キャピタル）を通じて保有していた2023年度にispace、Veritas In Silico、ピクシーダストテクノロジーズなどがIPOしたことで、上場政策保有株式に加わりました。KDDIはDX事業強化のために、2023年度にIIJ株を追加取得しました。NTTはACCESSと資本業務提携し、IIJやJTOWERの保有株式の一部を売却したことで関係会社株式から投資有価証券へ振り替わったため、上場政策保有株式が増加しました。ホンダは原材料（半導体）等の調達取引の安定化を目的に、ルネサスエレクトロニクスの株式を新規に取得したため、上場政策保有株式が増加しました。ホンダのルネサスエレクトロニクス株の取得は有価証券報告書の開示で初めて判明したもので、ホンダからプレスリリースは出ていませんでした。ルネサスエレクトロニクス株についてはホンダが新規取得、デンソーや三菱電機は売却と対応が分かれました。

進み始めた持合解消への動き

◉持合解消のペースは全体として緩やか

近年の株式持合の解消は、①2015年のコーポレートガバナンス・コードの導入、②運用会社の政策保有株式に関する議決権行使基準の厳格化、③東証の資本コストや株価を意識した経営の要請などに促されてきましたが、全体としてみれば持合解消のペースは依然緩やかといえるでしょう。

株式持合は銀行・保険・製造業など旧来企業の慣習であり、新たにプライム市場に上場した企業には、持合株式をほとんど持っていない企業も多くあります。プライム企業の上場特定投資株式の保有銘柄数の

図表3-4　企業が保有する特定投資株式数の推移

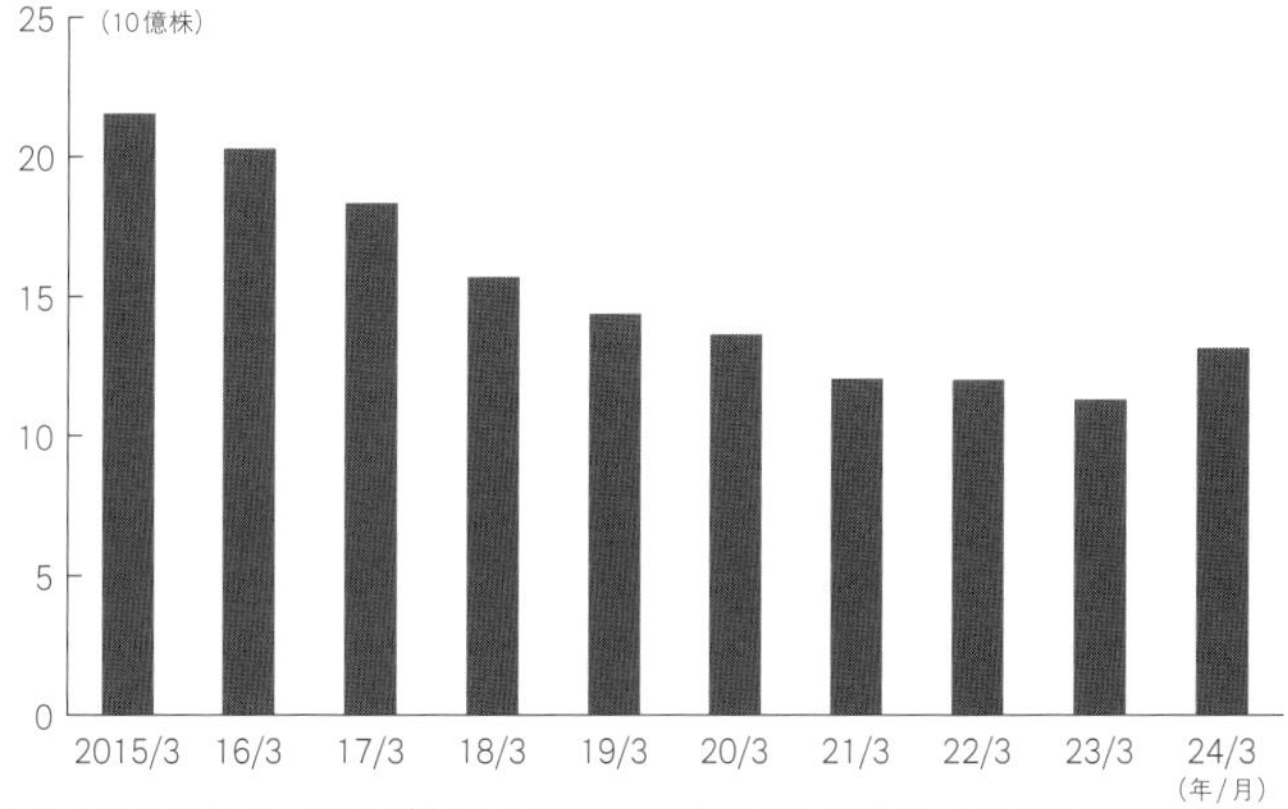

注：全上場銘柄対象、時価が算出可能な特定投資株式数の推移、2014年3月期以降10期連続で取得可能な銘柄2,061社のみ抽出、2024年8月2日時点
出所：有報、QUICK Astra Managerよりみずほ証券エクイティ調査部作成

中央値は、2022年度末11銘柄→2023年度末10銘柄と1つ減ったにすぎません。コーポレートガバナンス・コードの導入以降、減少傾向にあった企業が保有する特定投資株式の総数が、2023年度末に増加に転じたのは、株式持合が強化されたからではなく、株式分割が増えたためです。NTTが2023年7月に1株につき25株の株式分割を行なうなど、2023年度の株式分割の発表社数は前年度比6割増の191社になりました。NTTと株式を持ち合っているトヨタ自動車のNTTの保有株数は2022年度末8080万株→2023年度末20億株と25倍に増え、NTT株の値上がりにより、バランスシート計上額も3200億円→3631億円と増えました。我々は、2023年度にもう少し持合解消が加速すると期待していましたが、2023年度末にかけた株価急騰によって、簿価ベースで減っても、時価ベースでの持合解消が進まなかった企業が多くありました。

◉運用会社の政策保有株式に関する議決権行使基準の厳格化

議決権行使基準に政策保有株式に関する数値基準を最も早く導入したのは、2010年のSOMPOアセットマネジメントでしたが、近年は同数値基準を導入する運用会社が相次いだため、持合解消を進める企業が増えました。政策保有株式の純資産比の判断基準は20％が多いですが、明治安田アセットマネジメントや米国大手運用会社のニューバーガーバーマン等は10％を判断基準にしています。

野村アセットマネジメントやアセットマネジメントOｎｅのように、数値基準を金融機関と事業会社で分けている運用会社もあります。野村アセットマネジメントは、金融機関は政策保有株式の純資産比が50％超、事業会社は投下資本の20％を上回る場合に会長・社長等の再任議案に反対するとしています。紋切り型に適用するのではなく、縮減傾向だったり、エンゲージメントの結果、縮減の方針が確認されたりしていれば、反対しない運用会社も多くあります。

地銀に対してＲＯＥ基準を厳格に適用すると、社長・頭取への反対比率が上がってしまうので、運用会社は議決権行使に当たって、地銀の特性をどのように考慮するかが重要になります。２０２４年５～６月の株主総会で地銀の社長・頭取の選任議案への反対が多かった運用会社は、フィデリティや三井住友ＤＳアセットマネジメントだった一方、ＳＢＩ岡三アセットマネジメントや明治安田生命は反対がゼロでした。アセットマネジメントＯｎｅは地方創生への貢献を理由に、エンゲージメントの結果、地銀の取締役選任に賛成した事例が多くありました。

運用会社の判断に使われたのは２０２２年度の有価証券報告書だった一方、２０２３年度末にかけて株価が急騰して政策保有株式の時価が増えた分は２０２３年度有価証券報告書に反映されて、２０２５年の株主総会で判断基準になるため、２０２５年の株主総会で政策保有株式に基づく反対が増えるでしょう。有価証券報告書を株主総会後にしか発表しない企業が多いなか、前年度の持合解消の実績をアピールするために、決算説明会資料や株主総会招集通知で持合解消について言及する企業が増えています。

◉「持合ゼロクラブ」に入った企業

我々は上場政策保有株式を持たない企業を、「持合ゼロクラブ」と呼んで評価しています。以前から**コマツ、荏原製作所、ディスコ、太陽誘電、ＳＵＭＣＯ等が上場政策保有株式を持たない経営を行なってきましたが、２０２３年度は中外製薬、日東電工、近鉄グループＨＤ、カプコン、ファーストリテイリング等が「持合ゼロクラブ」に加入しました。**外国企業は政策保有株式を持っているかどうかで、取引関係を決めないので、海外売上比率が高い企業ほど政策保有株式をゼロにしやすいといえます。

中外製薬は２０２３年度に、オンコリスバイオファーマを売却したことでゼロになりました。日東電工は２０１８年度末に15の上場保有株式を保有していましたが、毎年徐々に減らして、２０２３年度にはトヨタ自動車、村田製作所、太陽誘電を売り切ったことでゼロになりました。カプコンは２０２３年度に長年保有していた三菱ＵＦＪＦＧ、みずほＦＧ、イオンモールを売り切り、上場政策保有株式をゼロにしました。ヒロセ電機も元々上場政策保有株式が少なかったですが、２０２３年度に横河電機とダイトロンを売り切ってゼロにしました。ファーストリテイリングは日系企業の上場政策保有株式を保有していませんでしたが、２０２３年度にCrystal International Groupを売却したことで、ゼロになりました。

◉アシックスの持合株式売出しの好事例

アシックスは2023年末に14銘柄・85億円の上場政策保有株式を保有していましたが、2024年7月に保有する政策保有株式を2024年中にすべて売却し、金融機関などが保有するアシックス株7391万株も売り出すと発表しました。併せて、アシックスは「①資本効率向上及び資本市場への説明責任を果たす～当社グループが保有する政策保有株式を2024年内にすべて売却し、また売却による獲得キャッシュについては成長投資や株主還元に充当することで資本効率を向上させるとともに、政策保有株式に係る資本市場からの要請等に対して説明責任を果たす。②グローバルな資本市場と全面的に向き合う～金融機関・事業会社による政策保有株式（一部の純投資株式を含む）としての当社株式持分の大規模な削減を図ることで、旧来的な株主構造から脱却し、グローバル資本市場に全面的に真正面から向き合う。③優良機関投資家の取り込み～グローバル市場での競合を意識した株主基盤の構築を図るべく、当社ブランドや中長期的な成長戦略を理解、支援頂ける大型株志向のグローバル優良機関投資家に、本売出しを通じて新たに株主になって頂く、あるいは持分を増やして頂く」と発表しました。

アシックスがライバルのナイキ等からシェアを奪って業績を拡大していることを評価して、この持合株式の売出しを通じて、アシックスの株式を購入した外国人投資家がいたと推測されます。アシックスは英語で〝Asics〟と書くので、英語では「エイシックス」と発音されることが多いようです。アシックスの株価は売出し発表で一時的に下落しましたが、2024年12

月に上場来高値を更新しました。

◉大手銀行は持合解消を加速

三菱ＵＦＪＦＧは２０２４年５月の決算発表時に、２０２４年３月末〜２０２７年３月末に取得原価ベースで３５００億円の政策保有株式を売却するとしていましたが、２０２４年11月の中間決算で売却計画額を７０００億円に倍増しました。２０２４年度上期に１７００億円売却し、未売却の売却応諾額が２６６０億円あるとしました。三菱ＵＦＪＦＧは２０２４年度上期の純利益が前年同期比＋36％の１・２６兆円と、半期で初めて１兆円台に乗った理由として、政策保有株式の大口売却益を挙げました。

三井住友ＦＧは２０２３〜２０２５年度の中計で政策保有株式を簿価２０００億円削減する計画でしたが、２０２３年度に１３４０億円削減できたことから、２０２４年５月の決算発表時に前倒し達成し、新しい削減計画を検討するとしていました。三井住友ＦＧは２０２４年度上期にも簿価８２０億円削減し、目標の２０００億円削減を１年半で超過達成したことから、新たに２０２４〜２０２８年度に６０００億円削減し、政策保有株式の純資産比を20％未満に減らす計画を設定しました。

２０２１年５月に政策保有株式ゼロ保有方針を打ち出した三井住友トラスト・グループは、２０２３〜２０２５年度に政策保有株式を取得原価ベースで１５００億円削減する目標を発表していましたが、2024年11月の中間決算で2029年3月末に政策保有株式の純資産比を、20％未満に減らす新たな目標を発表しました。運用子会社の三井住友トラスト・アセットマネジメントは従前から厳格な議決権行使を行なっていますが、三井住友信託銀行も2023年7月〜2024年6月の株主総会で、議案数ベースで0・4％（前年比＋0・1％）に反対したと発表しました。三井住友トラスト・アセットマネジメントの2024年4〜6月の株主総会における会社提案議案に対する反対比率は20・6％だったので、銀行本体の反対比率は格段に低いといえます。

りそなHDは2024年3月末〜2030年3月末に政策保有株式を簿価で3分の2以上削減し、その純資産比を10％程度に削減する計画に変わりはありませんでしたが（20％水準には最速3年で到達・通過）、2024年度上期に取得原価で210億円削減したと発表しました。

◉地銀は政策保有株式の純投資への移行が問題視される

地方銀行は政策保有株式を売却しても、他に良い資金運用先に乏しい、地元企業の株式は売りにくいなどの理由から、大手銀行より持合解消に消極的でしたが、東証の資本コストや株価を意識した経営でROEを高める必要性が高まったことや、運用会社の議決権行使の厳格化によって、持合解消に乗り出す地方銀行が増えています。ただ、**政策保有株式を純投資に移して、表面的に政策保有株式の純資産比を低下したかのように見せた地方銀行が少なくなかったため、**

金融庁は開示規制の強化に乗り出しました。

ただし、政策保有株式を純投資に移すのは合法的な行為であり、金融庁はその合理的な説明を求めているだけです。金融庁は2025年3月末の有価証券報告書から、政策保有株式を純投資に移管した場合、保有目的変更の理由、保有目的変更後の保有または売却の方針を記載することを求めるとしました。金融庁の厳しい姿勢によって、地銀が2024年度決算で純投資へ移行した株式をどのように扱うかが注目されました。

政策保有株式の状況は年に1回の有価証券報告書にしか開示せず、中間決算の開示は短信だけという地銀も少なくありません。千葉銀行は2023年度に25銘柄・817億円の政策保有株式を純投資に移行しましたが、2024年度の中間決算説明資料で、2029年3月末までに政策保有株式（時価）の純資産比を15％未満（2024年9月末は15・7％）への引き下げを目指すと同時に、純投資の銘柄数、保有残高も半減するとしました。しずおかFGは政策保有株式を2026年3月までの縮減目標136億円（取得原価ベース）に対して、2024年度上期までに83億円縮減したとすると同時に、運用効率を考慮し、運用資産としての経済合理性が認められる政策保有株式は純投資として保有するとし、2024年度上期も8億円、累計44億円を純投資へ振り替えたと述べました。石川県の北國FHDは中間決算説明資料で、「政策保有株式を売却した資金は、純投資目的株式へ積極投資している。年率リターンは改善しており、ポートフォリオの収益力向上に貢献している。取締役選任、役員報酬、資本政策、剰余金処分など議決権行使基準を制定している」と述べました。

◉外国人投資家の関心が高い京都FGの政策保有株式の多さ

京都に本社を置く優良製造業（任天堂、村田製作所など）**との株式持合が多い京都FGは、外国人投資家からの注目度が高くなっています。**たとえば、英国のAVI（Asset Value Investor）の〝Japan Opportunity Trust〟で、京都FGは2024年6月末時点で組入順位が22位でした。京都FGの2023年度末の上場政策保有株式のバランスシート計上額は113銘柄で1・11兆円と、純資産の1・14兆円に匹敵する額で、時価総額の約7000億円を上回っていました。

京都FGは2023年度に上場保有株式を61億円削減し、地銀7銘柄を含む10銘柄を純投資に移しました。京都FGは2023年度の有価証券報告書で、「中長期的な資本効率向上に向け、上場株式について、2022年度より3年程度で160億円（2022年3月末の簿価の約10％）を縮減する計画」と述べました。京都FGは中間決算説明資料で、この目標に対する売却実績（合意済未売却を含む）が127億円（時価では約400億円）と、進捗率が79％であることを示しました。加えて、京都FGは政策保有株式縮減の姿勢を明確化するため、2024年度下期～2028年度に新たに時価ベースで1000億円以上の縮減目標を設定しました。この売却資金は、ベンチャー投資を中心とした成長投資に使うとしました。

京都FGのROE目標は従来2026年3月期に3％でしたが（2024年3月期実績は2・9％）、

2029年3月期に5%、2030年代前半に8%以上を達成する目標に引き上げました。ベンチャー投資、預貸ビジネスの強化、総合ソリューション機能拡充等を成長投資にする一方、業績の不確実性低減、投資家との積極的対話、株主の裾野拡大等によって株主資本コストの引き下げを図るとしました。政策保有株式比率が高く、ROEが継続的に低い企業に反対する運用会社が多いなかで、2024年6月の株主総会で土井伸宏社長への賛成率が75%と前年比13ppt上昇したのは、当社は2023年10月に持株会社化し、コード番号も変わったので、別会社になったと認識した運用会社があったからのようです。

◉京セラがKDDI株の売却を発表

京都FGと並んで、**京セラもKDDIの保有株の売却方向性が長年、外国人投資家の注目を集めてきました。**

京セラは2024年10月末に発表した中間決算で、2024年度純利益予想を前年比+10・8%→▲29・8%と大幅下方修正したことはネガティブ・サプライズとなり、発表翌日に株価が▲10%と急落しました。京セラは2015年にオアシスからKDDI株をすべて売却し、5000億円の株主還元を要求されたことがありましたが、当時は拒否しました。京セラは長年、機関投資家から売却を求められていたKDDIの保有株数を今後5年間で3分の1程度を売却すると述べました。ただ、KDDI株の売却資金の使途が明示されなかったことが不十分と受け止められました。京セラの取締役任期は2年ですが、谷本秀夫社長の2023年6月の株主総会での賛成率が前年比▲16Ppt の65％に下がったことが、京セラの持合解消意欲を高めたと推測されます。2024年3月末時点で、京セラの政策保有株式の純資産比は49％に達し、政策保有株式のバランスシート計上額の9割超をKDDIが占めていました。京セラは2025年2月の決算発表で、今後2年間で政策保有株数の3分の1程度を売却し、取締役の任期を2→1年と短縮すると発表しました。

◉大手損保は2030年の政策保有株式ゼロを打ち出す

大手損保はビッグモーターを巡る不祥事で金融庁からの処分を受けて、東京海上H

図表3-5　京セラの政策保有株式（うちKDDI）のバランスシート計上額と純資産比の推移

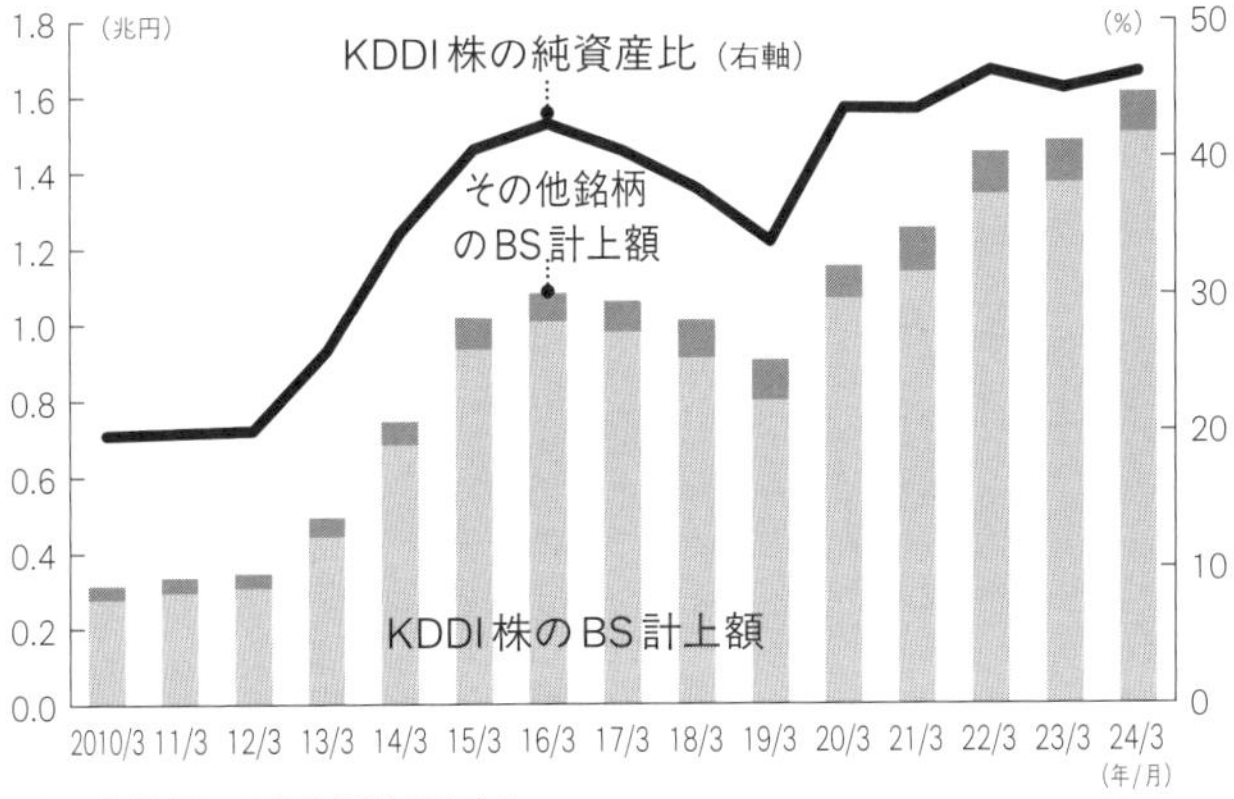

注：その他銘柄には非上場銘柄を含む
出所：QUICK Astra Managerよりみずほ証券エクイティ調査部作成

DとMS&ADインシュアランスグループHDが2030年3月末まで、SOMPO HDが2031年3月末までに政策保有株式をゼロにする方針を打ち出しました。3社とも2023年度に政策保有株式を簿価ベースでは削減しましたが、株価上昇によって、時価ベースでは政策保有株式が増えました。**大手損保は株式の持合というより、片持ち（一方的な株式保有）が多いため、政策保有株式を売却しても、相手側から売られる可能性が低いため、持合解消に伴う需給悪化懸念は小さいと見られました。**

3社のなかで保有する上場政策保有株式数が最も大きいMS&ADインシュアランスグループHDが保有銘柄数をネットで減らした銘柄は、2022年度が173銘柄で▲1244億円だったものが、2023年度は296銘柄で▲2440億円と2倍近くに増えて、保有する上場銘柄数は1206→1148と減りました。ただ、バランスシート計上額は2・7兆円→3・8兆円（純資産比は84％）と大きく増えました。MS&ADインシュアランスグループHDは2024年度の中間決算説明で、政策保有株式の時価は順調な売却に加えて、保有株式の株価下落もあり、2024年3月末3・6兆円→10月末2・7兆円と減ったと説明しました。

東京海上HDは保有銘柄数をネットで減らした銘柄は2022年度が136銘柄で▲1259億円だったものが、2023年度は255銘柄で▲2165億円と2倍近くに増えて、保有する上場銘柄数は1003→901と減りました。バランスシート計上額は2・4兆円→3・6兆円（純資産比は69％）と大きく増えました。東京海上HDは2024年5月の説明会資料で、政策保有株式を今後3年間で半減する、純投資への振り替えは行なわないと述べました。東京海上HDは2024年度の修正純利益が政策保有株式売却益を含むベースでは、年初予想比＋400億円の1・04兆円である一方、同除くベースでは▲820億円の5280億円と、政策保有株式の売却益を含むか除くかで、利益が2倍近くも異なっています。

◉SOMPO HDや第一生命HDは時価総額倍増を目指す

3社のなかで保有する上場政策保有株式が相対的に小さいSOMPO HDが保有銘柄数をネットで減らした銘柄は、2022年度が101銘柄で▲681億円だったものが、2023年度は134銘柄で▲1867億円と、削減額が約3倍に増えました。保有する上場銘柄数は745→708と減りましたが、バランスシート計上額は1・3兆円→1・8兆円（純資産比は64％）と増えました。

SOMPO HDは2024年度の中間決算発表で、政策保有株式の2024年度売却額は期初計画の2000億円→4000億円と倍増し、中計目標（最低6000億円削減）も見直す方針としました。政策保有株式残高の時価は2023年度末1・8兆円→2024年9月末1・4兆円と減り、純資産比は49％→39％と低下しました。2030年度までにこの1・4兆円を売却した資金使途は50％を成長投資、30％を株主還元、20％を法人税支払いに充てるとしました。2024年度予想EPSを232→412円、DPS（1株当たり配当）を112→132円と大幅に引き上げると同時に、上限１５５０億円の自社株買い（自己株式を除く発行済株式総数の７・４％）も発表しました。

ＳＯＭＰＯ ＨＤは２０２４年11月に発表した「中期経営計画の進捗」で、２０３０年度の政策保有残高ゼロ後の目指す姿で、２０３０年度時価総額が２０２４年度予想の倍を目指すとしました。説明会資料に掲載された２０２４年度予想時価総額は３・８兆円でしたが、こうした発表が好感されて株価が急騰したので、時価総額は４兆円を超えました。

保険会社では、第一生命ＨＤの菊田徹也社長も２０２３年４月の就任時に時価総額を当時の２・４兆円から、２０２７年３月末までに６兆円へ増やしたいと語っていました（２０２４年末の時価総額はＳＯＭＰＯ ＨＤとほ

図表3-6 大手損保の上場政策保有銘柄数の推移

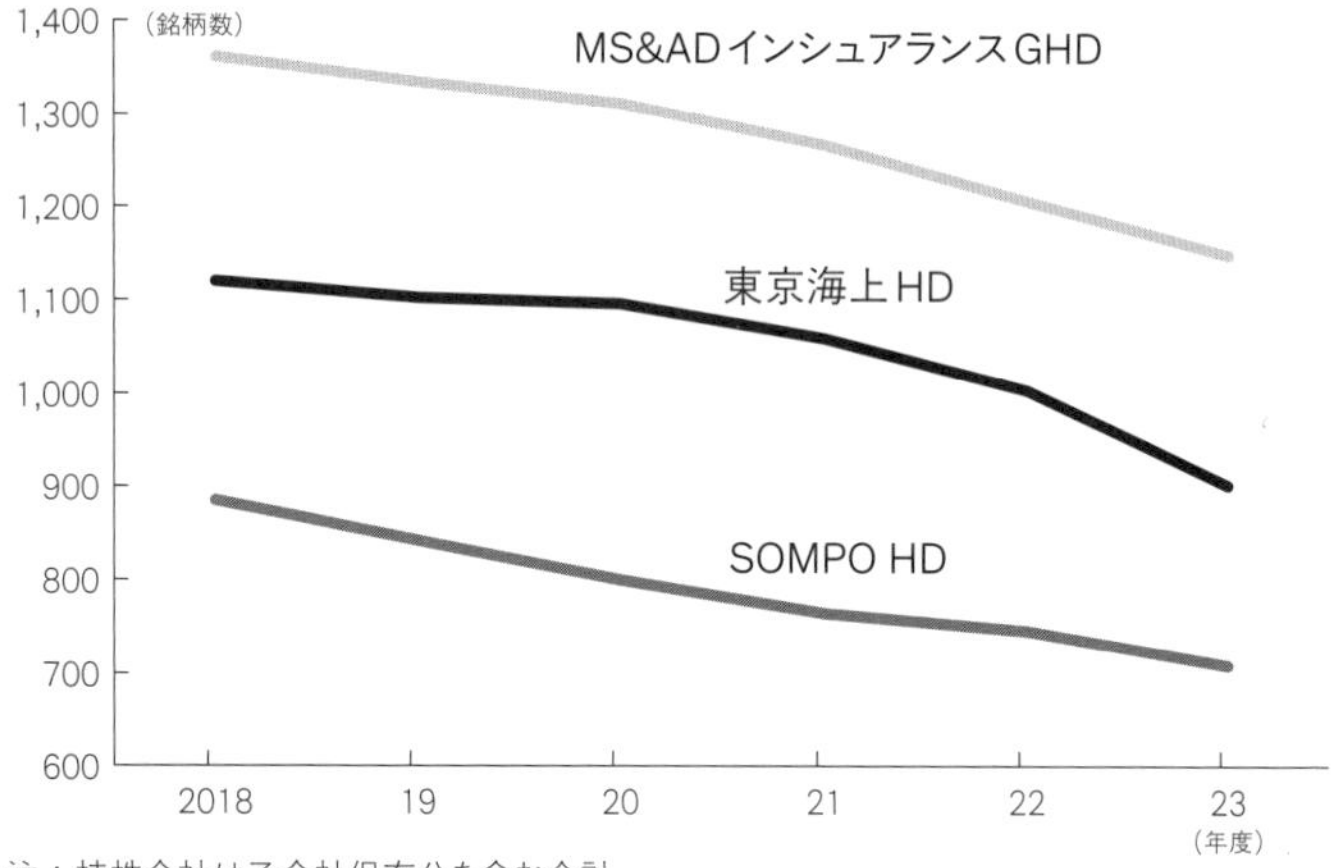

注：持株会社は子会社保有分を含む合計
出所：会社資料よりみずほ証券エクイティ調査部作成

ぼ同じ約4兆円）。

◉大手ゼネコンは持合解消目標を前倒し

大手ゼネコンの持合解消の目標は、２０２６年度末までに政策保有株式の純資産比を20％以下（または未満）への削減であり、その目標は各社横並びでしたが、２０２４年11月の中間決算発表で清水建設は同20％以下への削減目標を１年前倒しし、２０２７年３月末までに10％以下に減らす目標を新たに示しました。清水建設は上限２００億円（自己株式を除く発行済株式総数の３・７％）の自社株買い、業績予想の上方修正、２０２４年度予想ＤＰＳの23↓35円への増配を同時に発表したことで、発表当日に株価は前日比＋20％近く上昇しました。清水建設は大手ゼネコン４社のなかで、近年上場政策保有株の売却額が最も大きかったものの、２０２３年度に営業赤字に陥るなど、業績が悪かったので、２０２４年度中間決算発表がいろいろな意味でポジティブ・サプライズになりました。

他の大手ゼネコンについては中間決算発表で、大林組は「２０２７年3月末までのできるだけ早い時期に保有株式残高が純資産の20％以内とすることを目途に売却を推進。売却と株価下落によって、２０２４年９月末の純資産比は26・７％に低下」と述べました。鹿島は「２０２６年度末までに純資産の20％未満の目標達成に向けて、２０２４年度中に30銘柄程度を売却する予定。２０２４年度上期に15銘柄63億円売却し、政策保有株式の純資産比は２０２４年３月末25・8％↓9月末22・4％と低下」と述べました。大成建設は「政策保有株式の縮減は２０２６年度末までに純資産の20％未満にするという目標を掲げており、今後追加して１５００億円の資金が獲得されることが見込まれる」と述べました。中間決算発表前まで、大手ゼネコン株は持合解消で相手からも株式を売られる懸念があったうえ、業績面での不透明感もあったため上値が重い展開が続いていましたが、中間決算の好業績や資本政策の見直しで、大手ゼネコンの株価は大きく上昇しました。清水建設以外の大手ゼネコンも２０２４年度の本決算発表で持合解消計画を前倒し・加速することが期待されます。

図表3-7　清水建設の政策保有株式の縮減状況

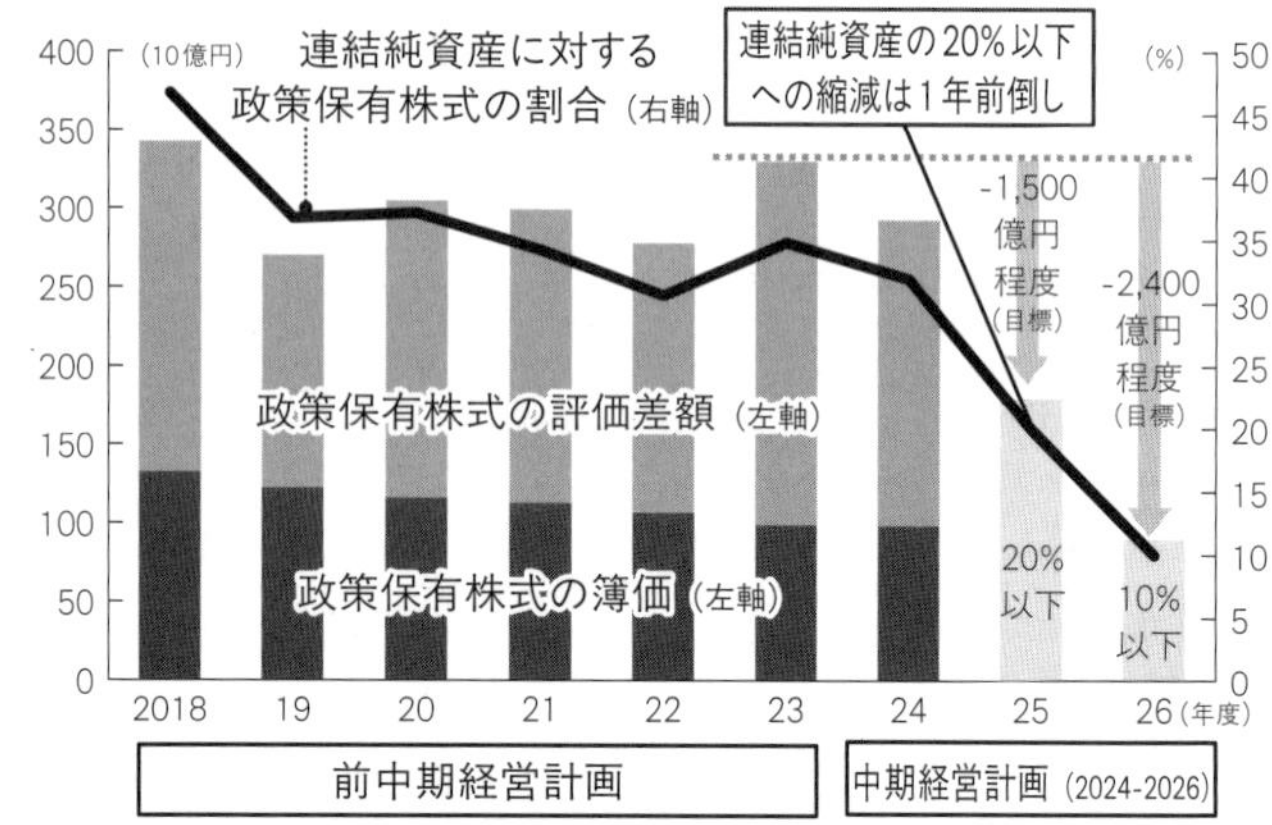

注：2024年11月12日発表。会社資料を一部省略して作成。売却額は2024年度期首時点の株価で算出のため、実際の売却額とは異なる
出所：会社資料よりみずほ証券エクイティ調査部作成

◉トヨタグループは持合解消に前向きに転換

トヨタ自動車は2021年度にNTTと業務資本提携を行ない両社での持合を増やすなど、持合解消に消極的とみられていましたが、**2023年度中間決算で政策保有株式の縮減方針を打ち出したため、その実行度合が注目されています。**

トヨタ自動車の上場政策保有銘柄数は2023年3月末49→2024年3月末40銘柄と減り、ネット削減額（上場政策保有株式の株式数増加・減少に係る取得・売却価額の差）も▲3232億円と大きかったですが、時価上昇によって、保有時価は3・1兆円→3・5兆円と増えました。トヨタ自動車が2023年度に売り切った銘柄はJR東日本、ANA HD、JAL、ハーモニックドライブなど9銘柄でした。

豊田自動織機は以前から自社の時価総額に対して、保有するトヨタ自動車株の時価の大きさが問題視されてきたうえ、ダルトン・インベストメンツから2024年4月に資本コストや株価を意識した経営等の株主提案を受けました（5月に提案を取り下げ）。豊田自動織機は2023年度に三菱食品、MS&ADインシュアランスグループHDを売り切ったほか、デンソーの保有株数を減らすことで、上場政策保有株式を▲2402億円削減しました。

デンソーはトヨタグループのなかで持合解消に以前から前向きでしたが、有価証券報告書で「2023年4月開催の取締役会及び2023年11月開催の取締役会における検証結果に基づき、特定投資株式のうち8銘柄の全数量売却及び3銘柄の一部売却を行なった（売却金額1258

億円）。同年11月の取締役会においては、さらなる資産効率の向上と企業経営に対する規律を高めることを目指し、投資先企業との株式持合関係の解消を含む保有株式の売却について決議した」と記載しました。デンソーは２０２３年度にトヨタ紡織、豊田通商、豊田合成等を売り切ったほか、豊田自動織機とジェイテクトの保有株数を減らすなど、トヨタグループとの持合解消が大きくなりました。

◉アイシンが持合株ゼロの方針を打ち出す

トヨタ自動車の持分法適用会社のアイシンは、２０２３年９月に発表した中期経営計画で、政策保有株式を３年間でゼロ化を目指す方針を打ち出し、２０２４年４月の決算説明資料で、２０２３年度に持合解消で１１１７億円の資金捻出をしたと述べていました。有価証券報告書で、上場政策保有銘柄のうちデンソー、豊田通商、トヨタ紡織、豊田合成など7銘柄を売り切り、バランスシート計上額のネット減少額は▲１１１７億円だったことが確認されました。アイシンの残りの上場政策保有株式は12銘柄、時価１２０８億円なので、３年間でゼロ化は十分視野に入っています。アイシンは２０２４年９月の中長期事業戦略説明会で、持合解消による株式構成の変化について質問され、「個人株主や海外株主を増加させたい」と答えました。

豊田合成が２０２３年度にデンソーや豊田自動織機など19銘柄（売却合計額は１２７億円）を売り切ったことに驚きました。トヨタ紡織はトヨタグループのなかで元から持合株が少なかったですが、２０２３年度に豊田通商、デンソー、アイシン、豊田合成、タチエスを売り切り、残りがわずか２銘柄（豊田自動織機と御園座）・５億円になりました。トヨタ紡織は政策保有株式のゼロ化を目指すとは言っていませんが、２０２４年度中にもゼロにできそうです。２０２４年４～５月の決算発表時には自動車会社の持合解消が注目されましたが、トランプ大統領の再選によって関税の悪影響が懸念されるようになったため、投資家の持合解消動向への関心は低下しました。

◉村上ファンド系がエクセディ株を大量取得

前述のようにアイシンは政策保有株式を全部売却する方針を打ち出しているので、

図表3-8　エクセディの株価とアイシンと村上ファンド系の保有比率

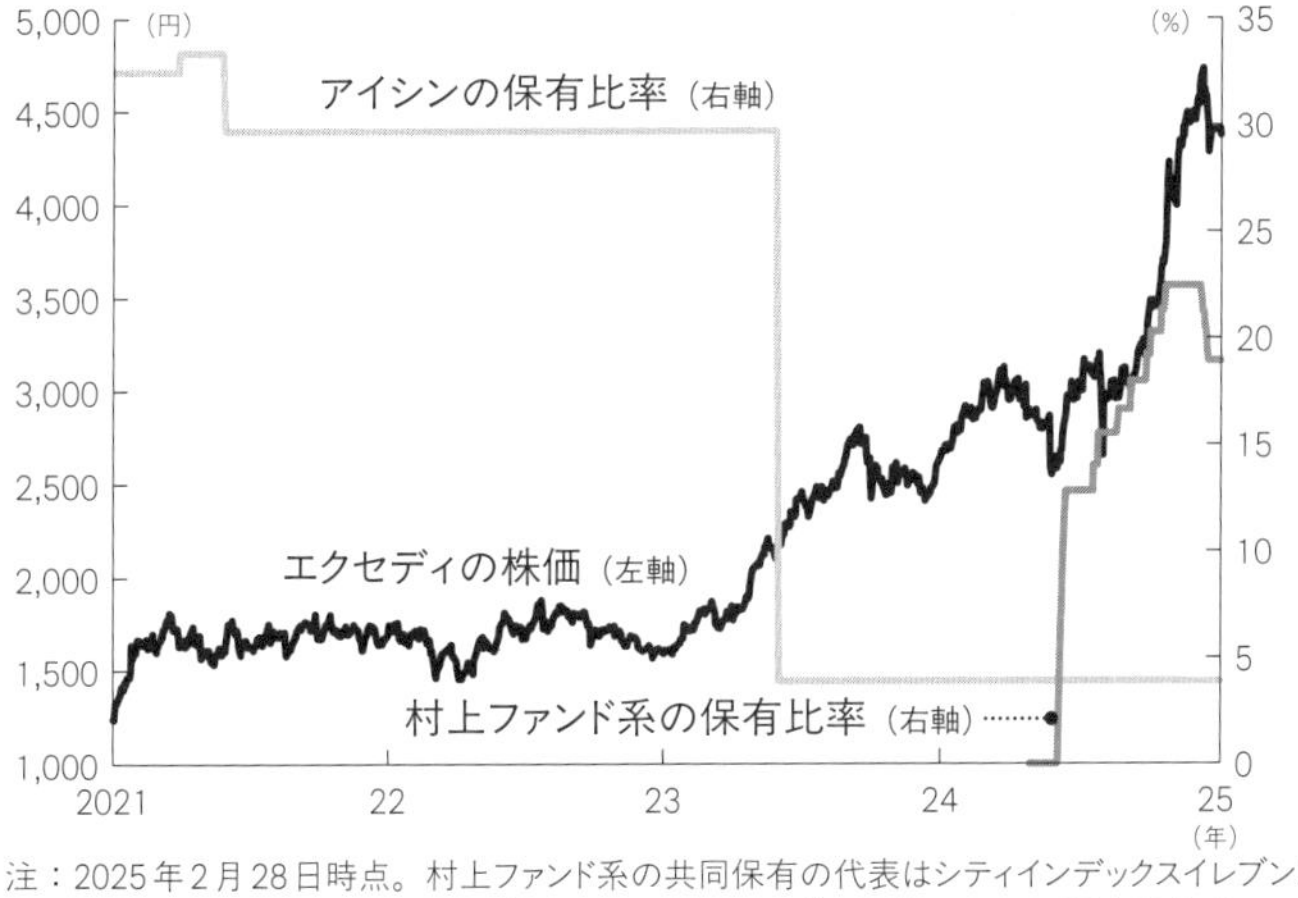

注：2025年2月28日時点。村上ファンド系の共同保有の代表はシティインデックスイレブンス
出所：QUICK Astra Manager、ブルームバーグよりみずほ証券エクイティ調査部作成

3割近く保有していたエクセディの株式を2024年6月に短期大量譲渡し、保有比率を4％弱まで引き下げました。エクセディの株式が村上ファンド系（シティインデックスイレブンス）に流れた経緯は不明ですが、村上ファンド系は2024年12月にエクセディの保有比率を22％まで高めた後、2025年1月に19％に下げました。アイシンがエクセディ株を大量売却しなければ、村上ファンド系は大量取得できなかったと思われます。持合解消の際には売却した株式がどこに流れるか、証券会社とも協力しながら、注意深く管理する必要がありますが、株式を上場しているということは、どの投資家に買われても文句は言えないので、持合解消後の株式の流れを完全にコントロールすることはほぼ不可能です。持合解消をする企業は、証券会社に優良なロングオンリーの機関投資家にできるだけ持って欲しいと依頼するケースがありますが、そうした企業が機関投資家、特に外国人投資家の目にかなう企業かどうかはわかりません。

◉村上世彰氏は自動車部品業界の再編が狙いか？

エクセディは2024年度中間決算発表で、自己資本を現在の2064億円から2025年度末までに1800億円に減らし、自己資本比率を68％から60％程度へ引き下げる方針と同時に、発行済株式総数（自己株式を除く）の28・7％もの自社株買いを発表したことで、株価が大きく上昇しましたが、PBRは依然0・8倍台にとどりました。

エクセディとしては、望ましくは株価を大きく上げて、村上ファンド系に利食いの期待を与えたかったのだと思いますが、村上ファンド系はPBR1倍未満で保有株式を売ることがめったにない投資家です。エクセディは同じく持合解消方針を打ち出しているトヨタ自動車株を保有していましたが、トヨタ自動車はエクセディ株を保有しておらず、トヨタ自動車から売られる心配はありません。エクセディは2025年1月の2024年度3Q決算で、2024年度利益予想の上方修正と大幅増配を発表しました。

村上ファンド系は同じ自動車部品で、財務戦略に課題があったヨロズ（2024年末のPBRは約0・4倍）に、10年以上にわたって投資しています。低PBR、持合解消、業界再編期待等の材料がある自動車部品業界は、村上ファンド系の注目の投資対象になっています。**村上世彰氏は、2024年11月に京都大学で行なった講演で、自動車部品業界と電鉄業界の再編に関心があると語ったそうです。**

◉持合解消に消極的な鉄道業界

持合解消の業種別トレンドで、コーポレートガバナンス改革について経済産業省が管轄する業界は持合解消に前向きである一方、国土交通省や総務省が監督する業界は持合解消に消極的な傾向がありました。国土交通省が管轄する業界で自動車業界は先述のようにトヨタ自動車が持合解消に前向きになりましたが、鉄道会社は依然として持合解消に消極的な印象です。

ＪＲ東日本は2023年度に京王電鉄、相鉄ＨＤ、東洋電機製造の保有株数を増やした一方、三菱ＵＦＪＦＧと三井住友ＦＧの保有株数を減らしたため、上場保有株式のネットの削減額（上場政策保有株式の株式数増加・減少に係る取得・売却価額の差）は▲４億円にとどまりました。保有株式の時価増加もあったため、ＪＲ東日本の上場政策保有株式のバランスシート計上額は１６７４億円↓２４４５億円と増えました。京王電鉄は鉄道事業を中心とした各種事業における協力関係のさらなる強化のため、２０２３年度にＪＲ東日本の保有株数を２倍以上に増やしました。京王電鉄はＴＢＳ ＨＤと東京都競馬を売り切りましたが、ＪＲ東日本の取得金額のほうが大きかったため、京王電鉄の上場政策保有株式はネットで２年連続増えました。ＪＲ西日本は２年連続で上場政策保有株式に変化がなく、上場政策保有株式のバランスシート計上額は２４９億円↓３２２億円と増えましたが、増加額はＪＲ東日本より少額でした。ＪＲ東海は２０２３年度に施設内のトイレ設備の整備等に関する関係強化のために、ＴＯＴＯの株式を新規に取得しました。一方、ＪＲ東海はＪＴ、ＪＦＥ ＨＤ、コンコルディアＦＧの株式を売り切ったほか、トヨタ自動車の保有株数を減らしたため、２０２３年度の上場政策保有株式のネット削減額は▲１３３億円となりました。

◉パリサーの投資先の京成電鉄は株式持合を強化

英国アクティビストのパリサーからオリエンタルランドの保有株式売却の株主提案を受け、東洋経済ＯＮＬＩＮＥの２０２４年11月25日号に、村上ファンド系も投資したと報じられた京成電鉄は、２０２３年度に関係強化による収益拡大・ノウハウ共有等を目的に、住友不動産、ナガワ、日本信号の株式を新規に取得しました。京成電鉄にとって、オリエンタルランドは持分法適用会社であり、政策保有株式でありません。京成電鉄は２０２４年10月末にイオンと新たに相互出資し、小売・不動産開発で協業すると発表しましたが、**外国人投資家からは事業提携だけでいいのに、なぜ新たな株式持合をするのかとの批判の声が出ました。**

私鉄のなかでは、２０２２年度まで京浜急行の持合解消額が大きかったですが、京浜急行は２０２３年度も京王電鉄、コンコルディアＦＧ、東洋電機製造、コムシスＨＤを売り切り、上場政策保有株式を▲43億円減らしました。

◉株主提案を受けた企業の2023年度持合解消状況

アクティビストは持合株式が多い企業に投資して、持合解消資金で自社株買い等を求める要求をよく行ないます。アクティビストから株主提案を受けた企業には、持合株主からの支持を広げるために株式持合を維持・強化するか、株式持合の解消で資本効率性を高めて機関投資家からの支持を得るかの２つの選択肢があります。

ストラテジックキャピタルの取締役選任議案が成立したダイドーリミテッドは、元々政策保有株式の保有が少なかったですが、２０２３年度にオンワードＨＤを売り切り、上場政策保有株式が７銘柄・35億円となりました。ストラテジックキャピタルから４年連続で株主提案を受けた文化シヤッターの２０２３年度の上場政策保有株式のネット削減額（株式数増加・減少に係る取得・売却価額の差）は▲６５００万円と少額でした。同じくストラテジックキャピタルから４年連続で株主提案を受けたワキタは、２０２３年度に政策保有株式の変化がまったくありませんでした。ストラテジックキャピタルから3年連続で株主提案を受けた極東開発工業は２０２３年度に上場政策保有銘柄数の変化がネットでゼロでした。オアシスから株主提案を受けた北越コーポレーションの２０２３年度の上場政策保有株式のネット削減額は▲２４００万円でした。UGSアセットマネジメントによる社外取締役選任の提案の賛成率が50％弱に迫った東洋証券は、２０２３年度に7銘柄・７・４億円の上場政策保有株式を削減しました。

◉アクティビストの投資先の持合解消姿勢はまちまち

NHGGP（日本グローバル・グロース・パートナーズ）からの定款一部変更（資本コストや株価を意識した経営の実現に向けた対応に関する開示）の株主提案への賛成率が49％に迫った東洋水産は、２０２３年度末の上場政策株式保有が82銘柄・２８６億円と多く、２０２３年度も取引先持株会による取得等によって、金額は少なかったですが、９社で上場政策保有株式数が増加しました。

ダルトン・インベストメンツから2年連続で株主提案を受けた戸田建設は、２０２３年度に上場13銘柄で１６７億円減らしましたが、依然として89銘柄・１７５４億円の上場政策保有株式が残りました。同じくダルトン・インベストメンツから株主提案を受けたハウス食品グループ本社は２０２３年度に農業総合研究所の株式を新規取得するなど、９銘柄の上場政策保有株式のバランスシート計上額が増えましたが、ネットでは42億円減らしました。

ＮＡＶＦから３年連続で株主提案を受けた日本精化は、２０２３年度に上場政策保有株式５銘柄を売り切り、21銘柄・１１６億円に減らしました。同じくＮＡＶＦから３年連続で株主提案を受けた石原ケミカルの２０２３年度末の上場政策保有株式は14銘柄・16億円と日本精化より小さかったですが、２０２３年度のネット削減銘柄数はゼロでした。

シンガポールのひびきパースから２年連続で株主提案を受けた日本高純度化学は、２０２３年度に５銘柄を売り切り、上場政策保有株式を20銘柄・88億円に減らしました。

Kaname Capitalから２年連続で株主提案を受けたフクダ電子は、２年連続で上場政策保有株式をまったく減らしませんでした。

米国のＬＩＭアドバイザーズから国内基準行への転換等の提案を受けた八十二銀行は、２０２３年度に９銘柄を政策保有株式から純投資に移行し、実質的な売却はほとんどありませんでした。

カタリスト投資顧問から株主提案を受けたしまむらは、上場政策保有株式が４銘柄・７億円と少ないこともあり、５年連続で保有株に変化がありませんでした。

第 4 章

外国人投資家が日本株を買う条件
―― 資本コストと株価を意識した経営

FOCUS ON
FOREIGN
INVESTORS'
INVESTMENT STRATEGY

東証がアクティビストの要求を後押し

◉東証の要請がきっかけ

2024年1月に上梓した『低PBR株の逆襲』（日本実業出版社）に書いたように、**2023年3月末に発せられた東証の「資本コストや株価を意識した経営」の要請が、日本企業の資本コスト意識を高めました。**東証は2024年1月から毎月15日に前月末時点でこの要請に応えた企業名を開示しています。

プライム市場で要請に応えた企業の割合は2024年1月末44％→2025年1月末85％、同検討中の企業の割合は10％→6％となった結果、2025年1月末時点で合計91％の企業が東証の要請に何らかの対応を行なったことになります。東証の要請から1年半経ったのに、未だに検討中の企業は対応が遅いといえますが、検討中の企業には極洋、アサヒグループHD、三菱製紙、リョービ、三井ハイテックなどがありました。

一方、スタンダード市場の企業については、東証の要請に応えた企業の割合が同期間に12％→36％、検討中の企業が8％→12％となり、2025年1月末時点で合計49％の企業が何らかの対応を行ないました。スタンダード市場の企業の対応率が低いのは、人材不足に加えて、要請に応えても、時価総額が小さいために、機関投資家に対話してもらえないなどの理由があり

図表4-1　東証の「資本コストや株価を意識した経営」要請に対応した企業の割合

	東証プライム					
	開示比率（%）	検討中比率（%）	合計比率（%）	開示企業数	検討企業数	上場企業数
2023/7/14	20	11	31	242	137	1,235
2023/12/31	40	9	49	660	155	1,656
2024/1/31	44	10	54	726	173	1,655
2024/2/29	48	11	59	787	183	1,657
2024/3/29	54	11	65	886	180	1,650
2024/4/30	57	11	69	946	186	1,649
2024/5/31	63	10	72	1,031	157	1,645
2024/6/30	74	7	81	1,212	123	1,643
2024/7/31	78	7	86	1,283	123	1,643
2024/8/31	79	8	87	1,300	127	1,643
2024/9/30	80	8	88	1,317	124	1,641
2024/10/31	81	7	88	1,336	116	1,642
2024/11/30	83	7	89	1,354	110	1,640
2024/12/31	84	6	90	1,384	98	1,639
2025/1/31	85	6	91	1,390	95	1,636

	東証スタンダード					
	開示比率（%）	検討中比率（%）	合計比率（%）	開示企業数	検討企業数	上場企業数
2023/7/14	4	10	14	32	88	887
2023/12/31	12	7	19	191	109	1,619
2024/1/31	12	8	20	200	125	1,613
2024/2/29	14	8	22	219	129	1,611
2024/3/29	16	10	26	263	153	1,607
2024/4/30	18	10	28	283	161	1,602
2024/5/31	20	10	30	323	157	1,602
2024/6/30	28	12	40	441	197	1,601
2024/7/31	31	13	44	489	212	1,602
2024/8/31	31	13	45	500	213	1,601
2024/9/30	32	14	46	513	216	1,590
2024/10/31	33	14	47	527	215	1,592
2024/11/30	34	13	47	544	206	1,590
2024/12/31	36	13	48	567	202	1,590
2025/1/31	36	12	49	574	197	1,583

出所：東証よりみずほ証券エクイティ調査部作成

ました。そのため、東証は2025年1月から機関投資家との対話を望んでいる企業のリストを発表しました。機関投資家との対話を望むと申請した企業は、プライム企業の164社に対して、スタンダード企業はわずか29社にとどまりました。

プライム企業については、東証の要請に対して、①真摯に応えて、実行に移している企業、②実現性の低いROE目標などを発表するだけで、その具体策がなく、形式的に答えている企業、③実施していない企業に3分類できます。我々も企業の対応状況を全部細かにチェックしたわけではありませんが、②の企業が多い印象です。東証は要請への形式的な対応ではなく、対応策の中身を問うようになってきました。我々は評価できる対応策は、①資本コストを上回るROEやROICの目標、②具体的な株主還元策、③成長戦略の3本柱が必要だと考えています。③が最も重要であるものの、最も実行がむずかしいものでもあります。

◉東証が要請への対応の好事例を発表

東証は2024年11月に「資本コストや株価を意識した経営」に関する好事例と、「投資家の目線とギャップのある事例」を公表しました。東証から好事例に挙げられたのは次のような企業でした。

・旭化成……PBR改善に向けた具体的な取組み。
・花王……非効率事業の見直しに関する社内基準の設定。

・富士通……業績連動型株式報酬比率の引き上げ。
・三菱商事……CSEO（Chief Stakeholder Engagement Officer）の設置。
・三菱UFJFG……ロジックツリーを用いたROE向上に向けた取組み。
・ANA HD……株式資本コストの低減に向けた取組み。
・INPEX……PBRの時系列的な分析。
・大林組……株主資本コストについて株式市場が求める水準がCAPMから算出した水準を上回っていることの認識。
・住友林業……株主資本コストを大きく上回るROE目標。
・双日は経営陣による投資家との対話への積極的な姿勢。
・三井化学……事業ポートフォリオの見直しなどの構造改革。
・トレンドマイクロ……資本コストについて投資家にアンケートを実施。
・コニカミノルタ……経営陣が市場との双方向のコミュニケーションを通じて企業価値向上を目指す姿勢。
・出光興産……ROE・ROICの目標引き上げやその実現に向けた取組みのブラッシュアップ。
・日本特殊陶業……企業価値向上やROIC向上に向けた取組みをロジックツリーで説明など。
・神戸製鋼所……投資家との対話を成長ドライバーとして活用しようとする姿勢。

・東洋製罐グループHD……現状分析、目指す方向性、具体的な取組みという一連の内容のわかりやすさ。
・荏原製作所……ROICの現状認識やスプレッド拡大の目標。
・コンコルディアFG……複数モデルでの資本コストの算出。
・アイシン……ROICや成長性を意識した事業ポートフォリオの入れ替え。
・朝日インテック……経営陣や社外取締役の投資家との積極的な対談。
・リコー……中期経営計画で掲げた取組みについて定量面・定性面を含めた進捗の開示。
・アシックス……経営の緊張感を企業価値向上につなげるという経営の強い意志。
・日本瓦斯……長期的な視点での成長ストーリー。
・セイノーHD……企業価値向上＝社員の経済価値となるよう従業員持株会を充実。
・東亜建設工業……経営層がコミットした株主・投資家との向き合い方の改善。
・TSI HD……成長戦略、コスト削減計画、資本の効率化を体系立て具体的に開示。
・チェンジHD……サイズプレミアを考慮した株主資本コストの推計。
・ラクスル……役員報酬の株式インセンティブの強化。
・千葉興業銀行……企業価値向上に向けた取組みと進捗状況の開示。
・山陰合同銀行……PBR・ROE・PERの関係性の図示。

◉中堅商社の資本コストや株価を意識した経営

トランプ米国政権の誕生に伴う世界貿易の減速懸念を背景に、商社株は全般に軟調な展開になっています。大手商社はバークシャー・ハサウェイによる投資もあり、住友商事を除いてPBRは1倍を超えています。一方、中堅商社は内外機関投資家の注目度が低いため、PBR1倍達成に向けて、大手商社以上の経営努力および投資家へのアピールが必要でしょう。

PBRが約0・9倍（2024年末時点）の長瀬産業の資本コストや株価を意識した経営は、2024年度中間決算説明資料に、2023年度期末の決算説明会資料を再掲しただけでしたが、2024～2025年度総還元性向100％に加えて、半導体・ライフサイエンス・フード等に絞った成長戦略が評価されて、株価は堅調に推移しました。長瀬産業は売上総利益の58％が商社事業、42％が製造業という製造業を兼ねた商社であり、セグメント別の売上は生活関連が37％、電子・エネルギーが21％を占めます。

稲畑産業はピュアな卸売業であり、売上の47％が合成樹脂、33％を情報電子が占めます。稲畑産業のPBRも約0・9倍ですが、株主還元方針は総還元性向50％&累進配当です。独立系技術商社の高千穂交易はクラウドサービス&サポート事業の成長期待があるうえ、ROE3期平均8％達成まで配当性向100％方針も継続していることから、株価は上昇基調にあります。

双日は東証の要請前からPBR1倍目標を掲げていたことが評価されますが、2024年度の中間決算が悪かったうえ、KATI（価値）モデルを柱とする「中期経営計画2026」がわかりにくかったこともあり、２０２４年末にかけて株価は下落基調となり、ＰＢＲは約０・７倍に低下しました。双日の株主還元方針は３年累計の営業的基礎キャッシュフローの３割程度を株主還元に充当し、ＤＯＥ４・５％を目途とする累進的な配当方針です。

　双日と稲畑産業は、東証から前述の資本コストや株価を意識した経営の要請への開示の好事例に選ばれました。鉄鋼商社の阪和興業は２０２３年度ＲＯＥが11・７％と高いにもかかわらず、鉄鋼業の将来不安の反映か、ＰＢＲは約０・６倍にとどまります。

図表4-2　商社の2023年度実績PBRとバークシャー・ハサウェイの保有比率

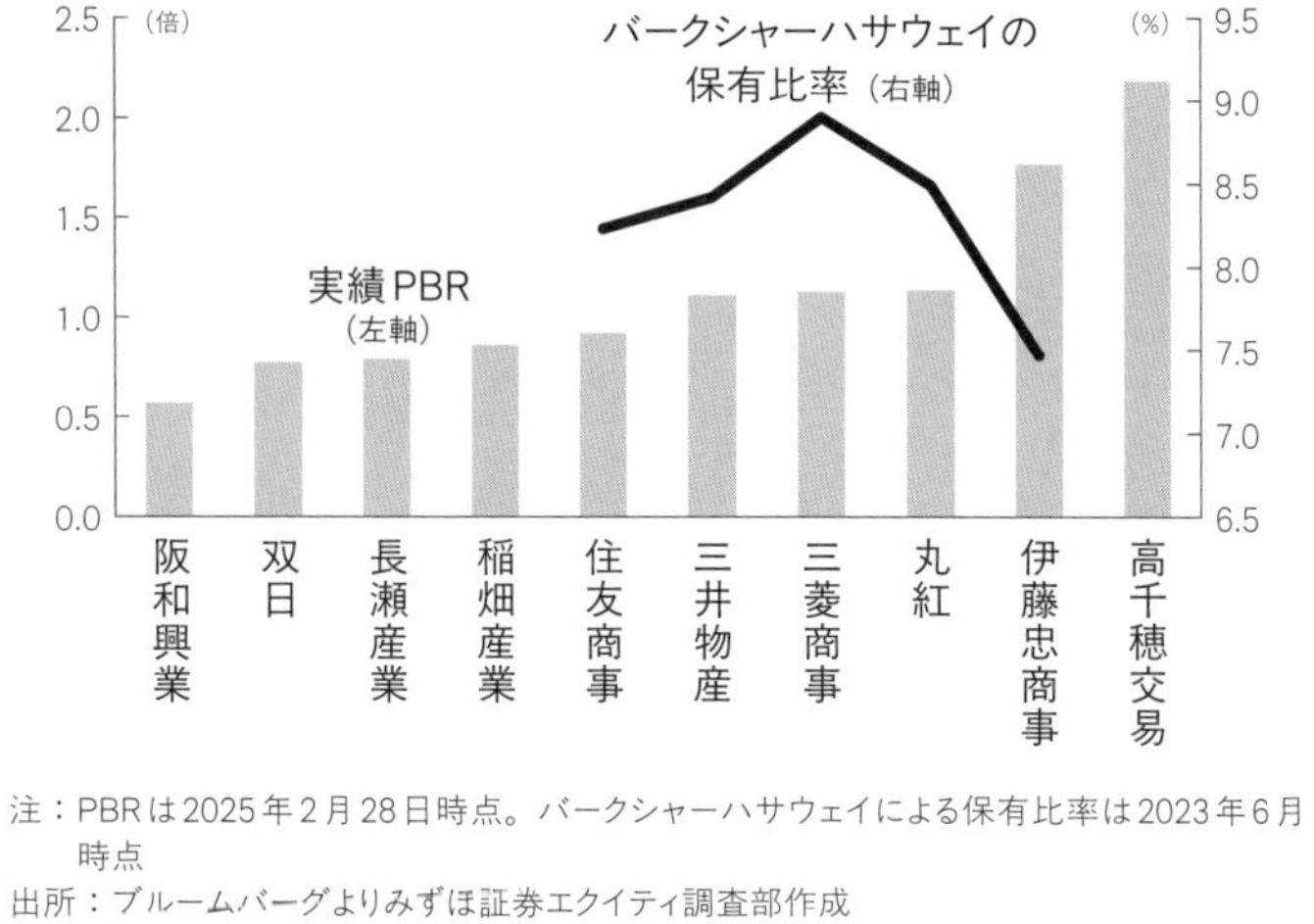

注：PBRは2025年2月28日時点。バークシャーハサウェイによる保有比率は2023年6月時点
出所：ブルームバーグよりみずほ証券エクイティ調査部作成

◉資本コストを開示して投資家と対話する企業を評価

　みずほ証券が2024年6月に行なった事業会社に対するアンケート調査によると、資本コストは社内で計算しているものの、開示はしていないという企業が6割超に達しました。一般にROE＞株主資本コスト、ROIC＞WACC（加重平均資本コスト）でないと、PBRは1倍を超えません。株主資本コストの推計方法はCAMP（資本資産価格モデル）を使うことが一般的ですが、計測期間や仮定によって数値は異なります。**投資家は資本コストに明確な回答がないことを知っていますが、自社が考える資本コストを開示して議論する企業を評価します。**生命保険協会のアンケート調査によると、ROEが株主資本コストを上回っていると考える企業が多い一方、ROEが株主資本コストを下回っているとみなす機関投資家が多くなっています。ROEは誰が計算しても同じなので、企業と投資家で資本コストの認識が異なることを意味します。

　長瀬産業は2024年度中間決算説明資料に、「株主資本コストは投資家との対話から8％以上」と、投資家からの評価に基づく資本コストを開示したことが評価されました。東京センチュリーも同資料に、「現在の株主資本コストを10％と認識し、その低減を目指す」と記し、高めの資本コストを認識していることが評価されました。エフィッシモキャピタルが大株主になっている第一生命HDは、2023年度までの中期経営計画では株主資本コストを9％としていましたが、2024～2026年度に新たな中期経営計画で同コストを安定的に8％以下に維持する目標を掲げました。ダイワボウHDは2024年度中間決算説明資料に株主資本コスト6・2〜7％、WACC5・8〜7％との認識と、中期経営計画におけるROE14％、ROIC12％以上の目標を掲載しました。ダイワボウHDは前年同期の説明会資料では自社の認識として株主資本コスト8・6％、WACC7％を挙げていたので、資本コストの推計を引き下げたことを意味します。引き下げた理由は書かれていませんが、繊維事業を売却するなどして、業績の安定性が高まっているとの認識があるのかもしれません。

逆に、J・フロントリテイリングは2024年度上期決算説明会資料で、株主資本コストの認識を7〜7・5％と、前年同期の6〜7％から引き上げました（WACCは4〜4・5％で維持）。引き上げた理由は書かれていませんが、インバウンド需要の増加で、株価のボラティリティが上がっているからかもしれません。

◉2024年に株価が大きく上昇したSWCC

SWCCは2023年4月に、社名を昭和電線HDから変更しました。2018年6月に就任した長谷川隆代社長のリーダーシップが評価されます。長谷川社長の就任前の2018年3月期の売上1682億円、純利益37億円から、2025年3月期の会社予想で各々2340億円、100億円と大幅に拡大する見通しです。長谷川社長在任期間に株価は約10倍に上昇しましたが、1989年に付けた史上最高値比ではまだ約半分の水準です。

2023年末時点で1倍割れだったPBRは、2024年末に2・8倍まで上昇しました。2024年度上期のセグメント別の営業利益はエネルギー・インフラ事業が前年同期比＋162％、電装・コンポーネント事業が＋12％、通信・産業用デバイス事業が＋88％と大幅な増益になりました。エネルギー・インフラ事業は、国内電線需要が堅調に推移しているほか、販売価格の引き上げやDXによる生産性向上等が利益率上昇につながりました。通信・産業用デバイス事業では、通信ケーブルがデータセンターを含む建設関連向けと車載向け需要が堅調に推移しました。SWCCは東証から「従来からROIC経営を推進しており、取組みの進捗を踏まえて中期経営計画で掲げた目標を上方修正するなど、着実に改革が進展している。ROIC経営を社内に浸透させるため、社内報で紹介するなど、全社を挙げて取組みが進められている」、「政策保有株式の売却で得た資金も含めて、将来獲得するキャッシュを成長投資や株主還元にどう配分していくのか、キャッシュ・アロケーション方針を具体的に提示」していることなどが評価されました。SWCCは2023年度に関西電力や東北電力等の株式を売り切ったため、2023年度末の上場政策保有株式は5銘柄に減り、政策保有株式の純資産比は10％となりました。2024年11月末には相模原工場の敷地内の一部を、大和ハウス工業株式会社に売却すると発表しており、遊休資産の活用の姿勢も評価されます。

◉覚悟を示した青山商事に株価は好反応

青山商事は2024年11月に発表した「資本コストや株価を意識した経営の実現に向けた対応」で、取締役会はPBR0・4倍を危機的水準と認識していると表明し、PBR1倍を目指すには株主還元だけではなし得ず、業績成長が必須であり、ビジネスウェア事業の変革と挑戦を従来にないスピードで進める覚悟だと述べました。青山商事は2023年度ROEが5・9%と、株主資本コストの6・835%を下回っており、株式市場が織り込む期待成長率も▲1・4%とマイナスになっているとの認識を示しました。2024年度上期の純利益が▲6・3億円の赤字に陥ったこともあり、月次のPBRは3月末の0・49倍→9月末0・38倍と低下しました。

青山商事は2024年度上期売上840億円のうち、63%をビジネスウェアが占めるほか、雑貨販売、リペアサービス、印刷・メディア、カードなど事業が分散しています。本業を強化するといっても、オーダースーツの全国展開に伴うTVCMによる認知獲得、EC売上の増加、本部の経費削減など王道を行くしかないでしょう。また、ビジネスウェア事業は中長期的に縮小基調との株式市場の認識を翻すのは容易でないでしょう。

青山商事は投資家との対話について、「現状、社外取締役との面談の要請はないが、要請があればできる限り実施する」と述べました。株主還元策は配当性向70%またはDOE3%の高いほうを採用するとし、2024年度DPS（1株当たり配当）を減配予想だった1Q決算時の61

円から１２７円へ倍増したことが好感されて、発表翌日に株価はストップ高し、時価総額１０００億円を回復しました。

　２０２４年末時点で、青山商事をカバーしているアナリストは1名だけで投資判断は「中立」である一方、丸井グループは９人のアナリストがカバーし、うち４人は「買い」推奨でしたが、過去５年の株価パフォーマンスは青山商事が丸井グループを上回りました。丸井グループは事業構造の革新に合わせた「めざすべきバランスシートの姿」が評価されて、東証から好事例に挙げられました。アナリストの評価も高かったわけですが、最近株価は横ばいにとどまっています。青山商事と丸井グループの対照的な株価の動きは、**好材料が織り込まれた企業の株価が上がりにくい**一方、カ

図表4-3　青山商事の資本コストや株価を意識した経営の実現に向けた対応

PBR0.4倍は危機的水準と取締役会で認識

PBR1倍を目指すには株主還元だけでは成し得ず、当社の業績成長が必須
ビジネスウェア事業の変革と挑戦を従来にないスピードで進める覚悟

本中期経営計画期間中に以下を決定

■ 成長戦略
・ビジネスウェア事業の変革と挑戦で成長を目指し、中期経営計画5つの基本戦略を遂行
・ビジネスウェア事業の以下戦略の進捗が遅れている
　既存店の収益力の維持・向上
　新規出店によるシェア拡大

・新たな成長戦略の追加策定
・抜本的な組織体制の刷新を順次進める

■ 株主還元
・PBR1倍水準時に、配当利回り3～3.5%を維持できる水準を目指し、DPS110～130円程度のレンジが最低限 必要と協議（現状株価で配当利回り8%強に該当）
・資産・資本効率の改善も必要

・連結配当性向70% or DOE3%いずれか高い方を採用
・機動的な自己株取得（最大100億円）

注：2024年11月12日発表
出所：会社資料よりみずほ証券エクイティ調査部作成

バレッジが少ない企業は好材料があれば、株価が急反発することの好事例です。丸井グループは2024年度上期の売上収益は前年同期比+10・5%、純利益は同+5・9%と青山商事より好業績でしたが、2024年度予想ROE10・5%に対して、PBRが1・7倍とすでに市場の好評価を得ていました。

◉保有不動産を売却した西武HDの取組みを評価

西武HDは東証から、不動産事業において「保有中心のビジネスモデル」から、「回転型モデル」への転換を通じ不動産価値拡大（NAV成長）を目指す戦略を提示するなど、効率性を意識した取組みを進めていることが評価されました。

西武HDは2024年5月に発表した「西武グループ長期戦略2035・中期経営計画（2024〜2026年度）」で、修正PBRは1倍を超えているものの、一層の収益性の向上とNAVの成長を目指していくとしています。中期経営計画と長期のありたい姿の開示が評価されました。西武HDはハードルレート（WACC）を3・1%と設定し（最適資本構成について、前回計画よりレバレッジをかけて見ているため、前回計画のハードルレート3・7%から引き下げ）、ROICは中期経営計画3カ年期間中にハードルレートを上回るとは見込んでいないものの、東京ガーデンテラス紀尾井町（旧赤坂プリンスホテル）の流動化をはじめとした各種取組みにより、本計画以降、一層の収益性の向上を見込んでいくとしました。株主還元方針については、DOE2%を下限とする累進配当を導入することで、安定的な配当とあわせ、収益向上を通じた増配を実現するとしています。実際にも、2024年12月に東京ガーデンテラス紀尾井町を約4000億円（帳簿価格は約1400億円）で、ブラックストーンに売却すると発表したことで、株価は大きく上昇しました。

西武ＨＤは資産売却で得た資金を、①主要ホテルのバリューアップ、②成長の源泉となる人財への投資、③株主還元に使うとし、同時に上限700億円（自己株式を除く発行済株式の8・7％）の自社株買いと、2024年度ＤＰＳの30→40円と増配を発表しました。西武ＨＤに対しては、優良不動産を保有する事業会社に投資することが多い3Ｄインベストメント・パートナーズが2024年5月に大量保有報告書を提出し、11月の保有比率を5・8％に引き上げていました。3Ｄインベストメント・パートナーズは西武ＨＤに対して、保有資産の効率化を求めていたと推測されます。

◉大林組と三陽商会は投資家との対話状況の開示を評価

東証から好事例に挙げられた大林組と三陽商会は、投資家との対話状況の開示が評価されます。東証は企業経営に介入できませんので、東証は機関投資家と上場企業の対話を通じて、企業経営が変わることを期待しています。コーポレートガバナンス・コード原則5－1は、「株主との建設的な対話に関する方針」を記載するように求めており、東証はその対話状況を開示するように要請しています。

大手ゼネコン4社のなかで、2024年に唯一上場来高値を更新した大林組は2024年4月に発表した「株主・投資家との対話の推進状況」で、「株式市場を取り巻く環境が変化するなか、市場関係者とのエンゲージメントによる『市場との良好な関係の構築』は、企業の経営戦略において重要な課題だ」との認識を示し、IR課をIR・SR部に格上げしました。2023年度の活動状況として、決算説明会、IR取材対応・面談、事業説明会・現場見学会などの会合別の開催回数、説明者、その内容などを開示しました。2023年度のIR面談人数295名のうち海外投資家が151名と過半数を占め、国内投資家が105名、アナリストが39名だったと開示し、さらに海外投資家の地域別の比率や投資スタ

図表4-4　大林組が面談した株主・機関投資家の概要

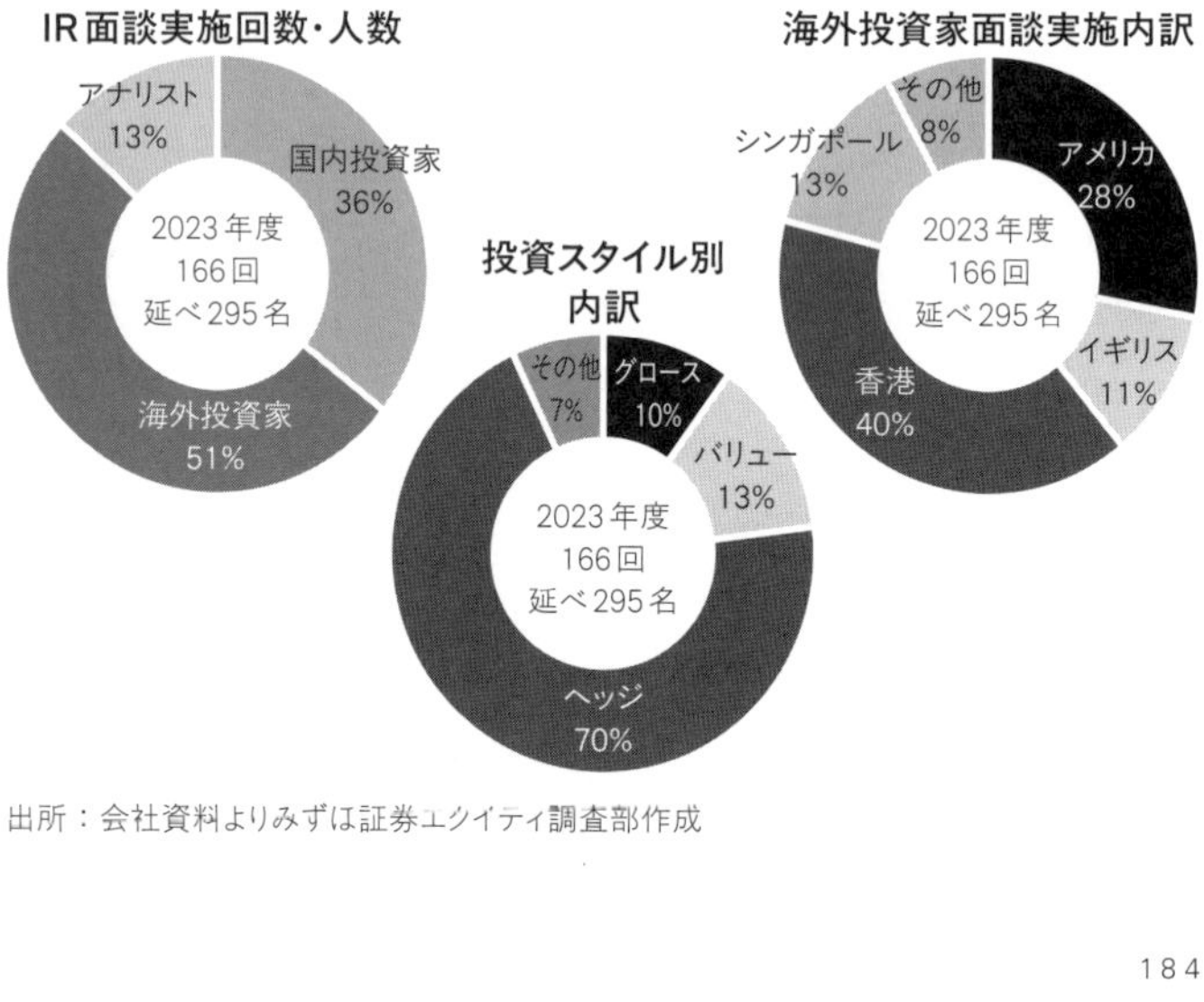

出所：会社資料よりみずほ証券エクイティ調査部作成

イル別の比率も開示しました。**空売りをするヘッジファンドとの面談を嫌がる企業が少なくないなか、大林組においては面談した海外投資家のうち70％がヘッジファンドだったとしており、ヘッジファンドとの面談を積極的に行なっていることが評価されます。**

一方、ＰＢＲが1倍割れの三陽商会は、２０２４年10月に発表した「ＰＢＲ改善計画の進捗状況」で、ＩＲサイトを含むコーポレートサイトを大幅に改修し、ＩＲ／ＳＲ活動の社内フィードバック強化による投資家期待値ギャップの解消に努めるとしました。三陽商会も面談した機関投資家の内訳、会社側の対応者、対話内容などを開示しています。

ただ、投資家としては業績が持続的に拡大しているけれどＩＲが悪い企業と、ＩＲが良いけれど業績が悪い企業があったら、前者を選ぶでしょう。大和アセットマネジメントは、説明会を開催していないなど、ＩＲ活動が極めて不十分と判断する企業の取締役選任に反対するとしており、２０２４年６月の株主総会で石川製作所、ツツミ、木曽路などに反対しました。

◉ＰＢＲ０・３倍割れの山梨中央銀行も好事例に選ばれる

山梨中央銀行はＰＢＲが０・３倍（２０２４年末）を下回っていますが、東証から好事例に選ばれました。①ＰＢＲの向上に向けた取組みを、ロジックツリーを用いて記載、②ありたい姿に向けた収益増加イメージをわかりやすく提示、③政策保有株式の売却により生み出した資金を成長投資等に充当していく方針の開示等が評価されました。２０２４年度中間決算説明資料に、

ROEを2024年9月期の2・85%から、2025年3月期に3%以上、2028年3月期に5%以上に引き上げ、PBRを同0・22倍→0・3倍以上→0・5倍以上に引き上げる目標を掲載しました。純利益を2023年度の56億円から、2030年度に100億円以上と2倍近くに増やす計画です。2023年度の政策保有株式の削減はゼロで、7銘柄を純投資に移しましたが、3年間で時価100億円削減するとしています。

古屋賀章頭取は2024年10月17日の日経CNBC「朝エクスプレス」に登壇して、「山梨の良いものを東京へ、全国、世界へ、東京の最先端の情報を地域活性化に活用という、山梨と東京や世界を繋ぐ役目を担っている。山梨県内での貸出金残高が2022年3月末1・16兆円→2024年3月末1・3兆円にとどまった一方、山梨県以外の貸出金残高は8982億円→1・2兆円と増えた。事業性融資取引先数は2019年3月2817→2024年3月3802と増えた。観光価値創造業、脱炭素関連事業、SNS・広告宣伝事業を行なう地域総合商社の設立を検討している。取引先のDX化支援・生産性向上のために、2024年からサイボウズ、フリーと連携してICTコンサルティングへの取組みを強化している。山梨中銀コンサル（山梨中銀経営コンサルティング）は、地域の将来を担う事業者の育成、成長・創業分野への支援等を行なっている。2020年にしずおかFGと包括業務提携『静岡・山梨アライアンス』を提携した効果が、着実に出ている。やまなし未来インベストメントを設立し、ポートフォリオ管理の高度化に取り組んでいる」と述べました。

大量保有報告書は提出していませんが、２０２４年度の半期報告書で、地銀専用のエンゲージメント・ファンドを運用するアリアケキャピタルが１・５％を保有する第９位の株主になっていました。

◉東証は良くない事例の企業名を公表せず

一方、東証は２０２４年11月に「投資家の目線とギャップのある事例」（良くない事例）として、①現状分析や取組みの検討が十分でない状況、②現状分析や取組みの内容が投資家に評価されていない状況、③投資家から一定の評価を得たうえで、さらなる向上が求められる状況の３つのレベルに分けました。

①では、「資本コストを上回る資本収益性が確保されていることを確認している」という記載だけの企業、過去の中期経営計画のリンクを貼っただけの企業などが挙げられました。

②では、ＣＡＰＭで算出した株主資本コストが４％などと投資家が認識する水準から乖離した開示となっている企業、「ＰＥＲが低い理由として、当社事業に対する投資家の理解が十分でないこと」を挙げて、自社の成長戦略不足を棚に上げて投資家の責任に転嫁している企業が挙げられました。中期経営計画期間中だけ配当性向を引き上げたり、自社株買いを行なったりする企業は、投資家に目先の株価対策、一過性の対応との印象を与えると指摘しました。また、自社株買いや政策保有株式の縮減で資本効率性の向上を目指す企業が増えるなか、東証は後者

の売却資金を何に振り向けるかを、中長期的なキャピタルアロケーションで示すのが望ましいとしました。ROEが3%台と低位で推移している企業がROE5%を目指す事例が挙げられましたが、これは地銀のケースだと思われます。

③では、M&Aを成長戦略に挙げながら、不採算事業の縮小・撤退の検討が十分行なわれていない事例が指摘されましたが、これは多くの日本企業に共通する課題といえるでしょう。業績連動の役員報酬が中長期的な企業価値向上に向けたインセンティブになっていない事例も多くあります。

私が、東証が指摘した好事例と良くない事例についてレポートを書いた際に、外国人投資家から好事例はすでに株価に織り込まれている可能性があるので、逆に、**今後の経営改善が期待される良くない事例の企業名を知りたいとの質問がきました**が、東証は良くない事例はどの企業かわからないように資料を加工したので、会社名は判明しませんでした。

資本効率を重視した経営とは？

◉PBR1倍達成のためにはROE8％が必要

会社によって資本コストが異なるため、PBR1倍達成に必要とされるROE水準も異なりますが、**平均値としては、PBR1倍達成のためには一般にROE8％が必要と考えられます。**

しかし、多くの運用会社は取締役選任に反対するROE基準を5％に設定しています。たとえば、日本生命は資本収益性の水準が長期にわたり低迷（ROE5％未満が5期継続）しており、かつ本業の収益性についても業界のなかで長期にわたり劣後（営業利益が5期連続で業界平均以下）の場合を、取締役選任に関する議決権行使の精査要綱に挙げています。一方、りそなアセットマネジメントは効率的な企業経営が行なわれていない企業（3年連続ROEが5％未満）のなかで、ネットキャッシュが過大またはROEが業種別で3年連続下位25％以下である企業の在任3年以上の代表取締役に反対するとしています。日本生命とりそなアセットマネジメントでROE5％基準は同じであるものの、日本生命が5期連続、りそなアセットマネジメントは3期連続と判断期間が異なります。外資系運用会社は日系運用会社より議決権行使基準が厳しい傾向がありますが、ブラックロックは日系運用会社と同じく、ROE5％未満を取締役選任に反対する基準にしています。

◉日系運用会社でROE基準引き上げの動き

朝日ライフアセットマネジメントは2024年4月の議決権行使基準変更で、代表取締役の再任に反対する業績基準を、過去3年連続してROE6%未満→7%未満と引き上げました。三菱UFJ信託銀行は2027年4月からTOPIX500の企業を対象に、3期連続ROE8%未満かつPBR1倍未満を、代表取締役の再任議案に反対する基準として導入するとしました。3年間のROEが判断基準になるので、適用の3年前に新基準を発表したようです。三菱UFJ信託銀行は他運用会社に先駆けて、3分の1以上の社外取締役を求めましたが、ROE基準の引き上げでも早かったといえます。りそなアセットマネジメントは2025年1月から、キャッシュリッチ企業のROE基準を5%→8%と引き上げました。日興アセットマネジメントは2025年4月以降、過去3年連続でROEが8%未満で、かつ業種内下位50%に該当する場合に、取締役選任議案に反対します（ただし、PBR1倍超の場合は問わない）。なお、ROEは業種特性が大きいので、絶対基準ではなく、大和アセットマネジメントや三井住友トラスト・アセットマネジメントなどのように相対基準を使う運用会社もあります。

◉議決権行使基準にPBRやTSRを入れる動き

ROEは経営者の努力によって上げることができる一方、PBRやTSR（Total Shareholder Return）は株価次第であり、経営者がコントロールできないので、議決権行使基準に入れるべ

図表4-5　運用会社が代表取締役の選任に反対するROE基準

ROE基準	運用会社				
3期連続8%未満	明治安田AM				
3期連続8%未満かつ国内上場企業中央値水準を一度も上回っていない	三井住友DSAM				
5期連続8%未満かつ業種平均以下	T&D AM				
3期連続7%未満	朝日ライフAM				
3期連続5%未満	三菱UFJ信託銀行	SBI岡三AM	りそなAM	三菱UFJ AM	ブラックロック
3期連続5%未満かつ業界の33%ile未満	野村AM				
3期連続5%未満かつ業界の下位50%	日興AM				
5期連続5%未満	第一生命	日本生命	住友生命	明治安田生命	
過去5期平均5%未満	GSAM	ウエリントン			
過去3期のROE水準が低位	東京海上AM				
TOPIX構成銘柄との相対評価、上場企業平均との比較	三井住友トラストAM	アセットマネジメントOne	ニッセイAM		
業種内の相対評価	大和AM				

注：2024年9月時点。対象となる議案により基準が異なる場合や、追加の条件がある場合がある
出所：会社資料よりみずほ証券エクイティ調査部作成

きかどうかで意見が分かれています。個人的には、**株式市場の期待を高めるのも経営者の役目であると考えるため、ＰＢＲやＴＳＲを議決権行使基準に入れても問題ないと思います。**

ニッセイアセットマネジメントは、２０２５年６月からＰＢＲ１倍未満で、東証の要請への対応がない場合、代表取締役の選任に反対するとしています。大和アセットマネジメントも同じ基準を同時期から導入します。三井住友トラスト・アセットマネジメントは２０２４年１月からの剰余金処分議案で、①ＰＢＲが１倍未満かつ当期ＲＯＥがＴＯＰＩＸ構成銘柄の下位50%タイル水準未満、かつ配当基準を充たさない場合反対、②キャッシュリッチ基準（総資産に対するネットキャッシュ比率が30%以上）に該当す

図表4-6　プライム市場でPBR1倍割れ企業の比率

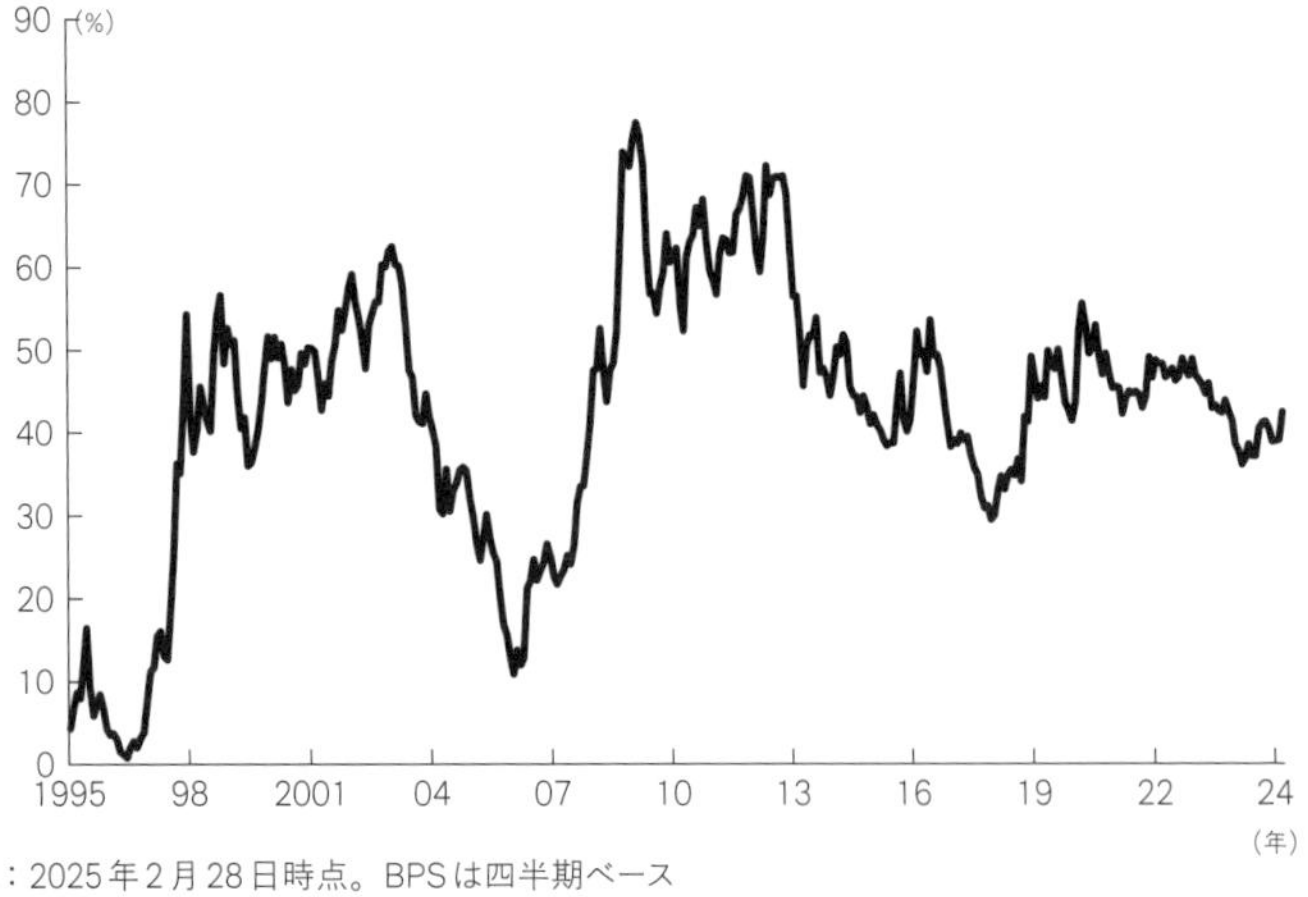

注：2025年2月28日時点。BPSは四半期ベース
出所：日経よりみずほ証券エクイティ調査部作成

る企業において、ＰＢＲが１倍未満かつ当期ＲＯＥがＴＯＰＩＸ構成銘柄の下位50％タイル水準未満、かつ配当性向50％未満の場合反対と、ＰＢＲ基準を追加したことで、主要運用会社のなかで剰余金処分の会社提案に対する反対比率が最も上がりました。三井住友トラスト・アセットマネジメントは２０２５年１月から適用する議決権行使基準でも、３期連続ＲＯＥ基準を満たさず、かつＰＢＲが１倍未満の場合、３年以上在任の代表取締役の選任に反対する基準を導入しました。ただ、ＲＯＥ基準は２０２４年９月決算以前はＴＯＰＩＸ構成銘柄の上位75％タイル水準でしたが、新基準では上位３分の２タイル水準に変更されました。

アセットマネジメントＯｎｅは２０２４年２月に発表した議決権行使基準の改定で、１期・３期・５期いずれにおいてもプライム市場上場企業のＴＳＲ下位１／３分位未満の場合、３年以上在任した取締役の再任に原則反対するとしたため、取締役選任の会社提案に対する反対比率が最も上がりました。アセットマネジメントＯｎｅが２０２４年６月の株主総会で、ＴＳＲ基準に基づいて反対した企業にはファナック、カシオ計算機、オムロン、ヤマハ、住友化学、ヤマトＨＤなどがありました。アセットマネジメントＯｎｅは３期連続でプライム市場上場企業のＲＯＥ下位１／３分位未満の場合に反対するという相対基準を使っていますが、資本効率や株価を意識した経営を投資先企業へ促すメッセージとして、ＲＯＥ８％以上を目標水準として取り組むことが望ましいと明記しています。

◉改善傾向にある日本企業の株主還元策

本来、株主還元は企業の成長性に応じて変わるべきものです。成長企業は無配にして成長投資を増やすべきである一方、成熟企業は余分な現預金を持たずに株主還元を増やすべきです。米国企業にはそうした株主還元策の二極化が見られますが、日本企業の株主還元策は横並びで、配当性向30％&自社株買いを含む総還元性向が50％の平均値を中心に正規分布していました。しかし最近、配当性向目標の引き上げのみならず、累進配当&下限配当、ＤＯＥの導入などが相次いでいます。

２０２４年度の自社株買い発表額は12月末時点で15兆円と、２０２３年度の10兆円を大きく上回るペースとなりました。東証の要請に応えて、自社株買いでＲＯＥを向

図表4-7　プライム企業の自社株買い・配当総額と総還元性向の推移

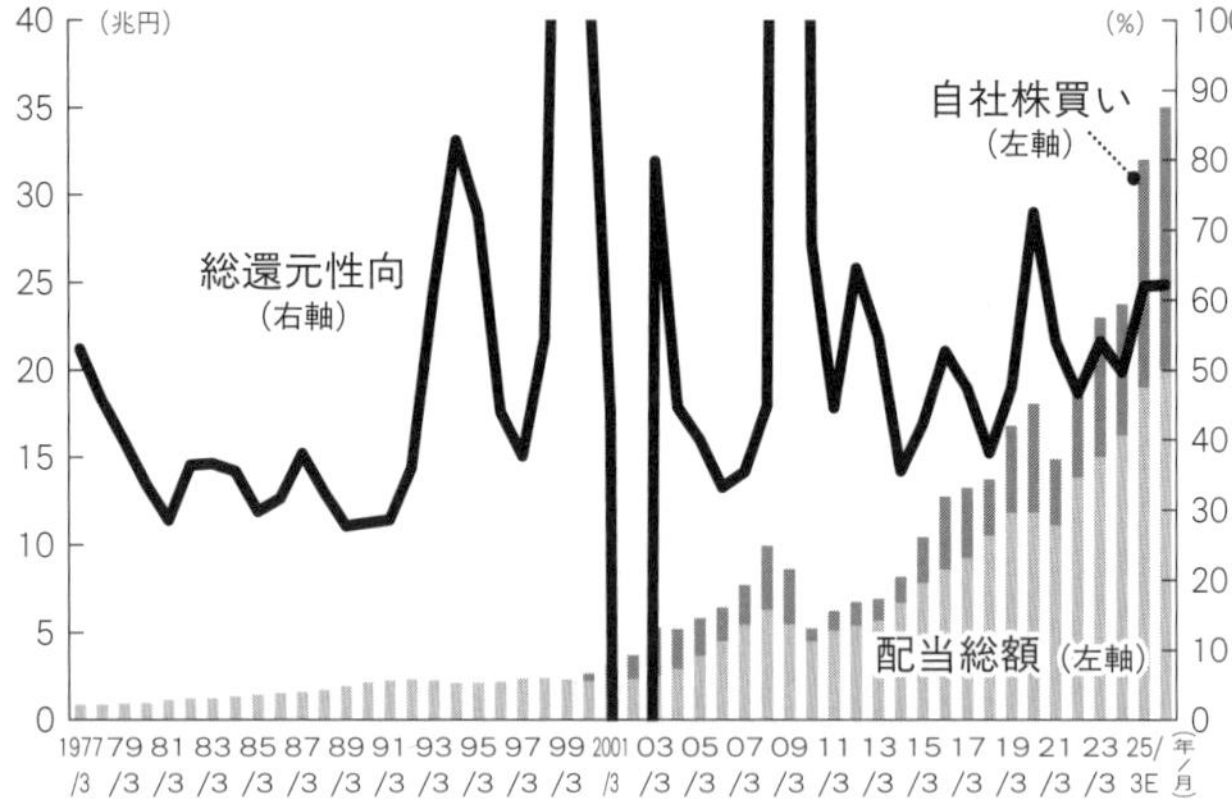

注：各年度末の東証プライム（2022年3月期まで東証1部）上場企業対象（金融機関、日本郵政を除く）、取得から売却処分を引いたネットの買越額。2025年3月期はみずほ証券予想
出所：東証よりみずほ証券エクイティ調査部作成

上させてPBRを上げたいという企業に加えて、持合解消で自社株が売られることに備えて、自社株買いの枠を取る企業も相次ぎました。ただ、アップルは過去1年に1157億ドル（約17兆円）もの株主還元を行なっているため、**米国投資家と話をすると、東証の自社株買い発表額は1社の金額かと聞かれたことがあります**。総還元性向は上昇傾向にあり、2024年度は60％程度の予想ですが、米国S&P500企業は100％近い還元を行なっているため、日本企業は成長性が低いのに、株主還元が不十分との指摘を受けます。

◉運用会社から剰余金処分案への反対が多かった企業

運用会社の剰余金処分の議決権行使基準としては複雑ですが、**総還元性向30％未満や配当性向20％未満などの場合に反対する運用会社が多くなっています**。日本企業の剰余金処分の会社提案への反対比率が高い運用会社は例年、JPモルガンアセットマネジメントとキャピタル・グループですが、米国大手運用会社から見て、日本企業の株主還元策が不十分だとの意思表示でしょう。2024年4〜6月の株主総会で剰余金処分案への運用会社の反対件数が多かった企業はキーエンス、しまむら、イズミ、東映などでした。キーエンスは2023年度末の自己資本比率が95％、現預金の総資産比が18％と高い一方、配当性向が20％と低いので、6月株主総会で剰余金処分案に反対した運用会社が13社と最多でしたが、持続的な好業績への評価を背景に賛成した運用会社が25社と反対の2倍近くありました。しまむらも2024年2月末の自己資本比率が88％、現預金の総資産比が30％と高い一方、配当性向が26％と低いので、2024年5月の株主総会でカタリスト投資顧問から増配の株主提案も受けましたが、否決しました。

◉DOE目標を発表した主な企業

最近、DOE（Dividend on Equity ratio）の目標を導入する企業が増えています。多くの企業は配当性向30％&総還元性向50％など、純利益に対して配当や自社株買い目標を決めていますが、**DOEは株主資本に対する配当の割合を決める考え方で、余分な株主資本を持たないという考え方が背景にあります。**ただ、DOEに対してコミットメントすると、不景気で業績が悪化したときにも決めた配当を払うことになるので、業績が不安定な企業はDOEを約束しにくい面があります。

主要企業で最も高いDOE目標を発表しているのは第一三共で、2021年に発表した第5期中期経営計画策定時にDOE8％以上の目標を掲げましたが、2024年4月に8・5％以上と引き上げました。第一三共は2024年度予想配当性向も50％と高めです。丸井グループも2024年3月期より、DOE8％程度の目標を導入し、高成長・高還元の両立を目指すと発表しました。村田製作所は2024年11月25日に発表した中期方針2027で、配当方針を従来の「中期的に配当性向30％程度を目安にDOE4％以上」から、「中期的にDOE5％を目安」に引き上げましたが、中間決算が市場予想を下回ったことで、株価は下落基調になりました。エレクトロニクス商社の東陽テクニカは2024年11月13日に発表した中期経営計画で、2025年9月期から3年間の配当方針としてDOE5％以上を導入しました。業績向上によってROEは2023年9月期の5・3％から2024年9月期の9％に上昇し、PBRも2023年9月期の約1倍から、2024年9月期の約1・1倍に上昇しました。CAD大手の図研は2024年11月に堅調な中間決算とともに、DOE5％の配当方針を打ち出し、2024年度DPS予想も60→100円と引き上げたことで、株価が上昇しました。PBRが約0・5倍の日阪製作所は2024年12月の中間決算説明資料の「企業価値向上に向けた取り組み」のなかで、政策保有株式の純資産比を2024年3月末の25・6％から、2026年3月末に20％未満と引き下げる計画と同時に、DOE目標を1・5％→2％以上と引き上げました。ただ、日阪製作所の2024年度上期の政策保有株式の売却はわずか1銘柄（2024年3月末時点で29銘柄保有）だったうえ、自己資本比率も74％と高いため、DOE目標は低いようにみえます。キリンHDは2025年2月に、配当方針を従来の配当性向40％以上から、DOE5％以上＆累進配当に変更しました。

◉DOEが低い企業はアクティビストの投資対象になることも

大阪ガスはDOE3％＆累進配当の方針を変えたわけではありませんが、「アセットライトな経営の推進」と「自己資本のコントロール」で資本効率の向上を目指すとして、2024年

図表4-8　DOE目標を発表した主な企業

DOEの目標（%）	採用企業（直近発表値）
8.5	第一三共
8.0	丸井グループ
6.0	世紀東急工業、有沢製作所
5.0	大林組、西松建設、新日本空調、MIXI、ツムラ、太陽HD、ファンケル、日本高純度化学、ヒロセ電機、イリソ電子工業、村田製作所、日本ライフライン、図研、日本電技、東陽テクニカ、キリンHD
4.7	チャーム・ケア・コーポレーション
4.5	双日
4.0	東急建設、大末建設、ダイダン、フジ日本精糖、いちご、TSI HD、ダイセル、アース製薬、日本特殊陶業、エキサイトHD、日東工業、三菱ロジスネクスト、SBIアルヒ、パラマウントベッドHD、スクロール、セイノーHD、サンワテクノス、西部電機
3.7	ニチアス
3.5	日本精化、中部鋼板、新晃工業、蝶理、山善、システムズ・デザイン
3.3	IMV
3.0	極洋、東鉄工業、中部飼料、日本ハム、伊藤ハム米久HD、アリアケジャパン、マツキヨココカラ＆カンパニー、グリー、トクヤマ、積水化学工業、ジーテクト、エステー、セガサミー、イーグル工業、アルプスアルパイン、新明和工業、松風、しまむら、住友倉庫、大阪瓦斯、スターゼン、大倉工業
2.9	ホーチキ
2.5	東京エネシス、クリヤマHD、サカタインクス、日本製鋼所、ノーリツ、エノモト、阪和興業、ピー・シー・エー、ジェコス
2.4	アルフレッサHD
2.3	岡部
2.0	日本触媒、高砂香料、井関農機、コーナン商事、西武HD、バローHD、ダイサン、日阪製作所
1.5	K&Oエナジーグループ
1.3	高島屋

注：2024年12月5日時点。2023年4月以降に決算説明会資料や中期経営計画でDOE目標を発表した主な企業の直近の発表値。「○％以上・程度・下限」などの注記がついている場合は○％として掲載

出所：会社資料よりみずほ証券エクイティ調査部作成

度下期に上限200億円の自社株買いを発表しました。大阪ガスには、東京ガスのようにアクティビストの投資対象になりたくないとの思いがあったのかもしれません。**2023年度のDOE実績が低かった主な企業をスクリーニングすると、コニカミノルタ、TBS HD、京都FG、クスリのアオキHDなど、アクティビストの投資対象になった企業が上位に入りました。**業績が大きく悪化しているコニカミノルタは、2024年度に無配転落を計画しています。機関投資家は剰余金処分の議決権行使基準で、配当性向や総還元性向を使うことが多いですが、大和アセットマネジメントとSOMPOアセットマネジメントはDOEを基準に入れています。バランスシート管理が不十分な日本企業が多いなか、議決権行使基準にDOEを入れる運用会社が今後増えると予想されます。

◉2024年度の自社株買い発表金額が大きかった企業

トヨタ自動車が2024年5月に上限1兆円（自己株式を除く発行済株式総数の3％）の自社株買いを発表したときに、「必要に応じて当社株式の売却要請に応えるために活用する」と述べました。トヨタ自動車は同年9月に、足元の株価水準等（すなわち、下落傾向）を勘案して、自社株買いの上限を1・2兆円に引き上げました。

ホンダは2024年度中間決算時に上限1000億円の自社株買いを発表しましたが、自己株式を除く発行済株式に対する比率が1・5％と小さかったうえ、業績下方修正が大きかったことで、株価が下落しました。しかし、ホンダは２０２４年12月に上限１・１兆円（同23・７％）もの大規模な自社株買いを発表して、株価が反発しました。

デンソーも２０２４年10月末に上限４５００億円（同９・６％）を発表しました。デンソーは業績予想の下方修正とともに、大規模な自社株買いを発表した理由として、金融機関を中心とした持合解消の加速による株式需給の懸念への対処を挙げました。

ほかにも、三菱ＵＦＪＦＧは２０２４年５月の上限１０００億円の自社株買いに加えて、11月に追加で３０００億円の自社株買いを発表しました。大成建設が２０２４年11月に発表した上限１５００億円（同16・４％）の自社株買いは、業績予想の上方修正と同時発表だったため、発表当日に株価

図表4-9　自社株買い発表額の推移

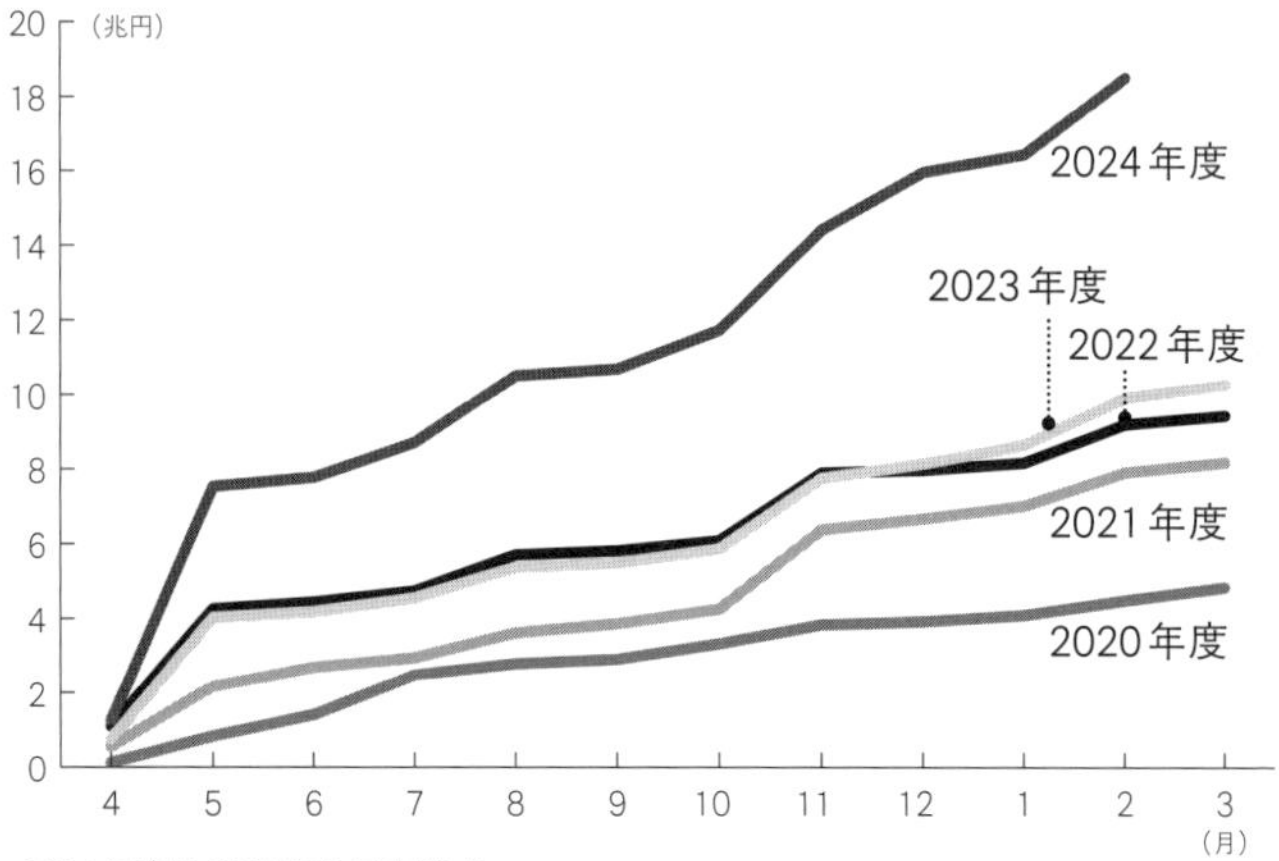

注：2024年度は2025年２月末時点
出所：日経、東証よりみずほ証券エクイティ調査部作成

が急騰しました。大成建設は「政策保有株式の削減が順調に推移しており、1500億円程度のキャッシュが生まれる見込みであることから自社株買いに踏み切る」と説明しました。東レは2024年11月に上限1000億円の自社株買い（同9・7％）を発表した理由として、5月に発表した「資本効率を改善するために（2023年度のROEは1・3％）、2024〜2026年度に政策保有株式を50％削減し、売却代金を全額自己株式取得に充当する方針」に基づくと述べました。KDDIは株式の14・5％を保有する京セラが2024年10月末に、KDDI株を今後5年間で3分の1程度売却すると発表したことで対応が注目されていましたが、11月に上限1000億円（同1・4％）の自社株買いを発表しました。2024年10月末に同じく上限1000億円（同8・3％）の自社株買いを発表した商船三井は、その理由としてROE9〜10％を意識した資本効率を目指していることを挙げ、取得した自己株式の使途としてM&A、役職員への株式報酬、消却の可能性を挙げました。川崎汽船も同時期に上限900億円（同5・3％）の自社株買いを発表しましたが、エフィッシモキャピタルが38・5％を保有していることから、流動性に問題が生じる可能性があるため、エフィッシモキャピタルとみずほ銀行、大手損保等に自社株買いへの協力を打診して、応諾されたと述べました。

◉外国人投資家は金庫株を消却する企業を評価

外国人投資家からは日本企業は取得した自己株式を金庫株として保有して、なぜ消却しない

のかと尋ねられることが多くあります。日本企業が金庫株を保有し続ける理由としてよく使われるのは、将来のM&Aに使うというのが多いですが、我々は日本の機関投資家からの消却圧力が小さいからでは、と答えました。日本企業は金庫株を消却するときも、取締役会で消却を決めたといったアドホック的な発表が多くなっていますが、できたら消却にも一定のルールがあったほうがよいでしょう。

第一生命HDは2024年3月に、自社株買いによって取得した自己株式は、すでに保有する自己株式の一部とともに原則消却を予定していると発表しました。建設のインフロニアHDは、発行済株式総数の概ね1%を超える部分については消却を予定していると発表しました。三菱UFJFG、野村HD、TIS、ウシオ電機等、発行済株式総数の概ね5%程度を超える自己株式は消却することを基本方針としています。日東電工は2023年8月に発行済株式総数の4%の自己株式取得を発表した際に、「具体的な使途が明確なもの（役員報酬等）を前提に継続保有し、それを超える部分については消却を検討する」ことを基本方針にしていると発表しました。双日は2023年3月に同社としては過去最大となる300億円を上限とする自社株買いを発表すると同時に、将来の株式価値の希薄化懸念を払拭するために自己株式の消却を行なうことを決議したと発表しました。政府は金庫株の消却を促すために、コーポレートガバナンス・コードに金庫株の消却方針の記載を求めるべきでしょう。

◉株主優待導入企業への賛否

外国人投資家や機関投資家は、日本独自の制度ともいえる株主優待制度に批判的ですが、時価総額が小さすぎて、外国人投資家や機関投資家の投資対象にならない中小型企業のうち、持合解消によって金融機関からの売り圧力に晒される企業は、個人投資家を潜在的な株主として狙いを定めざるを得ないため、株主優待制度を使わざるを得ない面もあるでしょう。外国人投資家や機関投資家は、株券を管理する信託銀行が株主優待商品を現金化することで現金を受け取っていると推測されますが（ただし、どうしても現金化できない生鮮食品などもあります）、2024年11月の北米投資家訪問では、外国人投資家は株主優待をまったく受け取っていないので不利な扱いを受けているとの誤解もありました。

野村インベスター・リレーションズは「知って得する株主優待2024年版」なる書物を出版しているほか、HPに週次の株主優待制度の新設・変更・廃止や、「読者が選ぶ株主優待人気ランキングTOP50」などを掲載しています。新NISAの成長投資枠で、現金配当のみならず株主優待品を獲得する目的で、日本株投資を増やしている個人投資家も多いと推測されます。東洋経済「会社四季報」も巻末の付録に、各社の株主優待制度を掲載しています。2024年2月の「東証マネ部!」の「相次ぐ株主優待廃止の背景は？今後も続く？」とのコラムは、株主への公平な利益還元や東証再編による株主数の緩和のために、株主優待制度を止める企業が増えていると指摘しました。しかし、野村インベスター・リレーションズの集計によると、

２０２４年末の株主優待導入企業数は、前年比46社増の１５３０社と5年ぶりに増加に転じました。

◉イオンは株主優待で個人株主を増やして高PERを維持

野村インベスター・リレーションズの「読者が選ぶ株主優待人気ランキングＴＯＰ50」の１位はイオンの株主優待カード（買物３％還元など）であり、イオンの今期会社予想ベースＰＥＲが約70倍（２０２４年末時点）と主要小売株のなかで高いのは、株主優待目的で同社株を買う個人投資家が多いためでしょう。**イオンの個人株主数は２００５年7万人→２０２３年92万人と10倍以上に増えました。**セブン＆アイ・ＨＤも商品券を配る株主優待を導入していますが、人気ＴＯＰ50には入っていません。荏原製作所は２０２３年12月期末の外国人保有比率が47％と外国人投資家にも評価が高い企業ですが、２０２４年10月に美術館の招待券配布という外国人投資家には利用しにくい株主優待制度の導入を発表しました。元々、鉄道株は乗車券の株主優待を目的に、沿線に住む個人投資家が株主になっているケースが多いですが、２０２４年6月の株主総会でパリサーから株主提案を受けた京成電鉄は同年9月に、京成バラ園の入園券等の株主優待制度の拡充を発表しました。２０２４年10月に上場した東京メトロも、現金配当利回りの高さのみならず、地下鉄乗車券等の株主優待が評価されて、高い初値になったと思われます。

第一生命ＨＤは買収したベネフィット・ワンとのシナジーをアピールするためか、２０２４

年8月に株主優待制度に福利厚生サービスの「ベネフィット・ステーション」を加えることで、同制度を拡充すると発表しました。2025年に入って、トヨタ自動車も株主優待制度の導入を発表したことに驚きました。

逆に、サイゼリヤでは食事券獲得のため株主になっていた個人投資家も多かったと推測されますが、2024年7月に株主への公平な利益還元の観点から株主優待制度を廃止すると発表しました。**サイゼリヤは2024年10月の決算説明会で、「優待廃止前と比べて個人株主が1割減った。その穴を海外の機関投資家が埋めた」と話しました。**くら寿司は2024年12月に株主優待制度の廃止を発表したところ、株価が急落したため、2カ月後に食事券の再導入を発表しました。

株式市場と経営姿勢の改革は進行中

◉TOPIXの見直し

２０２４年末時点でＴＯＰＩＸには約２２００銘柄が組み入れられていましたが、**時価総額が約8倍もあるS&P500に比べて、銘柄数が多すぎるとの指摘が長年ありました。**ＴＯＰＩＸは第1段階目の見直しとして、２０２２年10月～２０２５年1月末にかけて、流通株式時価総額１００億円未満の企業を対象に段階的なウエイト低減を行ない、1月末に完了しました。これにより、ＴＯＰＩＸから４２６銘柄が除外されました。さらに、ＴＯＰＩＸは年間売買代金回転率と浮動株時価総額の累積比率に基づいて、２０２６年10月～２０２８年7月に第2段階目の見直しを行ない、組入銘柄数が約１２００銘柄と、見直し前に比べて約１０００銘柄が減る見込みです。

ＴＯＰＩＸから除外されると、パッシブファンドから買われなくなるという需給上のデメリットがある一方、①アクティブファンドに買われれば問題ない、②株価は株式需給でなく、業績が反映されるファンダメンタルズに収束する、③２０２５年1月末にＴＯＰＩＸから除外される銘柄は、悪材料が出尽くしになるとの見方もありました。経営内容が悪くてもパッシブファンドから買われていた企業は、アクティブファンドに買われるために経営努力が必要です。

図表4-10　TOPIXルール見直しの流れ

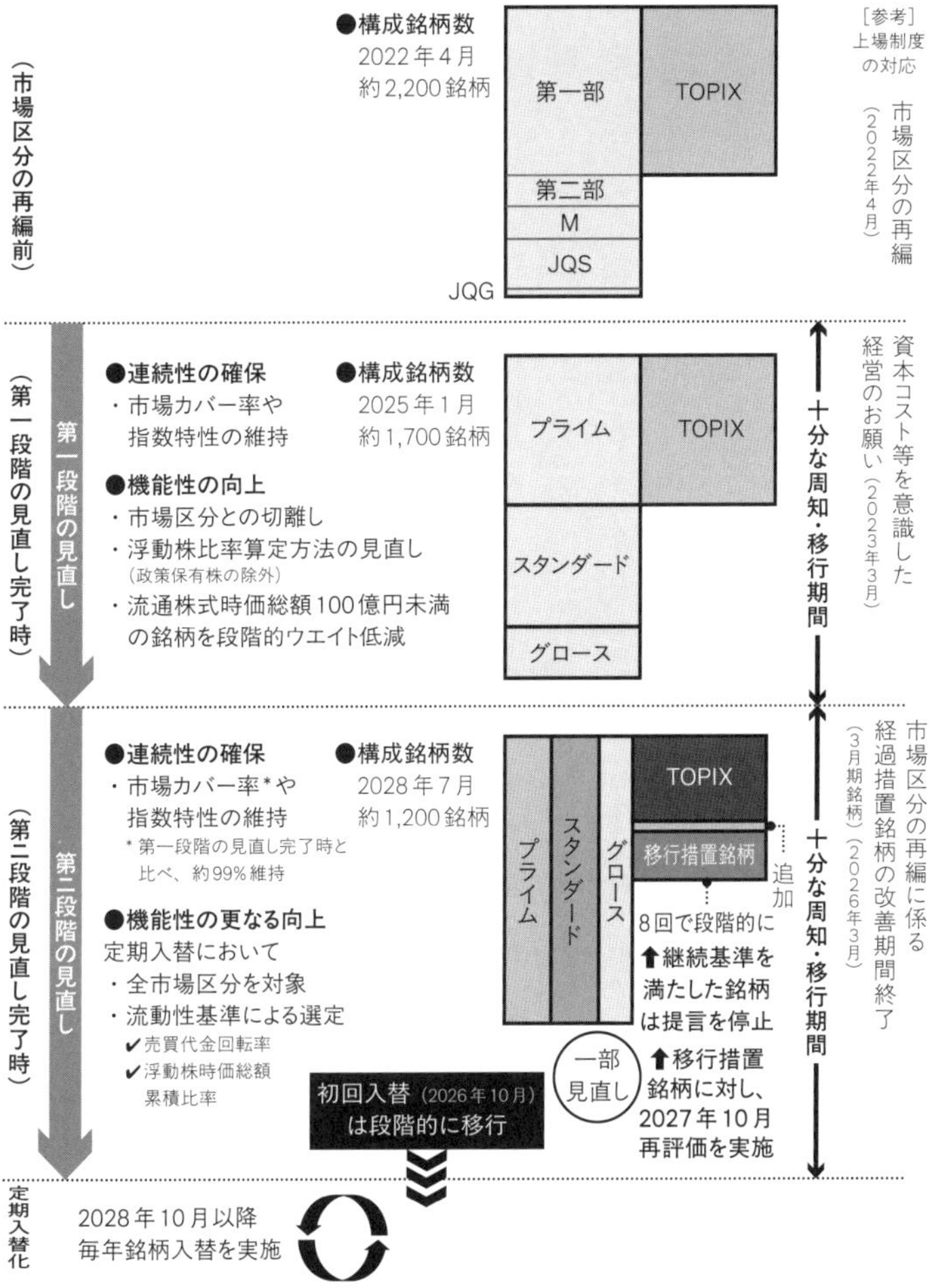

注：2024年9月27日発表。構成銘柄数は試算値であり、非定期の追加等や定期入替時の状況によって変動する
出所：JPX総研資料よりみずほ証券エクイティ調査部作成

◉2025年1月末にTOPIXから除外された銘柄

除外銘柄の2024年の株価パフォーマンスはまちまちでした。マンション販売のムゲンエステートは好調な業績を背景に、2024年に株価が7割以上上昇しました。建設の巴コーポレーションは2024年11月に「資本コストや株価を意識した経営の実現に向けた対応」を発表して、8%のROE目標を確保できていないことが、PBRが0・5倍に停滞している理由と自己分析しました。ただ、巴コーポレーションは業績予想の上方修正等が評価されて、株価は2024年に約7割上昇しました。物流のキムラユニティーの株価は2024年に横ばいでしたが、11月に資本収益性の向上と資本コストの低減を目指すとして、自己株式を除く発行済株式総数の5・6%の自社株買いを発表しました。精密のリズムの2024年の株価はボックス圏でしたが、2024年度上期の決算説明資料に、資本効率は低い状況（東洋経済の2024年度ROE予想は3・3%）で推移しているが、改善に取り組むと記しました。TOPIXから除外される予定だった石井鐵工所は2024年12月にMBOで上場廃止になりました。

建材の日本アクアは、2024年11月に累進配当の導入と上場維持基準の適合に向けた進捗状況を発表しましたが、株価は2024年に約2割下落しました。日産東京販売HDは2024年12月に大手損保が持つ株式の売出しと自社株買いを発表しました。日産自動車とホンダの経営統合の発表（その後破談）で、日産東京販売HDの株価も年末にかけてツレ高しました。鉄鋼の新家工業は2027年3月期のPBR1倍達成に向けて、総還元性向100%&配当性向

50％以上の方針を打ち出しています。AVIが2024年8月に大量保有報告書を提出し、年末に保有比率を7・5％に引き上げたことに合わせて、新家工業の株価も回復基調になりましたが、PBRは約0・8倍にとどまります。日本特殊塗料は2024年の株価がほぼ横ばい、PBRは0・5倍にとどまっており、PBR向上を目指した資本・財務戦略を含めた新たな中期経営計画を策定予定としています。東都水産は2024年6月にスタンダード市場の流通株式比率の基準を充たしておらず、2025年3月末までに適合を充たす計画書を発表しましたが、2025年2月に麻生東水HDからTOBを受けました。

◉独立社外取締役は増加傾向

2021年のコーポレートガバナンス・コードの改訂で、取締役会の3分の1以上の独立社外取締役の選任を求められたこともあり、3分の1以上の独立社外取締役を選任しているプライム市場の企業の比率は2020年の59％から2024年に98％に高まりました。3分の1以上の独立社外取締役がいないプライム企業にはタマホーム、くら寿司などがあります。過半数の独立社外取締役の選任を求められるのは、上場子会社など支配株主のいるプライム市場の企業に限られるので、過半数の独立社外取締役を選任しているプライム市場の企業の比率は2020年6％→2024年20％にとどまります。

欧米企業では過半数の独立社外取締役が一般的であり、CEO以外はすべて社外取締役とい

う大企業も少なくありません。ＪＰモルガンアセットマネジメントは２０２２年の株主総会から、日本企業に対して、社外取締役の比率が総会後の取締役会で過半とならない場合、代表取締役の選任に原則反対する基準を導入しました。２０２４年４～６月に会社提案の取締役選任に対する反対比率はＪＰモルガンアセットマネジメントが23・６％と高かったですが、それ以上に反対比率が高かったのが三井住友ＤＳアセットマネジメントの26・８％でした。野村アセットマネジメントは２０２４年11月以降、社外取締役の人数の最低水準を過半数に引き上げましたが、指名に関するガバナンスを整備している場合は、従来どおり３分の１の基準を適用するとしました。ここで指名に関するガバナンスを整備している場合

図表4-11　プライム企業における3分の1または過半数の独立社外取締役の選任状況

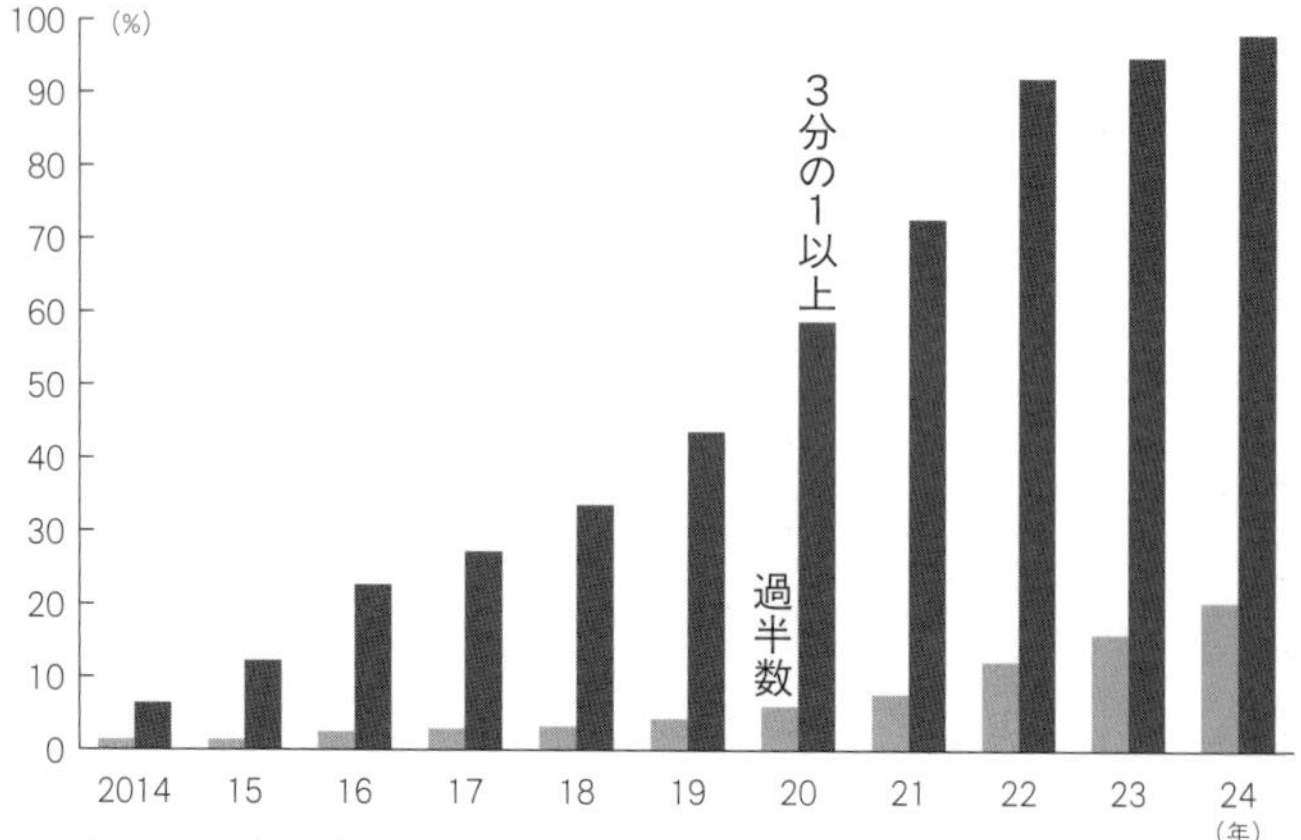

出所：東証よりみずほ証券エクイティ調査部作成

とは、法定または任意の指名委員会を設置し、その委員に2名以上の社外取締役を含み、かつ委員のうち社内取締役の人数が社外取締役の人数より少ない場合をいいます。

女性役員の選任を求める運用会社も増えていますが、独立社外取締役の数ばかりを求めると、社外取締役の質が低下する問題も指摘されます。慶応義塾大学大学院研究管理研究科の齋藤卓爾教授は2024年11月20日に開催したみずほ証券のセミナーで、「アカデミックな研究によると、取締役会改革・社外取締役の選任は、企業業績や企業行動に有意な影響を与えていない」と述べました。

◉日本でも徐々に増える同意なき買収

近年、ストラテジックバイヤー（事業会社等）による同意なき買収が増えています。経済産業省は長年業界再編の遅れを問題視してきましたが、2023年8月に同省が策定した「企業買収における行動指針」が業界再編を促進しています。

工作機械のTAKISAWAは当初ニデックによる同意なき買収を拒否していましたが、最終的にはこの行動指針に基づいて買収を受け入れました。運輸業界では2024年3月にAZ－COM丸和HDがC&FロジHDに対して、TOB価格3000円でTOBを表明しましたが、5月にC&FロジHDが反対を表明すると同時に、SG HDがホワイトナイトとして5740円でのTOBを提示しました。C&FロジHDはSG HDに買収されて、10月に上場廃止になりました。ＳＧ ＨＤはＣ＆ＦロジＨＤ買収が高値掴みとの指摘に対して、「割高とは思っていない。我々がこれから展開することとすり合わせながらバリュエーションしているので、しっかりと結果を出せる前提のプライシングだ」と反論しました（「週刊ダイヤモンド」２０２４年10月26日号）。**競争激化や人手不足の悪影響等を背景に、物流会社の再編期待が高まっており、投資家のあいだには第二のＣ＆ＦロジＨＤを探す向きが出ています。**「週刊ダイヤモンド」２０２４年10月26日号は、「大手といえども、株価低迷が続けば安定とはいかない。生き残りを懸けた『物流戦国時代』が開戦した」と指摘しました。２０２４年は８月に公開された「ラストマイル」という映画がヒットしましたが、ヤマトＨＤはＢ to Ｃの配達で「ラストマイル」に強みを持つため、現在の株価を過小評価と考えるストラテジックバイヤーが出てきてもおかしくないでしょう。

◉ニデックが牧野フライス製作所への同意なきＴＯＢを発表

２０２４年12月27日にニデックが牧野フライス製作所への同意なきＴＯＢを発表し、牧野フライス製作所の株価はストップ高し、同業のツガミ、オークマ、高松機械工業などもツレ高しました。２０２３年にＴＡＫＩＳＡＷＡを買収したときと同様に（当初は同意なき買収でしたが、最終的には賛同）、ニデックは牧野フライス製作所について、「東証が１倍割れ企業に改善計画の開示を求め、注目度が高いＰＢＲは長年低い水準にとどまる状況が続いている」と述べて、牧野フライス製作所の売上成長率や営業利益率の低さ、製品構成の偏り等の問題点を指摘しました。ニデックはＴＯＢ価格１万１０００円が過去１カ月・３カ月・半年の平均株価に55～74％のプレミアムを上乗せした水準であるうえ、過去最高値を上回る水準なので、市場で株式を取得したすべての株主が利益を確保できると述べました。ニデックが全株を取得する場合の買収金額は２５００億円超と、Ｍ＆Ａで成長してきたニデックにとって過去最大のＭ＆Ａになります。ニデックのＴＡＫＩＳＡＷＡ買収では、水面下の買収交渉が頓挫したため、同意なきＴＯＢに乗り出しましたが、今回は牧野フライス製作所との経営統合の事前交渉なしに、突然買収に乗り出したという違いがありました。突然の同意なきＴＯＢは日本企業として異例です。

牧野フライス製作所は２０２３年10月に発表した「企業価値向上に向けた取り組み」で、２０２７年度にＲＯＥを11％（２０２３年度実績は７・６％）へ引き上げる目標等を発表していましたが、ＰＢＲに関する言及はありませんでした。牧野フライス製作所はニデックに対して、ＴＯＢ開始時期の延期を要請するとともに、質問状を数度にわたって送りました。ニデックは２０２１年に発表した〝Vision 2025〟で、２０２５年度に売上４兆円、２０３０年度に10兆円を目指していますが、２０２５年度売上の達成はむずかしいと見られています。ニデックが牧野フライス製作所の買収に成功すれば、工作機械の売上で約３４５０億円と、ＤＭＧ森精機の約５５００億円に次いで国内２位になりますが、**ニデックは２０３５年に工作機械の売上を１兆円に増やし、世界首位を目指すとしているため、さらなるＭ＆Ａの可能性があるでしょう。**

成否	備考
○	デサントは伊藤忠商事の完全子会社となり上場廃止
×	村上ファンドは広済堂のMBOに対抗してTOB、その後売却
×	EBOで上場廃止
○	アスクルはLINEヤフーが45%を保有する上場子会社に
×	株主総会で買収防衛策を可決
○	2021年10月にインフロニアHDに統合
○	大戸屋HDは上場子会社として上場維持
×	TOBは不成立、株主提案も否決
○	東京製綱は持分法適用会社になり、取締役交代
×	日邦産業は買収防衛策を発動、フリージアの差止請求は棄却
○	TOBで保有比率を29%へ引き上げ、会社はTOBに中立判断
×	富士興産は買収防衛策を可決、アスリードはTOBを撤回
×	東京機械は買収防衛策を発動、アジア開発は保有株を売却
○	当初は同意なき買収だったが、最終的には同意
×	当初インフロニアHDが買収を提案、YFOはTOB取り下げ
○	当初反対意見を表明したが、その後中立に変更
×	T&K TOKAはベインキャピタルに買収されて上場廃止
○	当初は同意なき買収だったが、最終的には同意
×	焼津水産化学工業は2024年6月に上場廃止
○	当初はエムスリーがベネフィット・ワン買収を提案
×	タイヨウファンドに買収されて上場廃止
×	SG HDがホワイトナイトとして買収し、上場廃止
?	創業家の伊藤家がMBOを検討
×	堂島汽船のTOBは1.2%しか集まらず、兵機海運は大和工業と提携
×	コールバーグ・クラビスロバーツ（KKR）による友好的買収が成功
?	事前交渉なしの突然の同意なきTOB

図表4-12　近年の同意なきM&A

公表時期	買収者	分類	被買収者
2019年1月	伊藤忠商事	事業会社	デサント
2019年3月	村上ファンド系	ファンド	広済堂HD
2019年7月	HIS	事業会社	ユニゾHD
2019年7月	ヤフー	事業会社	アスクル
2020年1月	村上ファンド系	ファンド	東芝機械（現芝浦機械）
2020年1月	前田建設	事業会社	前田道路
2020年7月	コロワイド	事業会社	大戸屋HD
2020年11月	ストラテジックキャピタル	ファンド	京阪神ビルディング
2021年1月	日本製鉄	事業会社	東京製綱
2021年1月	フリージア・マクロス	事業会社	日邦産業
2021年2月	エフィシモキャピタル	ファンド	サンケン電気
2021年4月	アスリード・キャピタル	ファンド	富士興産
2021年7月	アジア開発キャピタル	ファンド	東京機械製作所
2021年9月	SBI HD	事業会社	新生銀行
2022年3月	Yamauchi No.10 Family Office（YFO）	ファンド	東洋建設
2022年6月	オイシックス・ラ・大地	事業会社	シダックス
2023年1月	NAVF	ファンド	T&K TOKA
2023年7月	ニデック	事業会社	TAKISAWA
2023年8月	J-STAR	ファンド	焼津水産化学工業
2023年12月	第一生命HD	事業会社	ベネフィット・ワン
2024年3月	ブラザー工業	事業会社	ローランドディー.シー.
2024年3月	AZ-COM丸和HD	事業会社	C&FロジHD
2024年8月	加アリマンタシォン・クシュタール	事業会社	セブン＆アイ・HD
2024年10月	堂島汽船	事業会社	兵機海運
2024年12月	ベインキャピタル	ファンド	富士ソフト
2024年12月	ニデック	事業会社	牧野フライス製作所

注：このリストは推奨銘柄でない
出所：会社発表、新聞報道等よりみずほ証券エクイティ調査部作成

◉「プロの経営者」の手腕に対する疑問の声

日産自動車の2024年度3Q累計の純利益は前年同期比▲98％と落ち込み、通期を▲800億円の赤字と予想しています。日産自動車はカルロス・ゴーン時代に長期的な観点からの設備投資や研究開発を犠牲にして、短期の利益を出すオペレーションを行なってきた経営体質の反動がいま出ているとの意見が市場関係者から出ました。日産自動車はカルロス・ゴーン氏が特別背任の疑いで会長を解雇された直前の2018年3月期の最高純利益を、その後更新できていません。カリスマともてはやされた経営者は、後継者育成に熱心でないという問題もあるかもしれません。

日産自動車だけでなく、**「プロの経営者」**（定義がむずかしいですが）**が経営した他企業においても、「プロの経営者」退任後に業績の悪化傾向がみられます。**資生堂ではプロの経営者として賞賛された魚谷雅彦氏の退任発表後の2022年12月期以降、業績が大きく悪化しており、2024年12月期3Q決算発表も追加的な失望となり、株価は約8年ぶりの安値に下落しました。LIXILにおいても2018年10月にいったん退任した瀬戸欣哉氏が2020年に会長兼社長兼CEOに復帰した後も、2018年3月期の最高純利益を抜けずに、2022〜2023年度に2年連続で大幅減益になりました（2023年度は最終赤字）。三菱ケミカルグループでジョンマーク・ギルソン社長が2024年4月にわずか3年で退任したのは、業績悪化の引責とみられました。武田薬品ではクリストフ・ウェバー氏が2014年以降、社長CEOを務めて高給を得ていますが、就任以降の株価は下落基調です（2026年にジェリー・キム氏に交代予定）。「プロの経営者」といわれた原田泳幸氏が経営していたこともあったベネッセHDは、創業家によるMBOで2024年5月に上場廃止になりました。ほとんどの日本企業では内部昇格者が社長に就任するので、「プロの経営者」の経営手腕を一般化して評価するのはむずかしいですが、**株式市場では「プロの経営者」の手腕に対する疑問の声が出始めています。**

◉高まるCFOの重要性

外国人投資家からは、日本企業では社長と会長のどちらが決定権を持っているのかわからないため、法定タイトルでないものの、CEOという肩書きを付けて欲しいという希望があります。CFOの役割も高まっています。ニコンの徳成旨亮社長は、CFO時代に上梓した著書『CFO思考』（2023年6月）で、「これからの時代のCFOには、経理・財務担当役員としての役割だけでなく、企業成長のエンジンも務めることが求められる。投資家の期待リターンである資本コストを知ることが、CFOの第1歩だ。PERを高めるためには、資本コストを引き下げる、期待利益成長率を高めるという2つの方策がある。資本コストを下げるためには、投資家にとってサプライズのない経営を行なうことが肝要だ。ROE8%達成は経営者としての責務だ。**株主・投資家のなかで最もアニマルスピリッツにあふれ、資本主義の『野生』を残しているアクティビスト・ファンドとの対話は、最もエキサイティングでやりがいのある仕事**

だ。日本のほとんどの上場企業は欧米投資家の目線では小型株に分類される規模に過ぎないため、グローバル投資家のレーダーに映ることがまずは大切だ」と述べました。

元三菱重工業副社長・CFOで、日本CFO協会の小口正範理事長は2024年12月にみずほ証券で行なった講演で、「CEOは自社、事業市場、資本市場について十分に理解していることが前提で、事業市場についてはCEO、資本市場についてはCFOといった分業自体意味がない。経営と財政とは一体かつ不可分であるとすれば、CFOとCEOの任務も不可分である。CEOとCFOとは経営者として企業価値の向上を図るという意味では共同経営者という位置づけになる。CEOとCFOは上下関係にあるのではなく、水平関係にあるべきだ」と語りました。

◉業態変貌は社名変更に示される

2024年11月10日の日経ヴェリタスは、「**社名変更をきっかけに投資家が注目し、成長期待が高まって株価が上昇するという好循環を生んだ企業は少なくない**」との記事を掲載しました。2023年10月に凸版印刷から社名を変更したTOPPAN HDは、事業ポートフォリオの変革への評価が高まり、株価が上場来高値を更新しました。アルファベットに変更する企業が多いなか、同時期にKYBはカヤバに変えました。2024年4月にUSEN－NEXT HDが社名から祖業のUSEN（有線放送）を削除して、U－NEXT HDに変わったのは、新たな成長フェーズに移行するためとのことでしたが、同社は国内動画市場でネットフリックスに次いで2位のシェアを確保しています。鳥貴族HDが5月に社名をエターナルホスピタリティグループに変更したのは、焼き鳥依存から脱却して、多業種展開と海外事業を強化する意味が込められているそうです。7月に小僧寿しは、小売・飲食・流通事業を傘下に置く持株会社体制となり、社名をKOZO HDに変更しました。同月に第一商品が社名をUNBANKEDに変更したのは、不正会計で傷ついたイメージを改善する意図があったと推測されます。日立造船は10月1日付けで社名をカナデビアに変更しましたが、社名の意味は〝奏でる（日本語）〟と〝Via（Way／道・方法という意味のラテン語）〟による造語だそうです。同日に三井住友トラスト・HDが、社名を三井住友トラスト・グループに変更したのは、創業100周年を迎え、グループが一体となって新たな挑戦に取り組むためだそうです。飲食店の店舗転貸借事業を行なうテンポイノベーションは、イノベーションHDに社名を変更しましたが、新社名はテクノロジー企業のような印象を与えます。

今後の社名変更企業では、機械の北越工業が2025年4月に、商号と主力商品のブランド名を一致させるために、社名をAIRMANに変更します。同月に雪国まいたけが、社名をユキグニファクトリーに変更するのは、舞茸だけでなく、きのこを使った人工肉など事業の多様化を印象づけるためです。社名にグループを付ける企業が増えるなか、不二製油グループ本社は同月に社名を不二製油に変更します。完全子会社の不二製油を吸収合併し、純粋持株会社制

業種	社名変更日	社名変更の理由
水産農林	2025年4月	商品や事業の多様化
建設	2024年9月	大幅な組織再編および構造改革に着手
不動産	2024年1月	想像力豊かに新しい事業に取り組む
建設	2024年10月	更なる成長と進化および企業価値の向上を遂げる
食品	2024年10月	持続可能な企業として更なる成長を目指す
食品	2025年4月	完全子会社の吸収合併。人材や経営資源の集中と再配分
サービス	2024年7月	投資銀行としての役割を果たす
サービス	2023年10月	多様なステークホルダーにとってより分かりやすい名称とする
食品	2025年4月	完全子会社の吸収合併。事業戦略を推進・強化
食品	2024年6月	事業体制の大幅な刷新
卸売	2023年9月	創業100周年。ダイナミックな事業展開に挑む
小売	2024年5月	多業種展開と海外事業を強化
小売	2025年中	国内外のコンビニ事業に特化し、企業価値を高める
不動産	2024年10月	持株会社体制へ移行
化学	2024年1月	創業110年。事業実態を明らかにし、持続的な企業成長を目指す
化学	2023年1月	持株会社体制へ移行。世界トップクラスの機能性化学メーカーを目指す
化学	2025年4月	完全子会社の吸収合併。海外展開の強化を図る
医薬品	2024年4月	子会社の合併。次の時代のサイエンスおよびヘルスケアにおけるリーディング企業に
情報通信	2024年1月	ブランド価値を向上させ、持続的成長を目指す
石油石炭	2025年4月	創業80周年。グローバルにおけるプレゼンスをさらに高める
金属製品	2024年10月	持株会社化。事業のさらなる発展を目指す
サービス	2024年10月	運営する不動産投資プラットフォーム「楽待」の認知度を高める
機械	2025年4月	ブランドの理解浸透と認知拡大
機械	2025年4月	グループとしてのイメージを一層明確にする
サービス	2024年9月	会社分割。グループ経営機能の強化を推進
機械	2024年10月	「技術の力で人類と自然の調和に挑む」とのブランドコンセプト
輸送器	2023年10月	創業から息づくものづくりの原点に立ち返り、創業者の名前を採用
他製品	2023年10月	持株会社化。グローバル企業として全世界で統一したブランド名を使用
化学	2024年10月	創業110年周年。「ソリューション創造活動」の進化を図る
銀行	2024年10月	創業100周年を迎えて新たな挑戦に取り組む
銀行	2026年1月	八十二銀行と長野銀行の合併
証券	2024年7月	不適切会計処理問題の発覚から4年。全く新しい企業に生まれ変わるという決意
保険	2026年4月	生命領域にとどまらない保険サービス業に進化
海運	2023年10月	グループの中核として一体感を創出し、さらなる成長を成し遂げる
情報通信	2024年4月	期待される企業ブランドへの更なる企業成長を目指す
小売	2024年7月	持株会社化。事業構造改革

図表4-13　2023年以降の主な社名変更企業

コード	旧会社名	新社名	市場
1375	雪国まいたけ	ユキグニファクトリー	プライム
1447	ITbook HD	SAAF HD	グロース
1783	アジアゲートHD	fantasista	スタンダード
256A	飛島建設	飛島HD	プライム
2114	フジ日本精糖	フジ日本	スタンダード
2109	DM三井製糖HD	DM三井製糖	プライム
2134	燦キャピタルマネージメント	北浜キャピタルパートナーズ	スタンダード
2464	ビジネス・ブレークスルー	Aoba-BBT	スタンダード
2607	不二製油グループ本社	不二製油	プライム
2901	石垣食品	ウェルディッシュ	スタンダード
3157	ジューテックHD	ジオリーブグループ	スタンダード
3193	鳥貴族HD	エターナルホスピタリティグループ	プライム
3382	セブン&アイ・HD	セブン-イレブン・コーポレーション	プライム
3484	テンポイノベーション	イノベーションHD	プライム
3878	巴川製紙所	巴川コーポレーション	スタンダード
4004	昭和電工	レゾナックHD	プライム
4249	森六HD	森六	プライム
4565	そーせいグループ	ネクセラファーマ	プライム
4783	日本コンピュータ・ダイナミクス	NCD	スタンダード
5013	ユシロ化学工業	ユシロ	スタンダード
5955	ヤマシナ	ワイズHD	スタンダード
6037	ファーストロジック	楽待	スタンダード
6364	北越工業	AIRMAN	プライム
6420	フクシマガリレイ	ガリレイ	プライム
6532	ベイカレント・コンサルティング	ベイカレント	プライム
7004	日立造船	カナデビア	プライム
7242	KYB	カヤバ	プライム
7911	凸版印刷	TOPPAN HD	プライム
7917	藤森工業	ZACROS	プライム
8309	三井住友トラスト・HD	三井住友トラスト・グループ	プライム
8359	八十二銀行	八十二長野銀行	プライム
8746	第一商品	UNBANKED	スタンダード
8750	第一生命HD	第一ライフグループ	プライム
9115	明治海運	明海グループ	スタンダード
9418	USEN-NEXT HD	U-NEXT HD	プライム
9973	小僧寿し	KOZO HD	スタンダード

注：2025年2月末時点。飛島建設とDM三井製糖HDは新会社上場後のコード。このリストは推奨銘柄でない
出所：会社資料、東洋経済「会社四季報」よりみずほ証券エクイティ調査部作成

から事業持株会社制に変更するためとのことです。2025年2月に第一生命HDは、2026年4月に社名を第一ライフグループに変更すると発表しました。

◉業態変貌が期待される繊維企業

プライム市場に占める繊維製品の時価総額は0・4%に過ぎないうえ、繊維は途上国の事業との見方もあるため、市場関係者の繊維製品への関心は低いといえますが、繊維製品は業態変貌の可能性がある業種として注目されます。**繊維製品の業種分類を卒業して、他業種にシフトできるほど、業態変貌した企業が評価されます。繊維製品の業態変貌にはアクティビストが後押ししたケースが少なくありません。**

現在不動産の優良企業とみなされているヒューリックは、2000年に村上世彰氏が初めてTOBした繊維製品の昭栄が発祥です。そのため、ヒューリックの証券コードは3003と繊維製品が並ぶコードであり、8000番台の不動産からは乖離しています。ダイワボウが繊維事業を売却して、IT企業に変貌できたのは（現在の業種分類は卸売）、2008年に親子上場に着目したエフィッシモキャピタルが投資したことがきっかけでした。2002年に業種分類を繊維製品からガラス・土石に変更した日東紡は、2023年度の売上構成で繊維は3%未満に過ぎず、原繊材事業（複合材・電子材料）が3割弱を占めるようになりました。日東紡は2024年5月に発表した新中期経営計画（2024－2027年度）の組織改正で、2024年4月期までにグラスファイバー、メディカル、繊維の3事業部門体制から、電子材料、メディカル、複合材、資材ケミカル、断熱材の5事業部門に再編し、繊維事業部門がなくなりました。

◉不動産事業の比率が高い繊維会社が多い

2015年に業種分類を電機に変更した日清紡HDの売上構成比で、繊維は7%を占めるに過ぎず、ブレーキが33%、無線通信事業が29%を占めるようになりました。創業が古い繊維企業は優良不動産を保有し、不動産事業の業績に依存した企業も少なくありませんが、多角化事業はバリューチェーン上ディスカウントを受けやすくなります。

ニッケ（日本毛織）では2023年11月期の売上の約3割、営業利益の6割強を「人とみらい開発事業」（不動産事業等）が占めました。ニッケは2024年2月に発表したコーポレートガバナンス報告書で、「営業利益率は10%近くまで向上し、ROEも継続的に7%を計上。資本コストは事業の安定性を反映し、株主資本コスト5%程度、WACC4%程度と認識。PBRは0・9倍程度まで上昇したが、未だ1倍を下回っている状況」との認識を示しました。

ユニチカは2024年11月に地域経済活性化支援機構の支援を受けながら、繊維事業から撤退し、2024年度に減損で▲103億円の最終赤字に陥ると発表しましたが、遅すぎる経営判断だったといえましょう。

ワコールHDに対しては3Dインベストメント・パートナーズが2024年末時点で10・

8％の株式を持つ筆頭株主になっています。ワコールHDの業績は低迷していますが、2024年11月に発表した「中期経営計画リバイズの方針」で、在庫圧縮、政策保有株式の縮減、保有不動産の整理などのアセットライト化を推進すると述べました。

◉JACがライオンへの投資を開示

2024年10月10日にジャパン・アクティベーション・キャピタル（JAC）とライオンは、企業価値向上に向けたパートナーシップ契約の締結を発表しました。大量保有報告書は提出していませんが、10月11日の日本経済新聞は、JACがライオンに数百億円を投じて発行済株式の5％弱を取得したと報じました。2023年7月に設立されたJACにとって、初の投資先企業の公表となりました。JACは元カーライルの日本法人副代表だった大塚博行氏が中心になって、1300億円のAUM（運用資産残高）で立ち上げたファンドで、ゆうちょ銀行元社長の井澤吉幸氏や安倍元首相の秘書官だった今井尚哉氏などが取締役に就いています。JACのウェブサイトには、三菱UFJ銀行、りそな銀行、みずほ銀行、三井住友信託銀行、横浜銀行など大手銀行が出資者として名前を連ねたので、持合解消の受け皿になるのではとの見方も出ていました。

JACは時価総額2500億〜2兆円の企業に投資し、中長期的な観点から企業価値を向上するために投資先に寄り添うとしているので、アクテビティストとは異なります。**JACは通**

常投資先企業の5～10%の株式を取得するとしているので、今後、ライオン株を買い増すのかもしれません。ＪＡＣの社名には国内企業や日本経済を「アクティベート」する、「大きく起動する」という思いが込められているそうです。

ＪＡＣは高い株式評価マルチプルによる株価高を獲得できる企業の増加を目指すことをゴールにしていますが、ライオンの２０２４年度会社予想ＰＥＲは約26倍、２０２３年12月期の実績ＲＯＥ５・４％に対して、ＰＢＲは１・７倍です（２０２４年末時点）。ライオンの株価が２０２０年７月の高値から約６割の水準に下落したのは、２０２３年12月期の純利益が２０２０年12月期の約半分という業績低迷が原因と考えられます。企業価値向上のためには、業績改善が必要でしょう。ライオンはＪＡＣとの契約発表文で、「中期経営計画最終年度である本年を、次期中期経営計画に向けた収益基盤再構築の年と位置付け、国内一般用消費財事業における収益構造改革と、海外事業における成長施策の強化に取り組んでいる」と述べました。

◉市場関係者が社外取締役を務める企業を評価

日本企業の社外取締役の属性としては、他社の経営者が約６割を占めるほか、学者、弁護士や公認会計士等のいわゆる「士業」出身が多く、米国と異なり、市場関係者の社外取締役就任は少ない状況です。我々は長年、企業と株式市場との対話促進のために、市場関係者の社外取締役就任がもっと必要だと主張してきました。

市場関係者の社外取締役就任は徐々に増えていますが、当初の我々の期待を下回っています。**日本企業の社長は個人的な知り合いに社外取締役就任を依頼することが多く、耳の痛い話をする市場関係者**（とくにファンドマネージャー）**は敬遠されがちです。**運用会社のＣＩＯ（Chief Investment Officer）の社外取締役就任も、いまのところＬＩＸＩＬの大堀龍介氏、小田急電鉄の大原透氏など少数にとどまります。市場関係者は企業経営に携わったことがないので、机上の空論を語る評論家との批判もあります。一方、証券会社で副会長等を歴任すると、企業経験者とみなされることが多く、また大学教授の肩書を持つと社外取締役に選任されやすくなります。証券会社で社外取締役になりやすいのは投資銀行部門出身者やアナリストであり、営業担当者が社外取締役に就任する事例はありませんでしたが、２０２４年６月の株主総会で、メリルリンチ日本証券（現 BofA 証券）等で機関投資家営業に従事していた長沼（旧姓足立）知穂氏がＴＯＴＯの社外取締役に就任しました。

◉市場関係者の社外取締役はアクティビスト対策に有効か？

我々はアクティビストに投資されている企業ほど、市場関係者の社外取締役就任が有用との考えですが、ストラテジックキャピタルから４年連続株主提案を受けた文化シヤッターでは、２０２４年６月の株主総会で社外取締役に就任しました。東京海上アセットマネジメントで常務執行役兼運用本部長を務めた後藤伸樹氏が、２０２４年７月の株主総会でオアシスから株主提案を受けたアインHDでは、元ゴールドマンサックスのバンカーの服部暢達早稲田大学客員教授が社外取締役に就任しました。富士通では2023年6月にロング&ショート・ファンドのインダス・キャピタルのバイロン・ギル氏が社外取締役に就任しました。オアシスに投資された後に、イオン傘下に入ることを決めたツルハHDでは、2023年8月から、メリルリンチ日本証券（現Bofa証券）やジェフリーズ証券等で機関投資家営業を行なっていた奥野宏氏（日本語名ですが、ハーフなので、会社ではマーカス奥野と呼ばれていました）が、社外取締役を務めています。米国のジェフリーズ証券は、ゴールドマンサックスと並んで、アクティビスト業務に強い証券会社と見なされています。

◉KKRヘンリー・クラビス共同創業者兼会長のメッセージ

コールバーグ・クラビス・ロバーツ（KKR）のヘンリー・クラビス共同創業者兼会長（80歳）が2024年10月の日経新聞に連載した「私の履歴書」は、極めてインプリケーション（含意）に富む内容でした。

クラビス氏は企業経営とKKRの経営方針について、「1970~1980年代の米国企業の経営はお粗末だった。コーポレートガバナンスが緩く、取締役も友達ばかりでお互い質問をしなかった。KKRは1976年の創業時から『忍耐強い資本』の提供を目指している。私は公開企業のCEOに『5年後、どんな姿になっていますか?』と尋ねるのが好きだ。物事を決めつけると、実態が歪んで見える。費用を削減するだけで企業価値は高まらない。企業は研究開発や新商品の開発にお金を投じることで、競争力が高まる。ＫＫＲは良いビジネスを持っている会社を買収し、もっと優れた会社にし、お金を預けてくれた投資家に利益をもたらす。我々にとって非中核事業の買収は、大きなリターンをもたらす魅力的な機会だ。私が資本主義を信じるのは、企業が社会課題を解決できるからだ」と述べました。また、クラビス氏は日本について、「ＫＫＲは日本に進出して20年が経ち、日本での運用資産は１８０億ドルにのぼっている。企業の価値を高め、従業員を含む人々がともに繁栄する資本主義の形を日本人が描くことを願っている。日本企業は国内銀行からの融資に依存しているが、日本経済が真に柔軟になるためには、銀行に代わる資金調達の手段が必要だ。私たちは日本で大規模なカーブアウトの買い手になってきた数少ないファンドだ。**株式市場を舞台に投資家のアクティビズムが進み、企業にＲＯＥを改善するように迫っている**」と語りました。

第 5 章

外国人投資家が日本株を買う条件
——日本人投資家の売買動向

FOCUS ON
FOREIGN
INVESTORS'
INVESTMENT STRATEGY

2024年からの新NISAで投資が急拡大

◉母国の投資家が買わない資産は魅力がない

2024年12月4日の日経MJは、「2024年ヒット商品番付」で、大谷翔平選手の「50－50」を東の横綱、新NISAを西の横綱に選びました。**2024年1～2月に外国人投資家の日本株買い越しが急増した背景には、日本の個人投資家が新NISAでいよいよ日本株を買い出すとの期待がありました。多くの外国人投資家は、母国の投資家が買わない資産は魅力がないと考えています。**

2014年に導入されたNISAの年間投資枠は2023年までは120万円でしたが、2024年からは認定された投信だけに投資可能な「つみたて投資枠」120万円と、内外株式にも投資可能な「成長投資枠」の240万円に分けられた合計360万円に拡大されました。前者はほとんど海外投信に投資されている一方、後者は日本株にも投資されていますが、正式なデータがないので内訳はわかりません。金融庁のNISA利用状況調査によると、NISA口座数は2023年末2125万口座→2024年末2560万口座と、435万口座増えました。すなわち、国民の約5人に1人がNISA口座を保有していることになります。2024年のNISAによる買付額は、「つみたて投資枠」が約5兆円、「成長投資枠」が約12・4兆円の合計約17・４兆円でした。ＮＩＳＡ制度開始以来、２０２３年末まで10年間の買付合計額は35兆円、年平均３・５兆円だったので、ＮＩＳＡによる買付額は明らかに加速しました。２０２４年12月27日には、２０２５年のＮＩＳＡによる日本株買いが増えるとの期待を背景に、日経平均が前日比７１３円高の４万０２８２円と、約５カ月ぶりに終値４万円台を回復しました。

◉NISAでは外国株投信のみならず、国内株にも投資

金融庁の公式統計では、ＮＩＳＡによる投資先がわからない一方、日本証券業協会が発表する証券会社10社ベースの統計では投資先がある程度明らかになります。まず、口座開設件数は２０２４年に前年同期比

図表5-1　NISAの口座数と買付額の推移

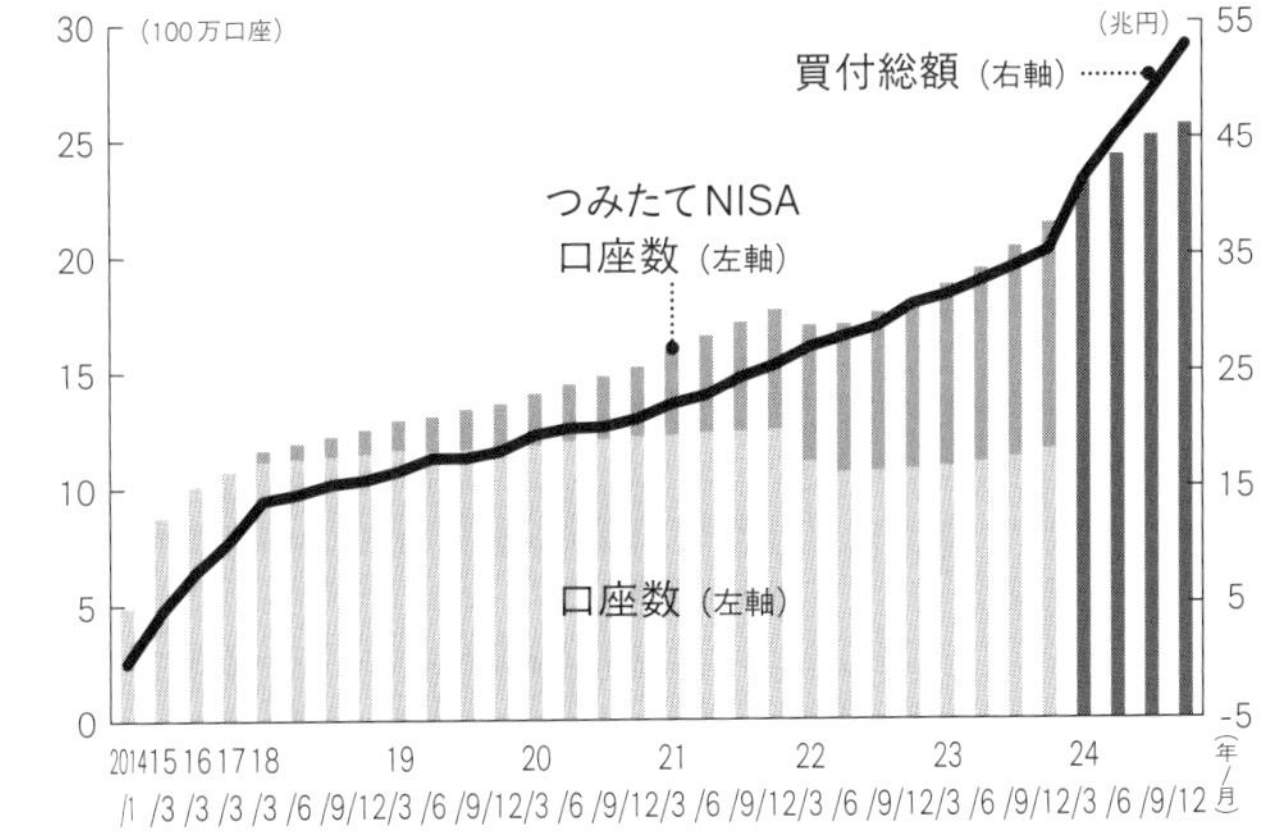

注：投資利用枠が設定されている口座数。2024年３月以降は新NISA
出所：金融庁よりみずほ証券エクイティ調査部作成

1・5倍の343万件に増えましたが、月次ベースでは1月の73万件から12月の14万件に減少しており、NISA口座を新規に開設する人が一服したことを示します。2024年のNISA買付額は、「つみたて投資枠」が前年同期比3・1倍の3・7兆円、「成長投資枠」が同4・1倍の9・1兆円、合計12・8兆円に増えました。すなわち、NISA買付額のうち29%が「つみたて投資枠」、71%が「成長投資枠」でした。「成長投資枠」の買付額の58%が株式、42%が投信でした。「成長投資枠」の株式買付額の92%が国内株、外国株は8%でした。投信の内外比率は開示されていませんが、SBI証券の統計から、9割が外国株投信、1割が国内株投信と仮定します。これらを合計すると、2024年のNISA

図表5-2　日本証券業協会によるNISAマネーの投資先

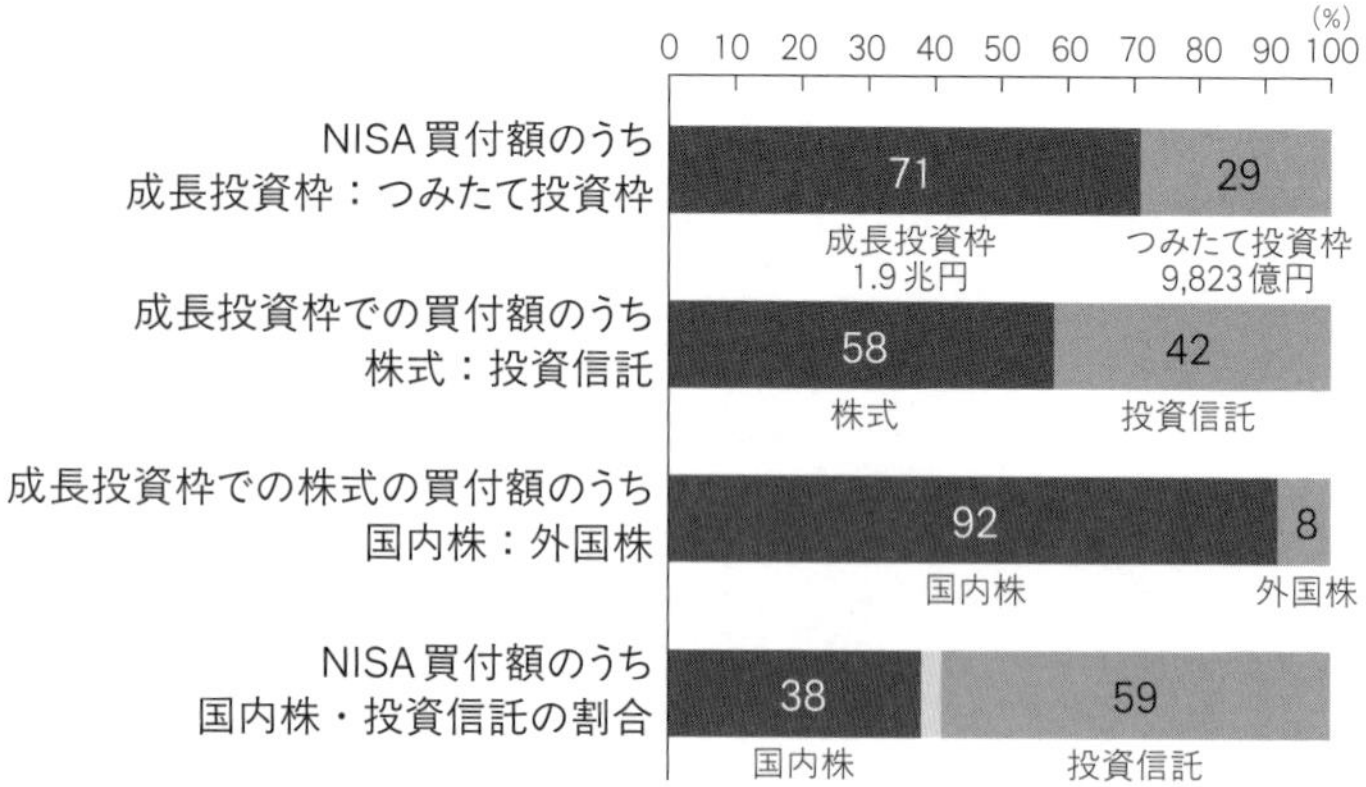

注：2024年時点。証券会社10社対象。「株式」・「国内株」にはETF、REITを含む。
ETF、REITの内外の内訳は把握できていない
出所：日本証券業協会よりみずほ証券作成

買付額約13兆円のうち、約7兆円（買付額の53％）が外国株投信、約5兆円（同38％）が国内株、8000億円（同6％）が国内株投信、4000億円（同3％）が外国株に投資されたことになります。証券会社は個人投資家に外国株の売買も勧めていますが、ＮＩＳＡには素人的な投資家が多いため、外国株の直接取引は煩雑なので、外国株投信を通じて間接的に外国株に投資するのでしょう。

東証の投資部門別売買動向によると、個人投資家は2024年に国内株を現物で▲7兆円も売り越したため、日本証券業協会のＮＩＳＡで国内株を5兆円買い付けたという統計とまったく逆の動きを示していますが、①東証では個人のデイトレーダーの売買が多い、②個人がＩＰＯで株式を購入して市場で売った場合、売りだけがカウントされる、③上場企業のオーナーの保有株売却も売りだけがカウントされるので、両者の統計に整合性がないのは致し方ないでしょう。一方、投資信託協会のデータによると、2024年に約10兆円の外国投信の資金増加がありました。外国投信の資金増加とＮＩＳＡによる外国株投信買付額の差は、ＮＩＳＡ以外での外国株投信への投資もあることを鑑みれば、整合的な数字といえましょう。

◉新ＮＩＳＡで投信を保有している人が増加

日本証券業協会は2024年10月に、3年に一度の「証券投資に関する全国調査」を発表しました。2024年に投信を保有している人の割合は2021年との比較で10・1％↓12・

6%、株式を保有している人の割合は13・3%↓14・1%とともに上昇しました。投信の保有比率が大きく高まったのは、新NISAの効果といえましょう。同協会の別の調査では、有価証券保有者のうち新NISA口座開設者は59・3%でしたが、20~30代が76・9%と若い世代ほど新NISA口座を開設しました。新NISA開始前後での行動変化で、最も多かったのは「資産形成についてより興味を持つようになった」で、「NISA口座での投資を始めた」や「資産形成について積極的に調べるようになった」が続きました。新NISAは若年層を中心に、金融リテラシーを高めるのに寄与したといえます。

金融商品の保有目的としては、将来・老後の生活資金が68%、将来の不測の事態への備えが34%、子供や孫の教育資金が24%の順でした。NISAの無税枠を拡大するときに、野党から金持ち優遇との批判が一時出ましたが、この調査によると、有価証券(株式・投信・公社債)の保有額は100万~300万円未満の人が23%と最も多く、72%超が500万円未満だったため、NISA制度が決して金持ち優遇でないことが裏付けられます。

◉家計金融資産の過半数が依然として現預金

日銀の資金循環統計によると、家計金融資産はアベノミクスが始まった2012年末の1614兆円から、2024年9月末に2179兆円と35%も増えましたが、欧米に比べて金融資産の伸び率が低く、お金に働いてもらっていないことが、NISA拡大の誘因でした。日本では家計金融資産2000兆円超という大きさが指摘されることがありますが、人口が日本の約3倍の米国家計の金融資産は2024年9月末に128兆ドル（兆円単位ではもはや計算できず、約2京円です）と日本の9倍弱もあるので、日本に比べて桁違いの大きさです。**米国の株式等の保有比率は40%に達するため、株高が金融資産の増加につながり、富効果を通じて、個人消費の強さ維持につながりました。**

日本の家計金融資産に占める株式・投信の比率は2012年末11%↓2024年9月末19%に上昇しましたが、現預金比率は同期間に54%↓51%と依然過半数を占めています。日本経済がデフレを脱却し、前年比3%近い消費者物価上昇率が続いているなかで、現預金を保有していることは、実質価値が目減りすることを意味します。日本は高齢者の金融資産保有額が大きく、リスク回避的な投資行動を取っていることが、現預金保有の多さの主因と考えられます。

NISAは英国のISAを輸入した制度ですが、2025年2月の英国投資家訪問では、2%インフレ定着でも、なぜ日本人は現預金保有が多いのかと尋ねられました。

新NISAの定着やインフレ期待の高まり等を背景に、現預金比率は中長期的に欧州並みの30%（米国並みだと十数%）に下がる（株式・投信の比率が上がる）と期待されます。金融広報中央委員会の2021年の調査によると、2人以上の世帯の金融資産保有額の平均値が1563万円だった一方、中央値は450万円と両者に大きなギャップがありました。富裕層が大きな金融資産を保有する一方、金融資産を保有していない世帯が約20%に及ぶなど、所得格差・資産格差が開いているためです。世帯主の年齢別では30歳代の平均金融資産保有額が752万円である一方、60歳代は2427万円と3倍以上です。高齢者の保有資産が相続等によって、投資文化が根付いた若者に移ることで、将来的に日本全体の金融資産に占める株式・投信の比率が高まると期待されます。

◉使いながら運用することが大切

「保有資産を使い切って死ぬ」を意味するビル・パーキンス著〝DIE WITH ZERO〟は日本でも30万部を超えるベストセラーになりました。人間は何歳まで生きるかわからないので、資産を完全に使い切って死ぬのはむずかしそうです。日本の大企業は社員を65歳までは雇用義務、70歳までは雇用の努力義務がありますが、高齢者が引退して無給になると、年金を受給しながらも、いかに資産を取り崩しながら生きるかが重要な課題になります。公的年金だけでは老後資金を賄えず、2000万円の貯蓄が必要だと指摘した金融庁の2019年の報告書は政治的な波紋を呼んで撤回されましたが、専門家のあいだでは「正しい指摘だった、2000万円では足りないくらいだ」との指摘もありました。

元フィデリティ退職・投資教育研究所所長で、合同会社フィンウェル研究所代表の野尻哲史代表は、2023年に『60代からの資産「使い切り」法』との著書を上梓し、2024年4月のみずほ証券での講演で、「『資産形成』世代の若者は積み立てながら運用する時代にある一方、

『資産活用』世代の高齢者は資産を取り崩しながら生活に使う時代となる。高齢世代が有価証券を一括で取り崩すタイミングとしては、退職時点、認知・判断能力の低下時点、相続時点の3つがあるが、それを一括で現金化せずに、『使いながら運用する』という考え方の普及が重要だ。資産を引き出すときには引き出し『額』ではなく、引き出し『率』を意識することが重要だ。高齢者が正しい資産運用と取り崩しを行なうことで、消費に回せば、高齢者は日本の『負債』ではなく、『資産』になり得る」と述べました。

◉将来は若者の投資行動が金融資産構成の変化につながる

2024年10月の米国出張では、若者の投資行動に関する質問があったので、若者ほど投信への投資意欲が高まっている、投資できる金額が小さいので現状、市場へのインパクトは限定的だが、将来は楽しみだと答えました。NISAが拡大された2024年1～6月末の口座数を見ると、20歳代が＋22％と最も伸び率が高くなりました。若者ほどつみたてNISAの比率が高く、外国株投信に投資している割合が高いと推測されます。

投資信託協会によると、2016～2023年に投資商品の保有経験は20歳代が13％→32％と最も伸び率が高くなりました。日本証券業協会の「個人投資家の証券投資に関する意識調査」によると、20～30歳代が有価証券投資を検討、興味・関心をもったきっかけとして最も多かったのは、税制優遇制度があることを知ったことが最多で、少額からでも投資を始められることを知ったが2位だったため、NISAは明らかに若者の投資を促進する効果があったといえます。一方で、20歳代の約4割が金融資産ゼロという統計もあり、将来不安から金融資産を増やす若者と、お金がないから投資できないという若者に二極化しています。「2022年国民生活基礎調査」（厚生労働省）によれば、一世帯あたり平均所得金額が545万円だったのに対して、29歳以下の平均所得金額は377万円にとどまります。若者は投資できる資金が少ないので、20歳代の2024年1～6月末のNISA口座での買付額は6282億円と、2兆円超の40～50歳代の3分の1以下にとどまりました。高齢世代はバブル崩壊の苦い経験がありますが、若者はアベノミクス以降のブル相場の成功体験しかないため、いまの若者の所得が増えて、投資資金が大きくなる中高年世代に差し掛かれば、日本の金融資産の構成も大きく変わると期待されます。

◉若者顧客は積極的にNISA口座を開設

SBI HDの北尾吉孝会長兼社長は2024年度の中間決算説明会で、9月末時点のNISA口座数は1年間で+30％の523万口座と、野村HDの176万口座や大和証券グループ本社の69万口座を大きく上回っており、1位の楽天証券を抜くことを目指すと述べました。SBI証券に口座を持っていなくても、SBI証券ではNISA口座でどのような株式が買われているか、週ごとに同社HPで確認することができます。2024年12月16～20日に、成長投資枠での買付金額のトップ10は三菱商事、ホンダ、日産自動車、JT、INPEX、ヒューリック、三菱UFJFG、東京地下鉄、キオクシアHD、オリエンタルランドでした。大型の高配当利回り株が買われやすい傾向があります。非上場の楽天証券は2024年末時点のNISAは600万口座でした。SBI証券と楽天証券の2社でNISA口座の過半数近いシェアを持っていることを意味します。

獲得したNISA口座数を開示している銀行は少ないですが、三菱UFJFGは中間決算説明会で、NISA口座数を2024年9月末101万口座→2026年度150万口座と増やす計画を示しました。これに対して、三井住友FGのNISA口座数は2024年3月末時点で177万口座、みずほFGのNISA口座数は同年9月末で78万口座でした。大手証券や大手銀行は高齢富裕層の顧客が多いので、ネット証券のような若者顧客の拡大が課題になっています。SBI証券は2023年9月末に国内株式売買手数料を無料にする「ゼロ革命」を断行しましたが、野村証券出身の北尾吉孝会長兼社長は同説明会で、**「野村や大和等の大手証券の顧客は高齢化している。子供世代が相続すると、ネット証券に資産を移すので、当社が野村証券を抜くのは時間の問題だろう」**と述べました。

◉NISAが円安を加速しているとの見方も

安倍政権は円高是正によるデフレ脱却・株高を目指した政権でしたが、2024年に入り、円の対ドルレートが160円台に下落し、輸入物価上昇による庶民の生活への悪影響が見られるようになったため、財務省は2024年4〜5月に約9・8兆円、7月にも約5・4兆円のドル売り・円買い介入を行ないました。日銀も為替動向を睨んだ、金融政策の変更を行なうようになりました。円安傾向に歯止めがかからないのは、日米の大きな金利差、日本の貿易赤字、日本の中長期的な国際競争力の低下などが原因と見られます。2024年に始まった新NISAが、対外証券投資の増加を通じて円安に寄与しているとの指摘も多く出ました。

新NISAでは三菱UFJアセットマネジメントの〝eMAXIS Slim〟シリーズが1人勝ちとなりました。同シリーズのS&P500を対象とする投信の純資産は2023年末の約3・2兆円から2024年末に約6・5兆円へ約2倍に増えました。同シリーズのMSCI All Country（略称：オルカン）を対象とする投信の純資産は同2兆円→5・1兆円と約2・5倍に増えました。新NISAで個人投資家が対米証券投資を増やすのはわかっていたので、国策として、NISAに日本株だけに適用可能な無税投資枠を設ければよかったとの指摘も出ました。ただ、**金融庁としては、投資未経験の個人投資家に、米国株も含めた投資の成功体験を味わってほしかったようです。**ちなみに、日本が2014年にNISAを導入する際に参考にした英国のISAでも、2024年3月にスナク保守党政権がISA改革案の一環として、現行の年間2万ポンドの非課税枠に5000ポンドを上乗せし、その上乗せ分は英国企業に限定するというスナク案を提示しましたが、その後労働党政権への交代が起きたため、実現しませんでした。

みずほ銀行チーフマーケット・エコノミストの唐鎌大輔氏は2024年11月に出したレポートで、「資産運用立国という旗印があるとはいえ、円売りを焚きつけるような政策が別路線で走っていることは、政策間の整合性が取れているといえるのか。問われているのは『円安の制御』か『国際分散投資の促進』か、いずれを取るのかという問題設定だ。1ドルが180円や200円になっても『国際分散投資の促進』が大事と言い続けられるだろうか」と警鐘を鳴らしました。新NISAは2024年に始まったばかりなので、早急な制度変更はむずかしいでしょうが、次期制度変更の際に、日本株または日本株投信に限った無税投資枠の設定の議論が盛り上がることを期待します。

注目が集まる日本の機関投資家のスタンス

◉ＧＰＩＦは世界最大の公的年金

ＧＰＩＦ（年金積立金管理運用独立行政法人）は約２５０兆円の運用資産を持つ世界最大の公的年金であるため、その投資行動は世界中の投資家から注目されています。ＧＰＩＦを監督する厚生労働省の社会保障審議会資金運用部会は２０２４年12月に会合を開催し、「ＧＰＩＦの次期運用目標等について」との資料を公開しました。現在のＧＰＩＦの基本ポートフォリオは２０２０年４月からの５カ年中期計画で、実質的な運用利回り（運用利回り－名目賃金上昇率）１・７％を最低限のリスクで確保することを目標に策定されました。現行の基本ポートフォリオは国内債券、国内株式、外国債券、外国株式の配分比率がいずれも25％になっています。**世界株価指数で5％強しかない日本株を外国株と等比重としており、ホームカントリーバイアスが極めて強いポートフォリオになっていますが、内外株価の上昇に支えられて、ＧＰＩＦは過去5年に100兆円近い収益をあげて、公的年金財政の健全化に貢献してきたので、ＧＰＩＦの運用に対する政治的な評価は高くなっています。**２０２４年の春闘で33年ぶりの高い賃金上昇率になったことで、目標運用利回りの引き上げの必要性が高まりました。日銀の利上げを背景に、利回りが上がった国債は将来の期待リターンの上昇を意味するので、長期目線から押し目買いすべき、日銀が国債購入額を減らしているので、国債利回りの安定のために、GPIFが国債購入を増やすべきとの指摘があります。

◉GPIFの次期基本ポートフォリオは2025年度から適用開始

資金運用部会の資料は「GPIFの次期中期目標における実質的な運用利回りの目標について、GPIFの運用において将来合理的に期待できる現実的な運用利回りの水準として、現行の基本ポートフォリオのバックテストの結果を基礎に、運用目標を1・9%とすることについてどのように考えるか」と提言し、実質運用利回り目標の1・9%への引き上げを示唆しました。GPIFの実質運用利回りは、市場運用を開始した2001年度以降の23年間の平均で

図表5-3 GPIFの資産配分比率の推移

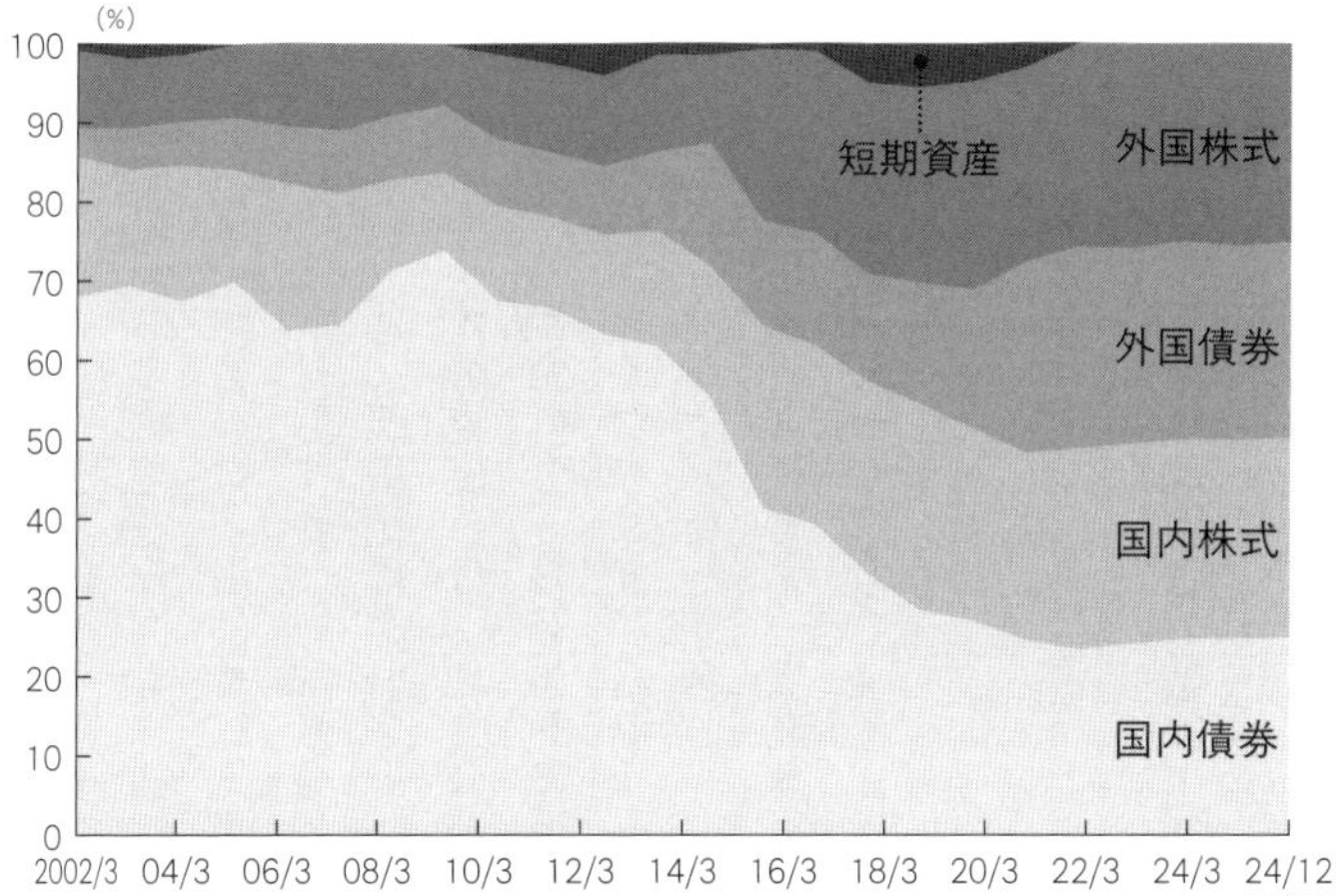

出所：GPIFよりみずほ証券エクイティ調査部作成

＋4・2％と、長期的な運用目標の＋1・7％を上回っていたため、現行ポートフォリオでも新目標の＋1・9％を達成できないことはないでしょう。ただ、過去に長期的な運用目標が引き上げられた際に、GPIFは株式比重を引き上げてきた歴史があるので、今回も株式比重の引き上げ期待が高まりました。ホームカントリーバイアス是正のためには、海外株式比重を引き上げるべきでしょうが、それは円安を引き起こすので、GPIFはむずかしい決断を迫られます。GPIFには日本株比重を引き上げ、外国株比重を引き上げ、国債比重を引き上げ、現状維持の4つの選択肢があります。**GPIFの基本ポートフォリオの見直しは、地方公務員共済組合連合会や国家公務員共済組合連合会（KKR）など他の公的年金にも、GPIFに追随した資産配分の変更を促すと予想されるため、市場インパクトは大きくなります。**GPIFの運用資産は巨大なので、新たな基本ポートフォリオを発表してから投資額を変更すると、市場への影響が大きいので、GPIFは許容範囲内で事前に動くことが求められます。次期基本ポートフォリオは2025年4月から適用されるため、GPIFの資産配分が2024年末～2025年3月末に変動するのか注目されます。

◉企業年金の国内株式比重は低下傾向が持続

企業年金の意思決定は、公的年金とは異なります。**多くの企業年金は退職者の増加に伴って、年金支給が増えているので、リスクを抑制する運用になっています。加えて、ホームカント**

リーバイアスの是正のために、日本株は減らす方向にあります。「年金情報」２０２４年12月２日号の「２０２４年日経企業年金実態調査」によると、政策アセットミックスにおける２０２４年の国内株式の配分比率は前年比▲０・２３ppt の10・８２％と、過去最少を記録しました。一方、外国株式の配分比率も同▲０・１２ppt の12・７５％に減りましたが、国内株式よりは減少率が小さく、２０１９年以降は外国株式が国内株式を上回る状況が続いています。

　今後の資産クラス別の増減方針では、国内株式を増やす基金が９・１％と減らす基金の６・８％を上回りましたが、前年の調査でも国内株式を増やすと答えながら、実際には減らした基金が多かったため、実際

図表5-4　企業年金の資産配分の推移

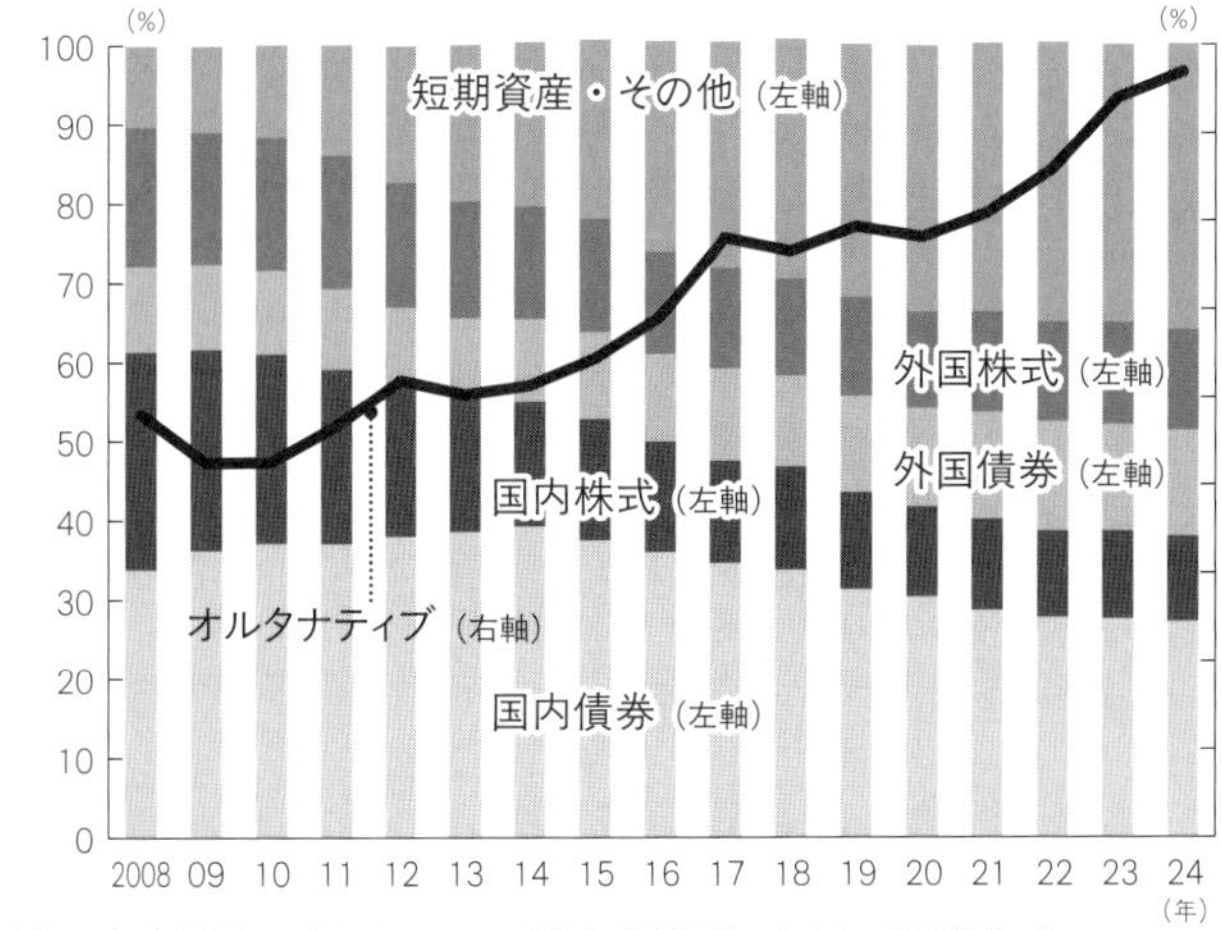

出所：年金情報 No.957（2024.12.2）よりみずほ証券エクイティ調査部作成

に増えるかどうか不透明です。企業年金の政策アセットミックスにおけるオルタナティブの比率は、2024年に前年比+0・59pptの17・39%と過去最高になりました。今後の増減方針についてもオルタナティブを増やす基金が22・5%と、減らす基金の4・7%を大きく上回りました。GPIFもオルタナティブ投資を増やしていますが、2023年度末に運用資産全体の約1・5%に過ぎませんでした。今後採用・増額予定の商品に関するアンケート調査では1位がプライベートデット、2位がインフラ、3位がプライベートエクイティと、オルタナティブ商品がトップ3を独占しました。

◉生保も国内株式を縮減傾向

生保の2024年9月末時点の一般勘定の国内株式の保有額では、日本生命が13・5兆円と最大で、2位は明治安田生命の6・2兆円、3位は第一生命の3・7兆円の順でした。

第一生命の一般勘定の運用資産は2024年3月末34・7兆円↓9月末33・8兆円と若干減りました。同期間の資産配分比率は円建債券が54・4%↓55・9%と高まった一方、国内株式が11・6%↓10・8%、外国株式が4・8%↓4・6%と低下しました。第一生命は決算説明資料に、2024年度上期に株式リスク削減を推進するために株式を売却し、下期もその方針を継続すると記載しました。**上場生保は資本コストを引き下げるために、ボラティリティが高い株式の保有を減らしている面があります。**ＦＲＢの利上げで米国債の為替ヘッジコストが高まったため、為替ヘッジ付外債残高は2022年3月末の6・3兆円から、2024年9月末に1・6兆円へ大きく削減しました。外貨建債券の通貨別比率で、米ドルが2024年3月末の55・4%↓同9月末に59・8%と高まりました。

同じ上場生保のT&D HD傘下の太陽生命の一般勘定の運用資産は2024年3月末7・3兆円↓9月末7兆円、大同生命の運用資産は同7・9兆円↓7・8兆円と第一生命同様に縮小しました。太陽生命の資産配分比率は公社債が38・8%↓42・3%と高まった一方、国内株式が7・4%↓6・9%と低下しました。大同生命の資産配分比率も公社債が51・0%↓53・3%と高まった一方、国内株式が3・5%↓3・3%と低下しました。T&D HD傘

図表5-5 生保の一般勘定の国内株式の保有額と総資産に占める比率

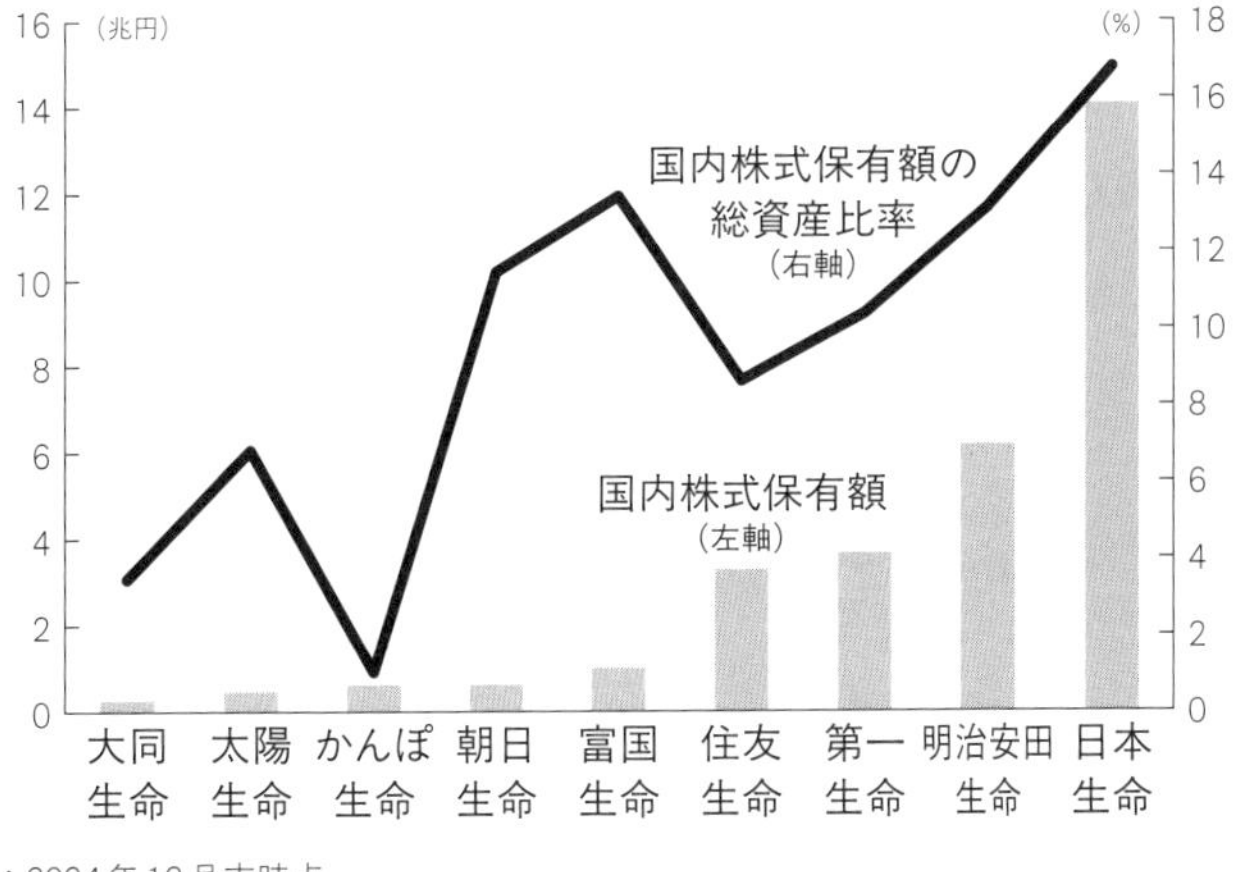

注：2024年12月末時点
出所：会社資料より

下の2社合計で2024年度上期に、内外株式を約1030億円売却しました。

2023年度末に第一生命は上場政策保有株式を2銘柄しか持たない一方、純投資の上場株式を2306銘柄も保有します。T&D HDは2031年3月末までに業務提携先・協業先を除き、政策保有株式残高ゼロを目指すとしていますが、政策保有株式の純資産比は2024年3月末17・1%↓9月末16・8%と微減でした。T&D HDは前期までに政策保有株式の純投資への振り替えを行なっていましたが、金融庁の厳しい姿勢を受けてか、2024年度上期は純投資への振り替えがゼロでした。

◉アセットオーナーには運用状況の開示が求められる

資産運用会社をアセットマネージャーと呼ぶのに対して、年金や生損保などはアセットオーナーと呼ばれます。政府は2024年8月に「アセットオーナー・プリンシプル」を発表しました。**プリンシプルの対象になるアセットオーナーの範囲については、公的年金、共済組合、企業年金、保険会社、大学ファンド、学校法人などと列挙されましたが、銀行についてはQ&Aのなかで、一般的にはアセットオーナーに該当しないと回答しました。**プリンシプルは"Comply or Explain"に基づいており、プリンシプルを受け入れるアセットオーナーは、所管省庁（年金であれば、厚労省）へ受け入れの旨を表明することが期待されています。企業年金等は運用パフォーマンスの開示が悪い問題が指摘されてきましたが、原則4は「アセットオーナーは、ステークホルダーへの説明責任を果たすため、運用状況についての情報提供（「見える化」）を行ない、ステークホルダーとの対話に役立てるべきである」としました。しかし、Q&Aのなかで、情報公開すべき相手はアセットオーナーが自ら設定できると述べたため、企業年金等の運用パフォーマンスが一般に公開されるものではないようです。

ESG投資については、公的年金のなかでも積極的なGPIF、消極的な企業年金連合会と分かれますが、補充原則5－2は「アセットオーナーにおいては、ステークホルダーの考えや自らの運用目的に照らして必要な場合には、投資先企業の持続的成長に資するサステナビリティ投資を行なうことも考えられる」と限定的な表現にとどまりました。年金運用に関わる人材不足が指摘されるなか、原則2は「アセットオーナーは人材確保などの体制整備を行ない、知見の補充・充実のために必要な場合には、外部知見の活用や外部委託を検討すべきである」とし、補充原則2－2は「必要な場合には、外部人材の登用、または金融機関・外部コンサルティング会社・OCIO（Outsourced Chief Investment Officer）・業界団体その他の外部組織の活用等を検討すべきである」としたことは、運用会社の事業機会の拡大につながるでしょう。

◉日銀の保有ETFはどうなるか？

日銀は2025年中に政策金利を中立金利まで引き上げると予想されますが、それを達成した後は、保有するETFの処分の議論を本格化する可能性があるでしょう。中立金利とは、景気を刺激も冷やしもしない名目金利のことであり、日本は１％弱と見られています。日銀は２０２４年３月19日に、長年続いてきたマイナス金利の解除と、ＥＴＦ買入の終了を決めました。日銀のＥＴＦ買入は、物価の安定と金融システムの安定が目的であり、株価押上げ策ではないとの説明です。

日銀のＥＴＦ買入は白川方明総裁時の２０１０年に始まり、黒田東彦総裁時に大幅に拡大されました。コロナ禍が始まった２０２０年３月には、年間約12兆円を上限に積極的な買入を行なうとされました。外国人投資家、特に米国投資家からは、中央銀行の株式購入は市場原理に反する、日本経済の社会主義化につながるなどの批判を浴びたことがありましたが、日銀は結果的に安値で大量に日本株を購入したので、大き

図表5-6　日銀と公的年金の国内株式保有額

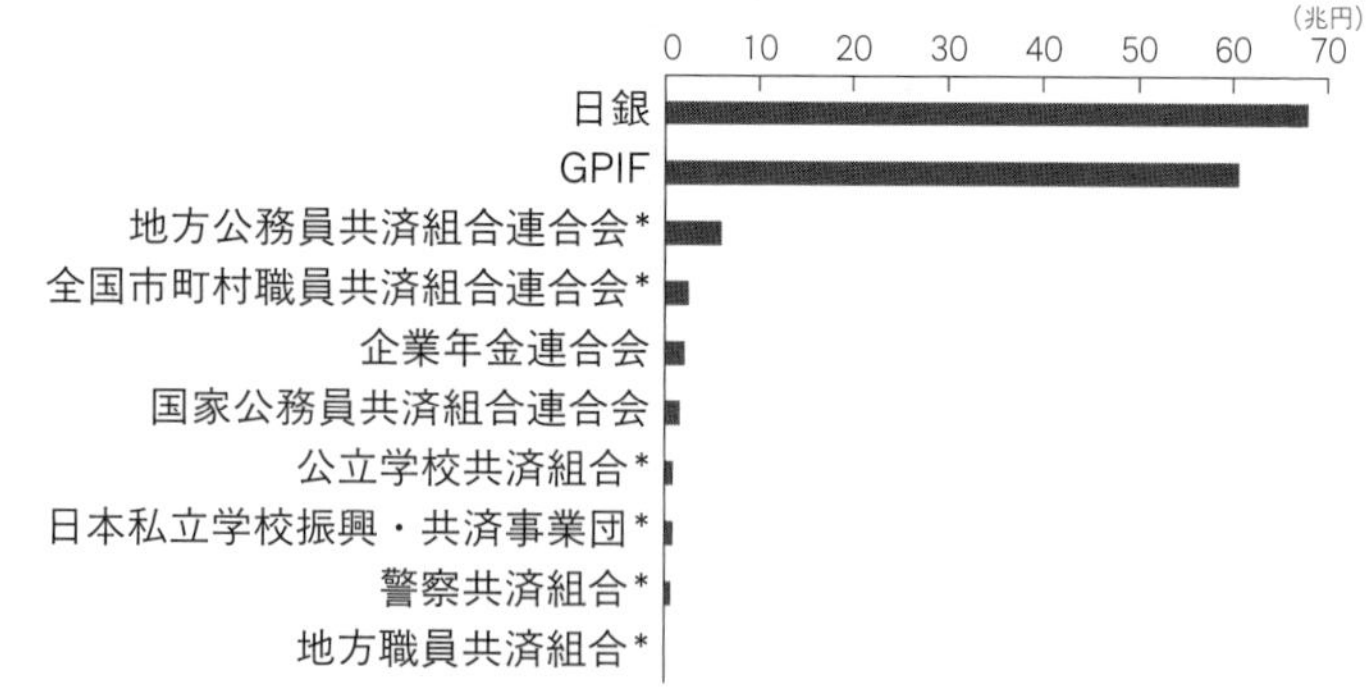

注：2024年9月末時点（GPIFと企業年金連合会は2024年3月末時点）。GPIFは年金積立金全体の保有額。日銀は時価（月中平均株価）ベース。企業年金連合会は資産構成割合より算出。共済組合は簿価ベース。*は厚生年金保険給付積立金と経過的長期給付積立金の合計

出所：日銀、各社資料よりみずほ証券エクイティ調査部作成

な含み益をつくりました。２０２４年9月末の日銀のＥＴＦ保有額は簿価37兆円に対して、時価は68兆円と簿価比で2倍近い含み益になっています。日銀は東証の時価総額の７％強を保有していたことになります。日銀は自らの利上げで、保有国債に含み損が出るので、株式含み益が日銀のバランスシートの健全性維持のバッファーになると見られています。日銀の皆が弱気になったときに押し目買いするという姿勢には、個人投資家も見習うべき面がありました。日銀のＥＴＦの運用手数料は高かったため、大手日系運用会社の大きな収益源になりました。

◉外国人投資家も日銀のＥＴＦ処分法に関心

株高を目指した安倍政権下で、日銀のＥＴＦ売却の議論は封印されていましたが、岸田政権下の２０２４年４月の金融政策決定会合における主な意見に、「市場動向を踏まえると、保有するＥＴＦやＪ－ＲＥＩＴの取扱いについても具体的議論ができる環境になりつつある」との意見がありました。**イベントドリブン的な手法を使う外国人投資家を中心に、日銀のＥＴＦの処分法は注目されています。**日銀のＥＴＦ売却の方法としては、①長期間かけて市場で売却する、②個人投資家にＥＴＦをディスカウントして売却する、③売却は諦めて、塩漬けにして永久に持ち続けるなどがあります。①では、日銀は金融危機時に銀行から買い取った株式約２・４兆円を、２０１６年４月～２０２６年３月末に10年かけて売却していますが、当時の保有株式と今回のＥＴＦ残高では桁違いです。②では、香港で為替と金融システムが不安定化した１

998年8月に、金融管理局が株式市場とその先物市場で大規模な（当時の香港証券取引所の時価総額比で約6％）市場介入を行ないましたが、市場が安定した1999年11月からETFを組成して個人投資家や機関投資家に売却された先例があります。日本では新NISAが始まったときに、日銀保有のETFを個人投資家に売れば良かったとの後知恵がありますが、それは手遅れです。

③では、東京海上アセットマネジメントの平山賢一チーフ・ストラテジストが2021年に上梓した『日銀ETF問題』で、「金銭の信託（信託財産は指数連動型上場投資信託受益権等）」という勘定を、「長期成長基金」勘定という名称にアカウント・スワップすべきと提案しました。

第6章

日経平均は中長期的な上昇相場入りへ

FOCUS ON
FOREIGN
INVESTORS'
INVESTMENT STRATEGY

日経平均は近い将来に5万円まで上昇する

◉2024年に日経平均は史上最高値を更新

民主党政権だった2011年11月に、日経平均は8160円の安値に下落しましたが、2024年3月に1989年末のバブル期の高値を抜いて初めて4万円台に乗せ、2024年7月に4万2224円の史上最高値を付けました。日本株は1989年末の高値を回復するのに、約34年もかかり、歴史上最長のベアマーケットになりましたが、日本株も毎年普通に株価が上がる市場になったといえます。

1990年代から株式投資をやっていた中高年層は、日経平均は基調的に下落基調だったため、少しでも上がったら利食いたくなったでしょうが、2012年のアベノミクスの開始とともに株式投資を始めた若者は、基本的に上げ相場しか知らないということになります。1990〜2011年の22年間のうち日経平均が上昇した年は9回と、下落年の13回を下回りましたが、2012〜2024年の13年間のうち下落に終わった年は3回だけで、10回で上昇しました。日本経済はデフレを脱却し、東証の要請を受けて、企業経営者の資本コストと株価を意識した経営も定着してきたので、日本株は中長期投資に適した金融商品になってきたといえます。

ただ、日経平均が上がると利食う個人投資家は依然多く、日本株より米国株のほうが魅力的だと考える日本人が多いので、日本株の中長期的な期待リターンの高まり、イメージ刷新はまだ道半ばです。

◉2023〜2024年は2年連続で7月高値

年初に市場関係者に、年間の日経平均の高値・安値を尋ねると、多くの人は年末高値と答えますが、1995〜2024年の30年間に実際にも12月に高値を付けた年が10回と最多でした。しかし、2023〜2024年は珍しく、2年連続で7月が年間の高値になりました。2024年の日経平均を振り返ると、1月から**NISAの非課税投資枠が年間120万→360万円と拡大されたことで、外国人投資家のあいだで、日本の個人投資家が日本株を買い始めるとの期待が高まった**ことや、春闘賃上げ率が5・3%と33年ぶりの高さになったことでデフレ脱却期待が強まったため、1〜2月の外国人投資家の日本株買い越し額が1・6兆円（現物＋先物）に増えました。3月は利食いとなりましたが、4月は外国人投資家の買い越すという季節性が強く（過去20年のうちコロナが始まった2020年4月以外19回で買い越し）、2024年も6600億円を買い越しました。年初に3万3000円台で始まった日経平均は、3月に4万円台に乗せ、7月は日本株に特段の好材料があったわけではありませんでしたが、米国株のサマーラリーの流れに乗って、日経平均は7月11日に4万2224円の史上最高値を付け、これが年内の高値となりました。

7月末の日銀利上げを受けて、8月5日に日経平均は前日比▲4451円の3万1458円と、過去最大の下げ幅を記録しました。**日本株はボラティリティが高いのにリターンが低いとの見方が強まり、外国人投資家は8～9月に4・5兆円も日本株を売り越しました。**その後、米国株高にも支えられ、日経平均は急速に戻りましたが、2024年末にかけて3万8000～4万円台のボックス圏が続きました。

◉令和のブラックマンデーも経験

2024年8月5日に日経平均は前日比▲4451円の3万1458円と過去最大の下げ幅、下落率も▲12・4％とブラックマンデー翌日の1987年10月20日以来の下落率となり、マスコミでは「令和のブラックマンデー」と称されました。**売買代金は7・97兆円の過去最大、日経平均VI（ボラティリティ・インデックス）は70・7とリーマンショック以来の高水準となり、セリングクライマックス的な様相になりました。**日経平均の直近高値からの下落ペースは、1990年の資産バブル崩壊、2000年のITバブル崩壊、2008年のリーマンショック時よりも速く急でした。この日近辺の世界の株価指数をみると、日本株以外に韓国や台湾など景気敏感株やテクノロジー株の比重が高い国ほど下落率が大きくなり、米国の景気減速やAIバブル崩壊の可能性を織り込んだと見られました。

為替相場では、ユーロは対ドルで落ち着いた動きをするなか、2024年7月31日の日銀利上げをきっかけに急速な円高が起こり、円キャリートレードの巻き戻しが起きました。マクロヘッジファンドを中心に円ショート&株ロングの取引が、円ロング&株ショートに変わりました。

米国では中小型株は相対的に底堅い動きとなりましたが、日本ではグロース250指数の下落率が大きくなり、個人投資家の投げ売りが出ていることを示唆しました。

植田和男日銀総裁の2024年7月31日の発言がタカ派的だったことは、政府の円安是正要請も影響したと推測されましたが、日銀の過去の利上げはトラックレコードが悪いことが想起されました。2000年8月の速水総裁によるゼロ金利解除はＩＴバブル崩壊、2006年3月の福井総裁による利上げはリーマンショックに直面し、日

図表6-1　日経平均の下落幅・下落率ランキング

下落幅			下落率		
日付	日経平均(円)	前日比変化幅(円)	日付	日経平均(円)	前日比騰落率(%)
2024/8/5	31,458	-4,451	1987/10/20	21,910	-14.9
1987/10/20	21,910	-3,836	2024/8/5	31,458	-12.4
2024/8/2	35,910	-2,217	2008/10/16	8,458	-11.4
1990/4/2	28,002	-1,978	2011/3/15	8,605	-10.6
1990/2/26	33,322	-1,569	1953/3/5	340	-10.0
1990/8/23	23,738	-1,473	2008/10/10	8,276	-9.6
2000/4/17	19,009	-1,426	2008/10/24	7,649	-9.6
1991/8/19	21,457	-1,358	2008/10/8	9,203	-9.4
1990/3/19	31,263	-1,353	1970/4/30	2,114	-8.7
2016/6/24	14,952	-1,286	2016/6/24	14,952	-7.9

注：データは1949年5月16日～2024年8月5日時点
出所：ブルームバーグよりみずほ証券エクイティ調査部作成

銀は早期に利下げに追い込まれました。マイルドなインフレ↓高賃上げ率↓内需回復↓金利のある世界との好循環期待は、円高・デフレへ逆戻りするとの懸念に変わりました。

◉流動性の枯渇が急落の原因だった

東証の主体別売買統計によると、**2024年8月第1週に外国人投資家は現物で4950億円買い越した一方、先物で▲1・3兆円売り越しました。**個人投資家は現物で＋3030億円買い越した一方、信用取引で▲3580億円売り越しました。**急落相場で、ロングオンリーの外国人投資家や長期目線の個人投資家が押し目買いを行なった一方、マクロヘッジファンドの売り、信用取引の投げ売りなどが出たと推測されます。**勇気を持って押し目買いした個人投資家がいた一方、急落相場を茫然自失となって傍観していた個人投資家がいたようです。日経平均は「令和のブラックマンデー」の3日前の8月2日にも▲2217円下落していたので、そのときに押し目買いを行なった投資家は、8月5日には手が出なかったかもしれません。GPIFを含む年金の株式売買等を反映する信託銀行は現物＋先物合計で4220億円買い越したので、資産配分の目標比重達成のために押し目買いしたと推測されます。私は2024年10月に北米投資家を訪問した際に、8月5日の急落はなんだったのかと改めて尋ねられました。金融庁は2025年1月に発表した「2024年8月上旬の日本株市場の急激な相場変動に関する分析」で、日経225先物の注文・取引明細データを用いて分析を行ない、流動性の枯渇が急激な相場変動の一因になったと述べました。

◉日銀の市場とのコミュニケーションが課題

植田和男日銀総裁は2023年4月に学者出身として初の日銀総裁になりましたが、市場とのコミュニケーションが巧くいっているとはいえません。前述のように、2024年7月末の利上げ後の記者会見では予想以上のタカ派的な発言を行ない、市場を驚かせて、円高&株価急落を招きました。逆に、2024年12月の金融政策決定会合後の記者会見では市場が12月か2025年1月の再利上げを織り込んでいたのに、春闘賃上げを見極めたいとの発言を行ない、円安につながりました。FRBのジェローム・パウエル議長は弁護士出身ですが、植田和男総裁より市場とのコミュニケーションが巧みな印象です。

日銀の金融政策については、マクロヘッジファンドを中心に、外国人投資家も高い関心を抱いています。 日銀の政策目標は物価安定ですが、過度の円安が庶民の生活に悪影響を与えるようになってきたため、以前より金融政策決定における為替要因の位置付けが高まった感があります。日銀の金融政策決定では、内田眞一副総裁が実務を仕切っているとの見方もあります。

日銀は2024年12月に、過去25年のゼロ金利や量的緩和といった非伝統的な金融政策を検証した「多角的レビュー」で、黒田東彦前総裁が進めた異次元の金融緩和について、「当初想定したほどの物価上押し効果は発揮しなかったものの、物価を一定程度押し上げる効果があった。一定の副作用はあったものの、全体としてみれば、経済に対してプラスの影響をもたらした」と総括しました。黒田東彦前総裁の異次元緩和を否定的に見る人からは、植田和男総裁は前総裁の政策の敗戦処理をしているだけと同情する声もあります。

２０２５年以降も、日銀は中立金利と見られる１％弱に向けて再利上げし、金融政策の正常化を進めると予想されます。日本経済は米国経済より潜在成長率も低いので、短期金利が３％以上に上がることはないでしょう。よって、日米金利差は開いたままになるので、基調的な円安・ドル高は続くと予想されます。政府と日銀はアベノミクスが始まったばかりの２０１３年１月に「デフレ脱却と持続的な経済成長の実現のための政府・日銀の政策連携」（いわゆるアコード）を発表し、現在もそれが維持されていることになっています。政府はデフレを厳格に定義しているため、まだデフレ脱却宣言を出していませんが、２０２５年以降は、デフレ脱却宣言をいつ発するかが課題になるでしょう。

◉日本のマクロ経済環境は改善

外国人投資家は日本経済が低成長なのは熟知していますが、日本株を買う理由として、日本経済の循環的回復や構造的な変化に着目しています。日本の株式市場見通しの前提となる経済の中長期的な姿について考えてみましょう。総人口は毎年▲50万～60万人ペースで減っており、人口減少傾向は変わりません。２０２３年の死亡数が１５９万人と過去最多を更新する一方、出生数は73万人と過去最少を更新しました。人口減少にもかかわらず、女性や高齢者の労働力の増加を背景に、労働力人口は６９００万人台が維持されてきましたが、さらなる女性労働力増加のためには、女性の労働時間の抑制要因になっている「年収の壁」の撤廃や、ひいては労働時間規制の緩和が必要となるでしょう。

日銀によると、日本の潜在成長率は＋０・５％程度であり、労働投入量の減少は懸念されますが、生産性向上によって、同程度の潜在成長率は維持されるでしょう。２０１９年度までの20年間に年平均＋０・３％だった名目ＧＤＰ成長率は、２０２１～２０２５年度に＋３％程度に高まると予想されています。日本企業はデフレ下でも、リストラや海外進出などで利益を拡大して

図表6-2　名目GDP、企業収益の長期推移

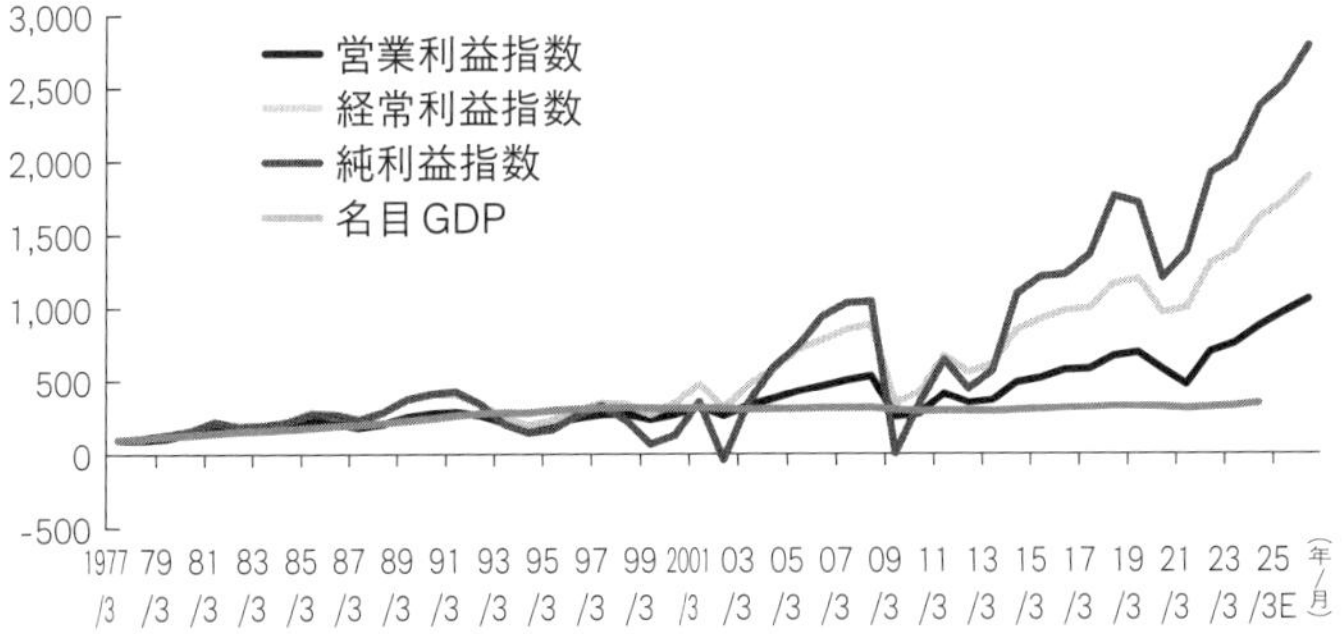

注：各年度末の東証プライム（2022年3月期までは東証1部）上場企業対象（金融業、卸売業、日本郵政を除く）。各年度の売上高変化率を累積し、売上高指数を作成。これに各年度の対売上高比率を乗じ、各種利益指数を作成。基準年度である1976年度の値で割って100を乗じ指数化した。業績予想はみずほ予想、IFISコンセンサス予想、東洋経済予想の順に優先して使用。データは2024年5月21日時点

出所：東洋経済、日経、IFIS、内閣府よりみずほ証券エクイティ調査部作成

きましたが、**名目GDP成長率の高まりで、賃上げしながらも、利益を拡大することができる好循環に入りつつあります。**岸田前政権は「コスト削減経済からの脱却」を目指してきましたが、それは実現しつつあります。日本の産業構造は米国に比べれば旧態依然としていますが、名目GDPに占める情報通信・専門技術の構成比が、1994〜2022年のあいだに約2倍の14％に高まるなど、**日本でも緩やかながらも産業構造の転換が起きています。**中長期的な財政政策の方向性については意見が分かれています。たとえば、2024年9月の自民党総裁選で、高市早苗前経済安保相が政府の純負債のGDP比は安定しているので、積極財政を行なうべきと主張する一方、河野太郎前デジタル担当相は経済・金利が正常化するので、バラマキ的な財政政策は止めるべきとの考えを示しました。石破首相も財政再建派だと見られていましたが、首相就任後は前言を翻すような言動になっているので、財政政策に対する現在の立場は明らかでありません。

◉日本の国際的シェア低下傾向・日本企業の海外志向は変わらず

日本のマクロ経済の環境が改善しつつあるとはいえ、他国のほうが成長しているので、世界経済における日本のシェアの低下傾向は今後も変わらないでしょう。世界の名目GDPに占める日本のシェアは1990年代半ばの18％から2023年に約4％に低下しました。企業の2024年度の設備投資計画は好調で、設備投資額は1991年度の過去最高を更新すると見られています。ただ、政府の補助金が主導する半導体やデータセンター関連、インバウンド需要や健康志向の高まりを背景とする食品関連の設備投資等を除くと、主要企業は国内より海外設備投資を重視する姿勢に変化はないでしょう。

現在、TOPIX構成企業の海外売上比率は4割程度ですが、中長期的に海外依存度がさらに高まる可能性があるでしょう。日本の輸出の米ドル建て比率は約50%なので（円建比率は35%）、**日本企業の収益、ひいては株価が為替動向に左右される状況は変わらないでしょう。**国際協力銀行の「わが国製造業企業の海外事業展開に関する調査報告」によると、海外売上比率は2003〜2023年度のあいだに29%→40%、海外生産比率は26%→36%と高まりました。

図表6-3　日本企業の海外生産比率・海外売上高比率の推移

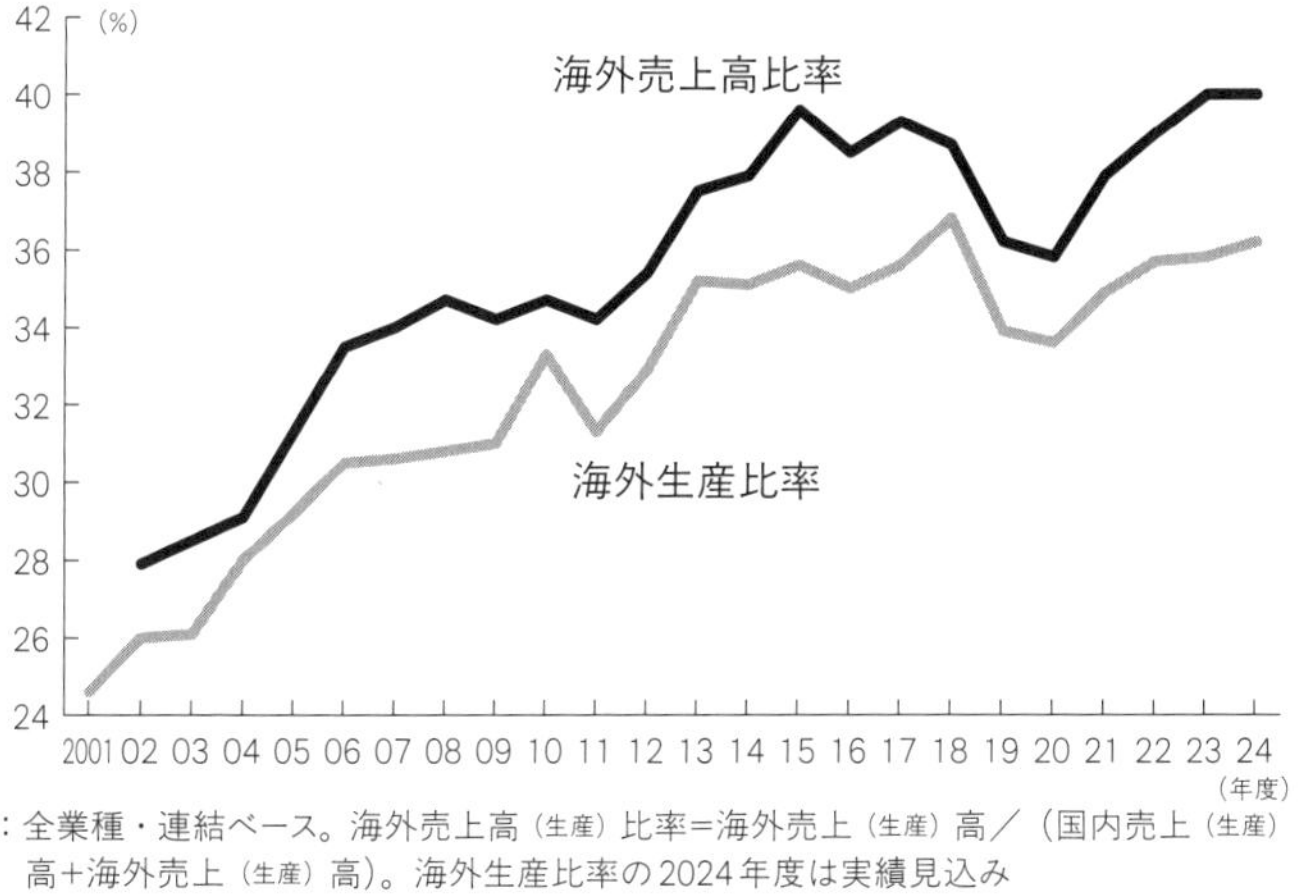

注：全業種・連結ベース。海外売上高（生産）比率＝海外売上（生産）高／（国内売上（生産）高＋海外売上（生産）高）。海外生産比率の2024年度は実績見込み
出所：国際協力銀行よりみずほ証券エクイティ調査部作成

アベノミクスは当初円高是正により、海外に移転した生産能力が国内に戻ってきて、輸出が増えることを期待していましたが、そうした現象は起きませんでした。同調査で、日本企業が中長期的に有望な投資先と見る国には大きな変動がありました。インドが3年連続で1位になる一方、中国が3位から6位に転落しました。ベトナムが2位、米国が3位でした。日本企業の海外生産比率は上がっていますが、海外売上比率も高まっているため、ＴＯＰＩＸ構成企業の利益の為替感応度は低下していません。1ドル10円の円高で、純利益変化率は約▲3・5ｐｐｔ低下すると試算されます。

◉日本企業は年8％程度の増益率が継続すると予想

みずほ証券では、トランプ関税の悪影響を考慮して、2025年2月にプライム企業のトップダウン業績予想を下方修正しました。ただ、トランプ関税がどのように課せられるのか不明ですし、関税効果で米国のインフレ動向や、金融政策の行方も大きく変わる可能性があります。

1ドル150円を前提に、2024年度のトップダウン業績予想は経常利益が前年比＋4・6％、純利益が同＋2・4％、ＥＰＳが164・7ポイント、2025年度予想は経常利益が前年比＋7・8％、純利益が同＋9・0％、ＥＰＳが179・5ポイントです。2025年度の予想増益率が2024年度より高まるのは、トランプ関税の悪影響は受けるでしょうが、自動車生産の回復が見込まれること、電子部品の在庫調整の進展、内需回復などを前提にしているためです。

予想PERは長期平均の15倍、NT（日経平均÷TOPIX）レシオは足元の値である14・25倍を使い、2025年度ベースのフェアバリューはTOPIX2700ポイント、日経平均は約3万8500円としました。**日経平均の中長期見通しとしては、トランプ関税の悪影響が徐々に減じることと、日本企業の資本コストや株価を意識した経営が一層定着することを前提に、純利益変化率予想を2026年度＋8％→2027年度＋9％→2028年度＋10％とし、2028年3月末の日経平均予想約5万円を維持しました。**プライム市場上場企業の総還元性向は60％程度まで上昇してきましたが、欧米企業に比べて低成長なのに、株主還元率が低い状況に変わりありません。株式持合の解消も不十分なので、株価が上昇すると、株主資本が増えて、ROEが予想ほど上がらない状況が続いています。ボトムアップ（アナリスト予想）のコンセンサス予想だと、2026年3月期にプライム市場上場企業のROEは10％に達する見込みですが、株主還元姿勢と持合解消ペースがよほど加速しないと、ROEが10％に達するのは2029年3月期になるでしょう。

◉日経平均と為替の連動性がなくなるとは思えない

過去20年の日経平均の前月比変化率と円の対ドルレートの前月比変化率の相関関係は0・45と高くなっています。3カ月連続で円高&株高が続いたことはなく、いずれも2カ月でとどまっています。2012年末にアベノミクスが始まるまで続いた基調的な円高で、日本企業の海外移転が続いたため、日経平均構成銘柄の海外売上比率は約5割に高まったので、円の対ドルレートと日経平均の純相関は致し方ない面があります。デフレ、低い賃金伸び率、人口減少等で内需は常に弱かったので、外需が良くなるときだけ、日本企業の業績が拡大して、株価が上がる傾向がありました。

しかし、1984〜2003年の20年間は為替と日経平均の相関がほとんどありませんでした。資産バブルが起きた1980年代後半には株式市場でさかんに「円高メリット」が囃されました。バブルが崩壊した後の1990年代以降も3〜4カ月連続で円高&株高が続いた局面がありました。

内需回復の兆候は出ていますが、人口減少を背景とした日本経済の中長期的な停滞見通しは変わらないうえ、米国の企業誘致施策のほうが強力なので、日本企業の国内回帰は限定的となっています。よって、今後も日経平均構成企業の業績は為替との高相関は変わらないと予想されるため、日経平均も円ドルレートの連動性が揺るがないでしょう。ただ、円安で日経平均が上がっても、ドルベースのパフォーマンスは悪化するため、外国人投資家からは評価されません。**アベノミクスの初期のように、円の下落率以上の株価上昇率があれば、外国人投資家の日本株買いにつながりますが**、円の下落率と日経平均の上昇率が同程度であれば、外国人投資家の日本株投資意欲を低下させます。

◉ニューヨークダウに見劣りする日経平均のパフォーマンス

日経平均はアベノミクスの期待のピークだった2015年8月に、ニューヨークダウ（ともに現地通貨ベース）を＋3350ポイント上回っており、日経平均が4万3224円の過去最高値を付けた2024年7月11日に同＋2470ポイント上回っていましたが、ニューヨークダウが12月4日に史上最高値を更新する一方、日経平均は12月中に高値を更新できなかったため、2024年末時点で逆に▲2649ポイントの差を付けられました。**株高時には円安傾向で、円高時には株安になっているため、ドルベースの日経平均のパフォーマンスは上がらず、外国人投資家の日本株への投資意欲を削いでいます。**

図表6-4　1989年以降の「日経平均－ニューヨークダウ」

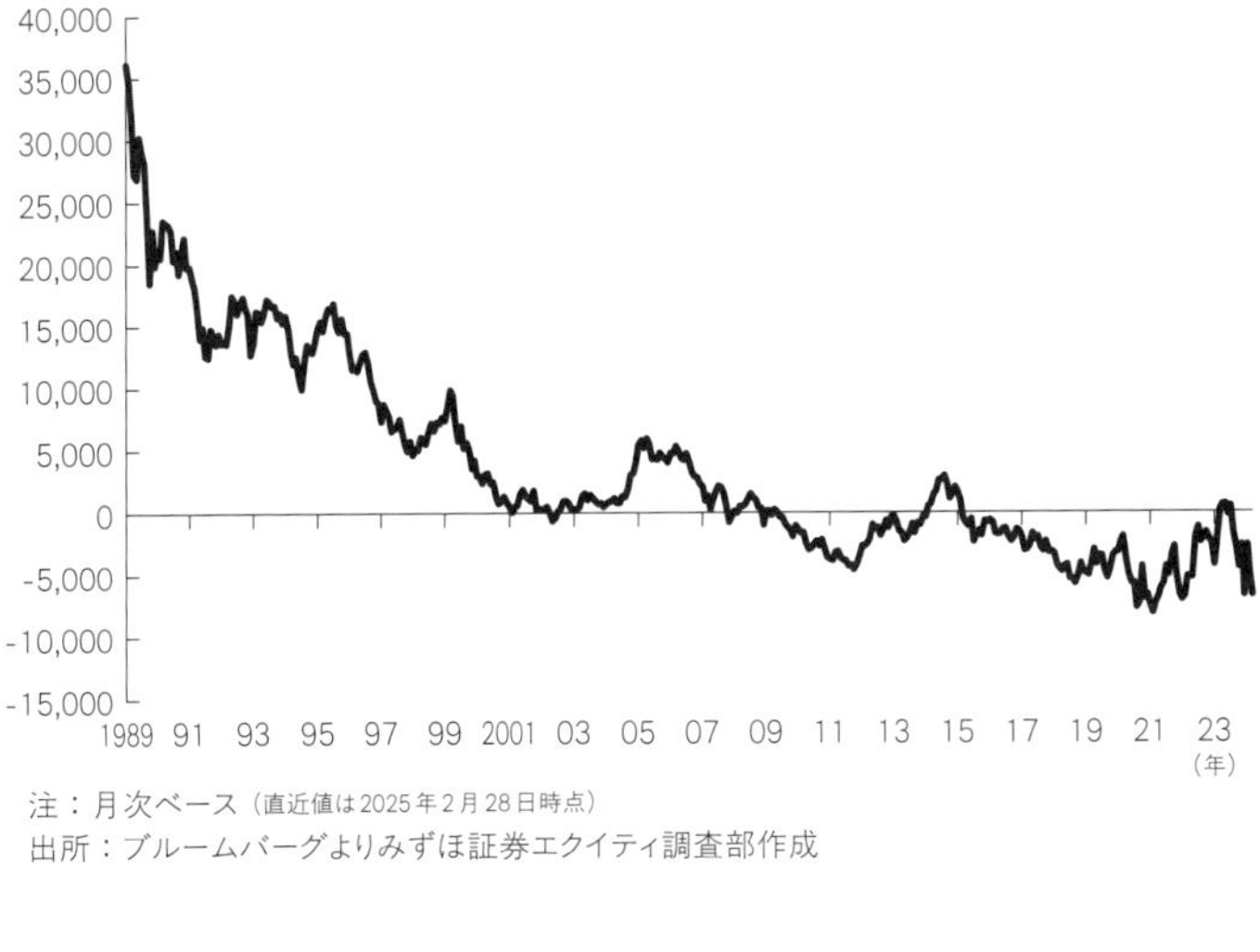

注：月次ベース（直近値は2025年2月28日時点）
出所：ブルームバーグよりみずほ証券エクイティ調査部作成

コロナ禍期だった2022年3月には、日経平均はNYダウに▲8570ポイント負けていたときもあったので、足元の「日経平均－ニューヨークダウ」はまだ最悪期とはいえません。逆に、日本の資産バブルのピークだった1989年末には、日経平均がニューヨークダウを＋3万6160ポイントも上回っていました（相対株価は約14倍）。その後長年日経平均のニューヨークダウに対するアンダーパフォームが続きましたが、2012年12月のアベノミクスのスタートとともに下げ止まり、相対パフォーマンスはボックス圏に入りました。

①日本株のバリュエーションは米国株を大幅に下回る、②FRBの利下げ&日銀の追加利上げが予想されているものの、日本の貿易赤字や対外証券投資の継続を鑑みれば、1ドル＝140円を上回る円高は想定しがたい、③日本企業にも資本コストや株価を意識した経営が定着しつつある、といったことから、日経平均のニューヨークダウに対する相対パフォーマンスが底割れするとは思えませんが、日経平均がニューヨークダウを大きくアウトパフォームするシナリオも描きにくいといえます。

◉ストラテジストは「オオカミ少年」か？

さて、このように日経平均の予想を出している私が、こうしたことを申し上げるのは、自己矛盾かもしれませんが、田村浩道東京理科大学教授（野村総研の元チーフクオンツストラテジスト）が証券アナリストジャーナル2024年12月号に寄稿した「株式ストラテジストとオオカミ少年効果」は面白い内容でした。田村教授は次のように述べました。

「2004～2023年の各年末における日経平均終値とブルームバーグコンセンサス予想（12カ月フォワード）から1年間の予想リターンと実績リターンを算出し、その頻度をプロットしたところ、ストラテジストの予想リターンはプラス側に偏っており、かつ標準偏差は半分以下でレンジは狭く、実際のリターン分布と大きな乖離がある。ストラテジストがマイナスのリターンを予想したことが過去3回あるが、3回ともすべて直前に株価が急上昇した直後の予想データだった。若杉ほか編著［2001］（『投資家の予想形成と相場動向』）では、QSS（QUICK Survey System）株式・債券調査を分析し、国内機関投資家の予想の予測力や正確性はほとんどないことを報告した。岩澤・内山［2019］は同じくQSS株式調査を分析し、**①株式市場のプロの見通しは楽観的である、②証券会社に属する回答者は、機関投資家に比べ株価予想が楽観的で不正確、③国内証券会社に属する回答者は、外国証券の回答者より予想が楽観的で、株価予想におけるダウンサイドリスクに鈍感で正確さが低いなどを明らかにした。**そもそもストラテジスト予想が当たるとは思われておらず、その数値自体は重要視されていない。機関投資家のファンドマネージャーがストラテジストとミーティングを行なう際、多くの場合ファンドマネージャーが関心を持っているのは、ストラテジストの予想株価レベルではなく、ストラテジストが持つ相場観の背景であり、それが自分の知らない情報であるかどうか、新たな気づきをもたらすかどうかに興味を持つ。ストラテジストの予想や競馬の予想は、Jアラートや災害・避難警報に比べて、外れても命に係わるほど重要なわけではなく、そもそも正確性を期待されておらず、『オオカミ少年効果』は発現しにくい」

私も当たらないストラテジストと思われているためか、**日経平均の予想を聞かれるのは素人的な外国人投資家やマスコミのアンケート調査ぐらいであり、国内のベテラン・ファンドマネージャーから日経平均の予想を尋ねられることはほとんどありません。**

日本は再び偉大になれるのか

◉石破首相の一丁目一番地の政策である地方創生

石破首相は２０２４年11月の所信表明演説で、「30年前、日本のＧＤＰは世界全体の18％を占めていたが、２０２３年は４％に低下した。１位だった国際競争力（ＩＭＤ世界競争力ランキング）は、いま38位に落ちた」と危機感を募らせた一方、「いまこそ賃上げと投資が牽引する成長型経済を実現し、我が国を世界をリードするイノベーションが常に生み出される豊かな国としていく」と、岸田前政権の経済政策を引き継ぐ姿勢を見せました。石破首相のライフワークである地方創生については、『地方創生２・０』を起動し、我が国の社会や経済の起爆剤とするため、地方創生の交付金を当初予算ベースで倍増する。地方の皆様が希望と幸せを感じていただくことも重要だ」と語りました。

石破首相は２０２４年11月に地元の鳥取市で開かれた「日本創生に向けた人口戦略フォーラム」で、人口減少対策として①男女間と地域間の賃金格差の解消、②女性や若年層に多い非正規雇用の正規化、③出産などを機に女性の正規雇用率が下がる「Ｌ字カーブ」の解消、④男女ともに希望どおり育休を取得できるよう、職場の慣行や意識を変革することなどを挙げました。いずれも目新しい施策ではなく、人口減少対策に妙案はないことを示唆しました。

◉外国人投資家の地方創生関連銘柄への関心は低い

政府の「新しい地方経済・生活環境創生本部」が2024年11月に開催した第1回有識者会議の事務局資料は、基本目標として、①地方における安定した雇用の創出、②地方への新しい人の流れをつくる、③若い世代の結婚・出産・子育ての希望を叶える、④時代に合った地域をつくり、安心な暮らしを守り、地域と地域を連携することを挙げました。地方創生の3本の矢として、①財政支援の矢～地方創生関係の交付金等、②人材支援の矢～地方創生人材支援制度等、③情報支援の矢～地域経済分析システム（RESAS）等を挙げました。

2015～2020年に全国1741自治体のうち、317市区町村で人口が増加したとして、人口減の自治体ばかりでないことを示しました。2023年も東京圏への転入超過数が11・5万人と、東京一極集中が止まらないなか、政府は2024年11月に「二地域居住促進法」を施行しました。地方に移住してもらうのがむずかしいため、都市と地方の二重生活を促す意図があります。歴代政権の地方創生策は失敗の歴史といえますが、石破政権は今後10年間集中的に取り組む「地方創生2・0」の基本構想を2025年夏までに策定するとしています。石破首相は2024年12月に、地方は経済的に決して貧しいわけでないのに、若者の流出が止まらないのは、地方に楽しさがないからだとして、「楽しい地方」を目指す、2025年1月には「令和の日本列島改造」に位置づけると述べました。地方創生関連株には地銀、地方本社企業、ふるさと納税関連株などがありますが、**外国人投資家の地方関連株への関心は高くあり**

図表6-5　地方創生策の歴史

年	出来事
1972	田中角栄元首相が「日本列島改造論」を唱える
1980	大平内閣で「田園都市国家構想」を策定
1982	東北新幹線が開業
1988	竹下登内閣で「ふるさと創生1億円事業」を展開
1993	小沢一郎氏が「日本改造計画」を出版 「外国人技能実習制度」を創設
1997	北陸新幹線が開業
1998	「中心市街地活性化法」が制定
2000	「大規模小売店舗立地法」が施行
2004	九州新幹線が開業
2005	総人口が戦後初めて前年を下回る
2008	第一次安倍内閣で「ふるさと納税制度」が開始
2011	東日本大震災が発生
2013	「国土強靭化基本法」が施行
2014	地方創生大臣を新設 「まち・ひと・しごと創生法」が施行 増田寛也氏が「地方消滅」を出版
2015	「地方創生人材プラン」を策定 参議院で合同選挙区がスタート
2019	第2期「まち・ひと・しごと創生総合戦略」を決定
2022	岸田内閣で「デジタル田園都市国家構想」を閣議決定
2024	人口戦略会議が「地方自治体『持続可能性』分析レポート」を発表 「外国人技能実習制度」を「育成就労制度」へ変更 「二地域居住基盤整備法」が施行 衆議院選挙で10増10減の区割り変更 石破首相が地方創生2.0を指示

出所：内閣府、新聞報道よりみずほ証券エクイティ調査部作成

ません。

◉自民党総裁選の論点になった解雇規制の緩和

2024年9月の自民党総裁選で、小泉進次郎元環境相は「私は長年議論されながら、決着のついていない問題を解決する。1年以内に行なうアジェンダとして、労働市場改革、政治改革、選択的夫婦別姓を挙げたい。**とくに労働市場改革とライドシェア解禁が2本柱だ。**労働市場改革が、スタートアップ支援にもつながる聖域なき規制改革を進める。日本の雇用慣行は昭和時代のままだ。解雇規制の緩和で、正規雇用が増えるはずだ。解雇規制の見直しに関して、大企業へのリスキリングや再就職支援の義務化と併せて、解雇から再就職までの生活支援を検討する。正規・非正規社員の格差を是正し、もっと多くの人が正社員で働ける環境をつくる」と主張しましたが、当選できませんでした。河野太郎前デジタル担当相も「トップダウンで改革スピードを上げる。正社員と非正規社員の格差を是正する。リスキリングにより、賃金が高いところへの労働移動を促す。中小企業の不当解雇に対して、金銭的補償ができるようにすべきだ」と主張しましたが、石破首相をはじめ他の候補者は労働市場の改革について積極的な発言を行ないませんでした。

安倍政権下でも解雇規制の緩和が議論されましたが、労使双方から反発の声が上がり、先送りされました。現在、労働契約法は「解雇は、客観的に合理的な理由を欠き、社会通念上相当であると認められない場合は、その権利を濫用したものとして、無効とする」と規定しており、「整理解雇の4要件」は判例によって、①必要性、②回避努力義務、③人選の合理性、④手続きの合理性とされています。

◉外国人投資家が求める労働市場の改革

大企業が世の中の悪評を恐れて、整理解雇を行なうことはほとんどなく、人員削減はほとんどの場合、割増退職金による希望退職者募集で行なわれます。たとえば、第一生命ＨＤは２０２５年１月から、50歳以上で勤務期間が15年以上の社員等を対象に、１０００人の早期希望退職者の募集を始めました。退職金に加えて、基本給の最大48カ月分の支援金を支払い、再就職も支援するとしました。解雇が容易な米国ではコロナ禍期に失業率が一時15％に急上昇しましたが、その後の景気回復局面で、労働者が旧来産業から成長産業に移り、産業競争力が一層強まりました。一方、解雇がむずかしく、労働移動が少ない日本では旧来産業に優秀な人材が埋没していることが産業の新陳代謝を遅らせています。

日本の企業経営者は外国人投資家からリストラや事業ポートフォリオの見直し等を求められたときに、社員を解雇・異動させることが容易でないことを、やらない理由に挙げることが少なくありません。**外国人投資家から労働市場の改革を求める声が長年続きながら、なかなか実施されないことが、外国人投資家を日本株投資から遠ざける要因になっています。**

◉みずほ銀行の「日本産業の中期見通し」に基づくセクター判断

みずほ銀行産業調査部は２０２４年12月に、「日本産業の中期見通し－向こう5年（２０２５－２０２９年）の需要動向と求められる事業戦略－」という１００ページにおよぶレポートをリリースしました。人口減少等を背景に、電子部品、石油、化学、鉄鋼、非鉄金属、自動車、住宅、物流などで国内需要が減少すると予想されています。

物流では宅配便個数が年率＋０・７％で増えるものの、国内トラック輸送量は同▲１・２％で減ると予想しています。２０２４年はＣ＆ＦロジＨＤを巡って買収合戦が起きましたが、みずほ銀行は物流業界が、人手不足が深刻化する一方、輸送量の減少が進むため、プレーヤーの協調、集約・淘汰の動きが出てくると予想しています。データセンター向けなど電力需要の増加期待は強いですが、みずほ銀行は国内電力需要の年平均伸び率が＋０・７％とそれほど高い伸びを予想しているわけではありません。新規住宅着工戸数は２０２３年82万戸→２０２９年75・５万戸と減りますが、三大都市のオフィス床需要は同期間に１０６０万坪→１１３０万坪、名目建設投資額は71兆円→75兆円と好調に推移する見通しです。ストックの増加を背景とした建築補修の増加等が予想されるためです。２０２５年は団塊世代が後期高齢者に入る「２０２５年問題」が起き、政府は医療・介護費用の抑制姿勢を強めるでしょうが、高齢者の増加を背景に、国民医療費は２０２３年48兆円→２０２９年54兆円（年率＋２・１％）、介護費用は同期間に12兆円→14兆円と増えると予想しています。ただ、政府は医療・介護業者の利益を削ぐよう

図表6-6　みずほ銀行産業調査部による産業別のグローバル・国内の需要水準の2029年の予測値

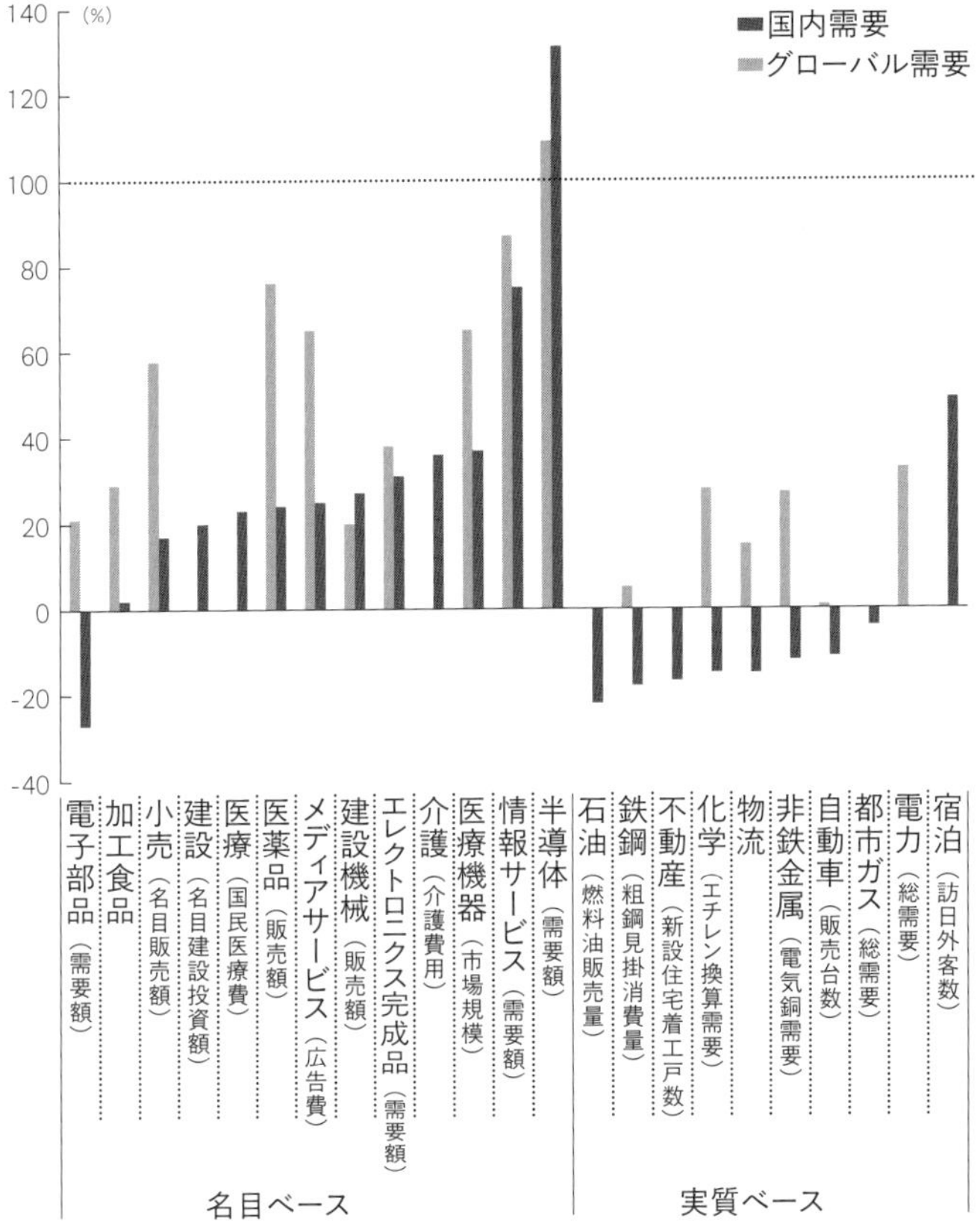

注：2019年からの変化。エレクトロニクス完成品は2020年からの変化。情報サービスは2022年からの変化。加工食品はグローバルが販売額、国内が食料支出。物流はグローバルが海上コンテナ貨物稼働量、国内がトラック輸送量。小売および加工食品の予測値はインフレを勘案しない実質ベースの伸び率で算出。建設、医療、介護、物流（国内）は暦年値ではなく年度値

出所：みずほ銀行産業調査部 みずほ産業調査76号「日本産業の中期見通し」（2024年12月5日）よりみずほ証券エクイティ調査部作成

な仕組みを導入する可能性があるため、関連業者はマネタイズのための経営手腕が重要でしょう。医療提供体制の再構築に向けたＤＸが必須となります。

◉期待できるのは半導体、情報サービス、医療関係等

国内外で需要の高い伸びが期待できるのは半導体、エレクトロニクス完成品（スマホ・ＰＣ・白物家電等）**、情報サービス、メディアサービス、医療機器、医薬品など数少ない業種です。**足元では国内外の半導体株は調整していますが、中長期的な観点からは買い場といえましょう。みずほ銀行は白物家電が生活必需品として、人口・世帯成長なりの成長に回帰すると予想していますが、エレクトロニクス完成品（スマホ・ＰＣ・白物家電等）は日本企業が世界シェアを落としているので、なかなか業績につながらないでしょう。情報サービス市場はグローバル市場が年率＋９・９％、国内市場も＋８・２％と高い伸びが続き、国内外企業の好業績の継続が予想されます。２０２４年のデジタル赤字（日本人がＡＷＳ利用等に支払う費用）が６兆円超に上ると予想されていますが、日本のＤＸ化の進展は国内企業より海外企業の業績の追い風になっています。医薬品については、トランプ政権の医薬品政策の不透明性がありますが、みずほ銀行は医療機器のグローバル市場が年率＋５・１％の高い伸びを続けると予想しています。建機は中国不動産市場の低迷やトランプ大統領による資源掘削政策の不透明性がありますが、みずほ銀行は建機の世界需要が年率＋２・２％の増加と予想しています。訪日外客数については、２０２４年予

想の3678万人から、2029年には4749万人に増えると予想していますが、政府目標の2030年6000万人にはとどかない見通しです。

◉業種の相対パフォーマンスには長期トレンドがある

業種の相対パフォーマンスには長期トレンドがあります。銀行は2020年まで8年連続でTOPIXに対してアンダーパフォームした後、2024年を含めて4年連続でアウトパフォームしていました。デフレ脱却や金利正常化が評価されたものと思われます。表面的には不況業種と見られる繊維と石油・石炭も4年連続のアウトパフォームに転じているのが不思議な感じがしますが、繊維には株価が急騰しているアシックスが含まれているうえ、繊維で時価総額最大の東レも、自社株買いの発表で2024年末にかけて株価が反発しました。需要が中長期的には減るとみられる石油・石炭がアウトパフォームしたのは、株主還元策への評価でしょう。逆に、不動産市況の上昇にもかかわらず、不動産が2連連続でアンダーパフォームしたのも不思議な感じがしますが、2024年春以降、三井不動産や三菱地所などの大手不動産株は下落基調にあります。金属製品は7年連続アンダーパフォームしました。金属製品で時価総額が大きいSUMCOやLIXILなどの株価不振が響いています。電気・ガスは中長期的な電力需要拡大への期待が強かったですが、関西電力の増資発表等もあり、年後半に下落したことで、2024年はアンダーパフォームしました。

◉国家の命運を左右する半導体支援策

半導体業界は栄枯盛衰が激しい業界です。日本企業は１９８８年に世界の半導体売上の約半分を占めていましたが、いまや10％以下に低下しました。日米貿易摩擦で米国政府から日本企業がバッシングを受けたこと、水平分業化への乗り遅れ、投資不足などが日本の半導体産業凋落の主因でした。米国でも２０２２年にはインテルの売上はＮＶＩＤＩＡの約３倍ありましたが、インテルはＡＩ半導体に出遅れたことで苦境に陥って、２０２４年に株価が半値以下に下落した一方、ＡＩ半導体で独り勝ちになったＮＶＩＤＩＡの株価は約３倍に上昇して、時価総額でアップルに次ぐ米国２位に躍進しました。

日本政府は半導体産業を立て直すべく、台湾のＴＳＭＣの熊本誘致に約１・２兆円の補助金を出し、北海道で最先端半導体の製造を目指すラピダスに約９０００億円の補助金を決めています。バブル崩壊以降の経済産業省の産業政策は成功しているとはいえませんが、半導体支援は産業政策というより、国家安全保障の観点から行なわれています。

◉日本は半導体のサプライチェーンの再構築を目指す

元ＪＳＲ会長でラピダスの社外取締役を務める小柴満信氏は２０２４年７月に上梓した『２０４０年半導体の未来』で、「半導体の復活なくして、日本の未来が明るくなることはない」と喝破しました。日本人はアップルのiPhoneが好きであるうえ、マイクロソフトやグーグル等のクラウド・コンピューティング・サービスに多額の使用料を払っているので、日本のデジタル赤字が現在の約5兆円から、このままでは、2030年に8兆円に増えると予想されています。デジタル赤字の拡大は、円安を通じて、庶民の生活に悪影響を与えます。

デジタル赤字を減らすには、国内企業によるパブリッククラウドや生成AIを整備するしかなく、それには大量のサーバーとサーバーに搭載する半導体が必要になります。まさに輸入代替を行なうのは、政府の半導体支援策です。また、政府はさくらインターネットのGPUクラウドサービスの約1000億円の投資計画を、経済安全保障推進法の特定重要物資に認定して、投資額の半分を助成するとしました。日本は半導体製造ではNVIDIAやTSMCの後塵を拝していますが、半導体材料や半導体製造装置等ではまだ強みを維持しています。日本が半導体サプライチェーンの再構築に成功すれば、関連産業への波及効果が大きいと期待されます。熊本市に本社がある九州FGは2024年9月に、TSMCの進出等による熊本県の経済波及効果が10年間で約11兆円に上るとの試算を発表しました。

◉日米主要企業の年間研究開発費は桁違い

我々は2024年10月に北米投資家を訪問した際に、**日本企業の自社株買いの増加など株主還元意欲の高まりをアピールしましたが、一部投資家から日本企業が株主還元を増やしているのは投資機会が少ないからではないか、日本企業は設備投資や研究開発費を抑制してきたから**

国際競争力が低下したのではないかとの指摘を受けました。プライム市場上場企業で２０２３年度の研究開発費が最も大きな企業はトヨタ自動車の１・２兆円でしたが、米国の大手テクノロジー企業は２０２３年にアマゾンで約13兆円、アルファベット（グーグル）で約７兆円もの研究開発費を使っています。米国の大手テクノロジー企業は研究開発費の多くをＡＩ等の開発に使っていると推測されます。日本の主要ＩＴ企業で評価が高まっているＮＥＣや富士通の２０２３年度研究開発費は１０００億円強に過ぎません。北米投資家から日立製作所の事業ポートフォリオの見直しが評価されていましたが、日立製作所の過去５年間の研究開発費は年３０００億円程度で横ばいにとどまっています。２０２３年度の研究開

図表6-7　日本・米国・中国企業の研究開発費の推移

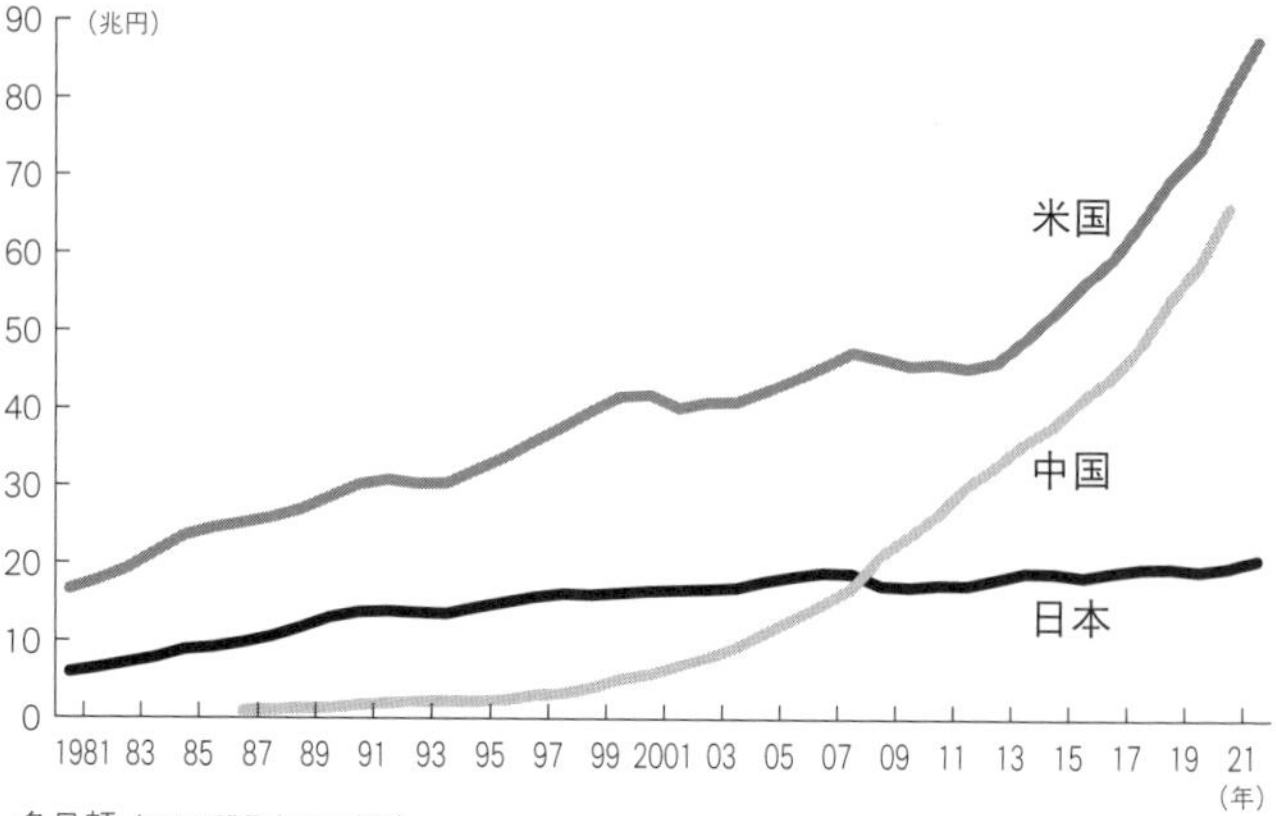

注：名目額（OECD購買力平価換算）
出所：文部科学省 科学技術・学術政策研究所「科学技術指標2022」よりみずほ証券エクイティ調査部作成

発費が1000億円以上の企業のなかで2019〜2023年度の研究開発費の伸び率が高い企業にはソフトバンクグループの＋163％、リクルートHDの＋139％、第一三共の＋85％、ダイキン工業の＋80％があります。ただ、第一三共の2023年度の研究開発費は約3650億円と、米国メルクの4・6兆円の10分の1以下なので、テクノロジー企業のみならず、製薬会社においても日米主要企業の研究開発費の格差は歴然としています。

◉経団連が「成長と分配の好循環」を促すための政策を提言

経団連が2024年12月に発表した「FUTURE DESIGN 2040『成長と分配の好循環』」（100ページ）は、増税について賛否両論を引き起こしましたが、中長期的な日本経済の姿を考えるのに役立つ内容でした。経団連は、いまのままの財政運営では将来的に財政破綻が起こる可能性があり、日本でも所得格差が拡大しているとして、段階的に富裕層を含む上位層の所得税等の負担の拡充を行ない、2034年度には5兆円程度の税収を確保し、社会保険料抑制に充当すべきと提案しました。楽天グループの三木谷浩史会長兼社長はこの富裕増税の提案に対して反発して、「日本は国際的にみて税率が高い。頑張って成功した人に懲罰的重税、正気か」とXへ投稿しました。経団連は、世帯所得（再分配後）の中央値が、1994年の505万円から2019年に374万円に減少し、中間層が衰退していることを問題視しました。若者は所得が増えていますが、将来不安から消費性向が低下しています。経団連は社会保険料負担の抑制により、現役世代の負担が軽減され、実質可処分所得が増加し、消費が拡大すると指摘しました。

経団連は政策が現状維持のケースと改革実現のケースに分けて、長期経済予想をつくり、後者では年平均GDP成長率で実質2％、名目3％が可能だとしました。2023年度に596兆円だった名目GDPは2030年度に前者で674兆円、後者で737兆円（2040年度には約1000兆円）に増えると予想しました。総人口は現状維持だと、2100年に6300万人に半減してしまいますが、政策総動員で8000万人維持を目指すべきとしました。経団連は、総人口に占める外国人割合が2020年の2・2％から、2040年に5・2％に高まると予想しました。経団連は解雇規制の緩和を求めていませんが（解雇に関する紛争解決制度の比較表は掲載しました）、現行の労働基準法の使いづらさを指摘しました。**2019年に導入された「高度プロフェッショナル制度」**（通称：ホワイトカラー・エグゼンプション）**は、適用人数がわずか1340人**（労働者の0・005％）**に過ぎません。**ホワイトカラーに占める時間規制の例外措置対象者の割合は米国の55％に対して、日本は21％にとどまります。

◉日本人は日本悲観論が好き

日本人は元々自虐的な悲観論が好きですが、有名な経済学者である野口悠紀雄氏（84歳、一橋大学名誉教授）は近著『アメリカはなぜ日本より豊かなのか？』で、「米国の産業構造は日本に比べて遥かに収益力が高く、高度化している。円安とはドルで評価した日本人の労働力の価値を低めることだ。日本は労働力を安売りして、企業利益を増やしてきた。新しい産業をつくったり、技術を開発した結果、競争力が高まった訳ではない。長年の低金利の結果、収益率の低い対象への投資が増加し、企業の生産性が低下し、実質賃金が低下してきた」と警鐘を鳴らしました。

このような「米国称賛論&日本悲観論」を共有する日本の個人投資家が、米国への証券投資を増やしているのでしょう。現在日本の自動車産業は、トランプ大統領の関税や中国自動車メーカーとの競争によって、厳しい局面に直面していますが、電機産業に次いで自動車産業も国際競争力を失えば、日本は観光産業だけに依存したポルトガルのような国になるとの指摘もあります。実際にも、財政破綻の懸念で長期金利の急上昇や急激な円安が起きれば、アルゼンチンやトルコなどのような発展途上国になり下がるとの見方もあります。円の対ドルレートは過去5年に5割近く減価しましたが、同期間にトルコリラは対ドルで約6分の1、アルゼンチン・ペソは約17分の1になりました。

◉日本の国際競争力低下は数字にも表れている

日本の国際競争力低下を示すデータは枚挙にいとまがありません。**スイスのビジネススクールの国際経営開発研究所（IMD）の2024年の世界競争力ランキングで、日本は35→38位に**

落ちました。このランキングで日本は1989～1992年は1位でした。日本生産性本部の「労働生産性の国際比較2024」で、日本の製造業の労働生産性はOECD加盟38カ国中2020年に1位でしたが、2022年に19位に落ちました。産業全体の1人当たりの労働生産性も2023年に、1970年以降で最も低いOECD加盟38カ国中32位となりました。米国と比較した日本の労働生産性水準は、2000年に7割前後でしたが、2023年でみると55％前後に落ち込みました。いまや日本の1人当たり所得が米国の半分以下というのは、日米の生産性格差の反映ともいえます。

日本の名目GDP（ドルベース）は2023年にドイツに抜かれ、2025年にはイ

図表6-8　IMDの世界競争力ランキングでの日本の順位の推移

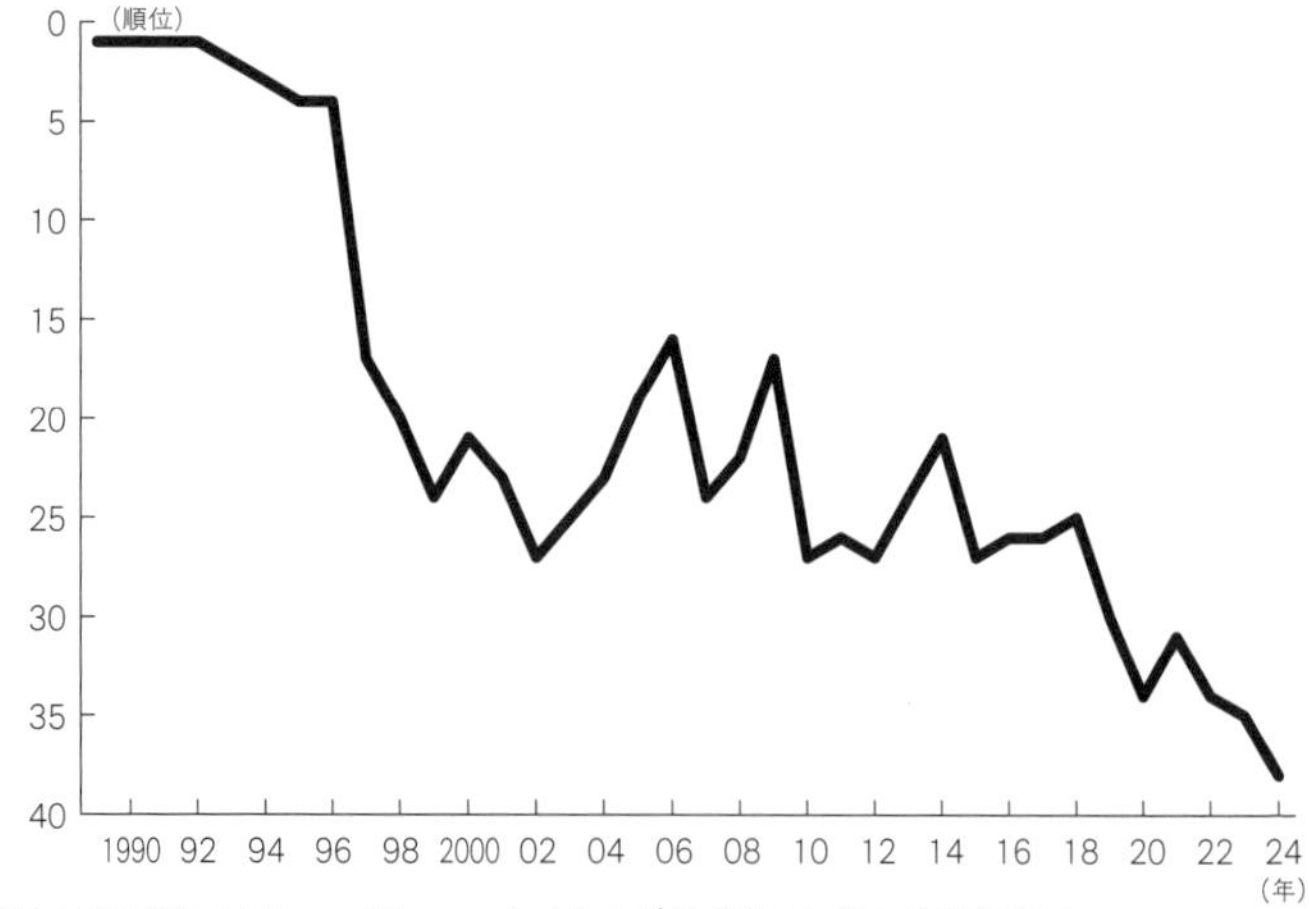

出所：IMD "World Competitiveness" よりみずほ証券エクイティ調査部作成

ンドにも抜かれて、世界5位に転落する見込みです。日本は米国に勝てなくても、韓国にはまだ勝てるイメージがありましたが、1人当たり名目GDPの順位で、日本は2023年に韓国より低い22位に低下しました。1人当たりGDPは、2009年までは日本がシンガポールを上回っており、また2014年までは日本が香港を上回っていましたが、2024年にはシンガポールの1人当たりGDPが日本の2・7倍、同香港が日本の1・6倍に達しました。シンガポールと香港がアジアの国際金融センターになれたのは英語力が大きいですが、スイスのEFエデュケーション・ファーストによると、英語圏以外の国・地域の英語能力指数で日本は2024年に92位と、過去最低に沈みました。

◉食と文化への評価は極めて高い

後述のウリケ・シェーデ教授も参加した2024年12月開催の日経ビジネスイノベーションフォーラムでは、「日本の価値再発見」について、次のような興味深い議論がありました。

「日本は産業・文化・芸術・技術面での多様な強みがあるため、日本固有の強みを活かして、新たな価値を発見できるのではないか？　経済複雑性指標（ECI＝Economic Complexity Index）で、日本は20年以上1位を維持しており、知識集積度が高い複雑なものづくりが強みだ。世界のメディア・フランチャイズの総収益（キャラクター誕生からの累計収入）ランキングで、ポケモンが920億ドルで1位、ハローキティが800億ドルで2位だった。**ミシュランの星獲得レストラン**

数で、東京は183軒と世界一である。2位のパリの130軒に次いで、京都が97軒で3位、大阪が93軒で4位となっている」

日本は食を含めた文化面にしか国際競争力が残っていないような議論に聞こえました。ただ、株式市場でコンテンツ関連株は上昇していますが、高級レストランは個人経営が多いこともあり、食関連株はあまり上昇していません。

◉日本の価値が再び高まるとの意見も

福井県立大学の中島精也客員教授は著書『新冷戦の勝者になるのは日本』で、米中対立の構図の下、日本の地政学的な優位性が高まると主張し、カリフォルニア大学サンディエゴ校のウリケ・シェーデ教授は著書『シン・日本の経営』で、「日本の新聞が否定的な論調に加担してきた。**日本企業の再興が進行中であり、グローバルな最先端技術の領域で事業を展開する機敏で賢い企業が新たに出てきており、その多くは素材や部品等の中間財を製造している**」と日本擁護論を展開しました。

同教授は2024年12月のセミナーで、「日本には悲観論が蔓延しているが、日本は『失われた30年』と言われながらも、いまも世界4位のGDPを誇っている。World Product Complexity Rankingで、日本は1995年以降1位を維持している。21世紀は経済成長と社会の安定、経済的生産と環境の持続可能性、企業の進歩と技術進歩と人間の幸福など、新たなバランスを見つけることがますます重要になる。この新しいバランスや良い資本主義を目指すリーダーシップは、これまでとは異なるタイプのナンバーワンとなるリーダーシップである。日本がこの新しいバランスを見つけられれば、他の国々をより良いシステムへと導くことができる」と述べました。

第 7 章

外国人投資家による投資が減った日本の中小型株市場

FOCUS ON
FOREIGN
INVESTORS'
INVESTMENT STRATEGY

構造的な問題を抱える日本のグロース市場

◉東証グロース市場250指数は2024年まで4年連続で下落

東証は2022年4月に市場区分を東証1部・2部、ジャスダック、マザーズから現在のプライム、スタンダード、グロース市場へ再編しました。日経平均は2024年後半にボックス圏の推移になりましたが、その前の7月に4万2224円の史上最高値を付けて、2024年の年間上昇率は+19%になりました。一方、東証グロース市場250指数（旧マザーズ指数）の史上最高値は2000年3月の6678ポイントであり、2024年末は644ポイントと史上最高値の10分の1未満の水準です。東証グロース市場250指数は2024年も約▲10%下落しており、4年連続の下落となりました。2024年の前半は米国の高金利、後半は日銀の利上げが懸念されましたが、米国では高金利でも成長し、株価も上昇した中小型企業が少なくなかったので、**日本のグロース市場の不振は構造問題にあるとも指摘されました。**

◉日本のグロース市場とナスダック市場では上場の意味が異なる

米国では、ナスダック市場が成長企業のための永遠の市場と見なされているのに対して、日本でグロース市場はとりあえず上場して、成長できた企業はプライム市場へ卒業していく市場と見なされているという大きな違いがあります。かつて旧マザーズ市場の主力銘柄だったメルカリやビジョナル（転職サイトのビズリーチを運営）は、プライム市場へ鞍替えしました。東証も2004年7月〜2024年6月末までに旧マザーズ市場・現グロース市場に上場した企業で、時価総額が10倍以上＆1000億円以上に成長した企業として、SHIFT、MonotaRO、ZOZOなどを挙げました。東証グロース市場250指数は、グロース市場の上場銘柄から時価総額基準で250銘柄選ばれて計算し、年1回10月末に定期銘柄入れ替えがあります。プライム市場へ鞍替えした銘柄は除外されるので、東証グロース市場250指数の組入銘柄は、時間とともに大きく変わります。東証グロース市場250指数は、上位組入銘柄があまり変わらないTOPIXや日経平均に比べて、連続性に問題があるといえます。

一方、米国ではアップルやNVIDIAなどの大手テクノロジー企業が、時価総額が3兆ドル（約450兆円）超と巨大になった後も、ナスダック市場に上場し続けています。データ解析大手のパランティア・テクノロジーズが2024年12月に、ナスダック市場へ鞍替えしました。ナスダックいという目的で、ニューヨーク証券取引所からナスダック市場へ鞍替えしました。ナスダック100指数は、S&P500と並ぶETFの投資対象として人気の株価指数になっています。日本ではプライム市場の企業が、グロース市場へ変更するというのは考えられません。

上場年	現市場区分	時価総額		
		上場時（10億円）	直近（10億円）	成長率（倍）
2014	プライム	3.6	295.7	82.5
2006	プライム	16.1	889.4	55.2
2007	プライム	20.0	1,089.5	54.6
2008	プライム	3.7	185.5	49.9
2017	プライム	5.3	228.7	43.4
2006	プライム	7.7	330.9	43.2
2013	プライム	5.3	214.0	40.1
2005	プライム	15.2	602.1	39.7
2018	プライム	4.4	157.3	36.1
2005	プライム	5.5	198.5	35.8
2004	プライム	36.4	1,159.4	31.9
2004	プライム	17.5	543.3	31.0
2015	プライム	12.2	326.4	26.8
2007	グロース	6.4	120.9	18.9
2015	プライム	6.7	116.9	17.5
2014	プライム	15.8	275.9	17.4
2006	プライム	16.2	274.0	16.9
2016	プライム	32.5	501.7	15.4
2022	プライム	24.6	269.3	10.9
2017	プライム	28.3	304.1	10.7

図表7-1　グロース市場上場後、時価総額が10倍以上＆1000億円以上に成長した企業

順位	会社名	業種
1	SHIFT	情報・通信
2	MonotaRO	小売
3	ZOZO	小売
4	エス・エム・エス	サービス
5	ジャパンエレベーターサービスHD	サービス
6	トリドールHD	小売
7	ネクステージ	小売
8	GMOペイメントゲートウェイ	情報・通信
9	霞ヶ関キャピタル	不動産
10	さくらインターネット	情報・通信
11	エムスリー	サービス
12	コスモス薬品	小売
13	ラクス	情報・通信
14	ジーエヌアイグループ	サービス
15	KeePer技研	サービス
16	U-NEXT HOLDINGS	情報・通信
17	日本M&Aセンター HD	サービス
18	ベイカレント	サービス
19	M&A総研HD	サービス
20	マネーフォワード	情報・通信

注：2004年7月～2024年6月末までにマザーズ／グロース市場に上場した会社（上場廃止会社を除く）が対象。上場時からの成長率は、直近の時価総額（2024年4月～6月の終値平均ベース）を上場時の時価総額（原則として公開価格ベース）で割ることで計算。このリストは推奨銘柄でない

出所：東証よりみずほ証券エクイティ調査部作成

◉スタンダード市場の上場企業数はプライム市場とほぼ同数

グロース市場を対象にした株価指数には、グロース市場上場の全銘柄を対象にした東証グロース市場指数もありますが、東証グロース市場250指数はマザーズ市場時代からETFや先物取引があるので、東証グロース市場250指数のほうが注目されます。そもそも中型株の定義は投資家によって異なります。2025年4月からはプライム市場の企業に英文開示が義務化されますが、東証はプライム市場の上場要件を、様々な観点から厳しくしています。2023年10月には特例措置で、177社がプライム市場からスタンダード市場へ無審査で移行しました。東洋経済ONLINE 2023年5月8日号は「東証プライムからスタンダードへ『降格ラッシュ』」との記事を掲載しましたが、スタンダード市場は読んで名のごとく「標準市場」なので、東証はプライム市場からスタンダード市場への移行は「降格」でないとの立場です。結果、2024年末の市場別の上場企業数はプライム市場の1643社に対して、スタンダード市場は1590社とほぼ同数になりました。スタンダード市場にグロース市場の上場企業607社を足すと、プライム市場より多くなります。ただ、スタンダード市場の時価総額合計は約28兆円と、トヨタ自動車の約6割で、プライム市場の時価総額の30分の1以下です。

◉スタンダード市場の企業はコーポレートガバナンス意識が低い

2025年1月末時点で、東証の資本コストや株価を意識した経営の要請に応えた企業の割合は、プライム市場企業の85％に対して、スタンダード市場企業は36％にとどまりました。スタンダード市場上場の企業は、プライム企業よりコーポレートガバナンス改革への意識が低いといえます。ＴＯＰＩＸには規模別株価指数があり、大型株１００、中小型株４００に入らない銘柄は小型株に分類され、TOPIX Small指数の算出対象になります。このように、中小型株は様々な市場に分散しているので、多くの機関投資家は、様々な市場の中小型株を組み入れた「Russell/Nomura Small Capインデックス」をベンチマークにして、中小型株ポートフォリオを運用しています。ＧＰＩＦの日本株運用でも２０２４年3月末時点で、アセットマネジメントＯｎｅが「Russell/Nomura Small Capインデックス」をベンチマークに４００億円、野村アセットマネジメントが「Russell/Nomura Small Cap Growthインデックス」をベンチマークに１８８億円を運用していました。**米国の大手投資家のキャピタルが運用する〝SMALLCAP World Fund〟**（２０２４年末の運用資産は約12兆円）**では、世界の小型株の定義を時価総額60億ドル**（約９０００億円）**以下としています。この基準に基づくと、米国投資家から日本のほとんどの上場企業は中小型株と見られてしまいます。**

◉中小型株の大型株に対する相対パフォーマンスの判断材料

みずほ証券では「トップダウンから見た中小型株クォータリー」とのレポートで、中小型株の大型株に対する相対パフォーマンスの判断をしています。２０２４年9月末に中小型株の大型株に対する相対パフォーマンスの判断をオーバーウエイトへ引き上げました。中小型株がテクニカルに売られ過ぎとの見方に加えて、①日銀が２０２４年７月末に利上げを行ない、円高へ転換したことが、内需株が多い中小型株にプラス、②中小型株の需給改善期待、③個人消費の回復予想がオーバーウエイトの理由でした。日本の中小型株は米国の中小型株との連動性もあるので、米国の中小型株指数であるラッセル２０００指数がＦＲＢの利下げを受けて、２０２４年11月に史上最高値を更新したことは、日本の中小型株の追い風になると期待されましたが、なかなかアウトパフォームしませんでした。

　上記の中小型株をオーバーウエイトとした理由に変調が見られたため、２０２４年

図表7-2　2022年4月の市場区分見直し後の株価指数の推移

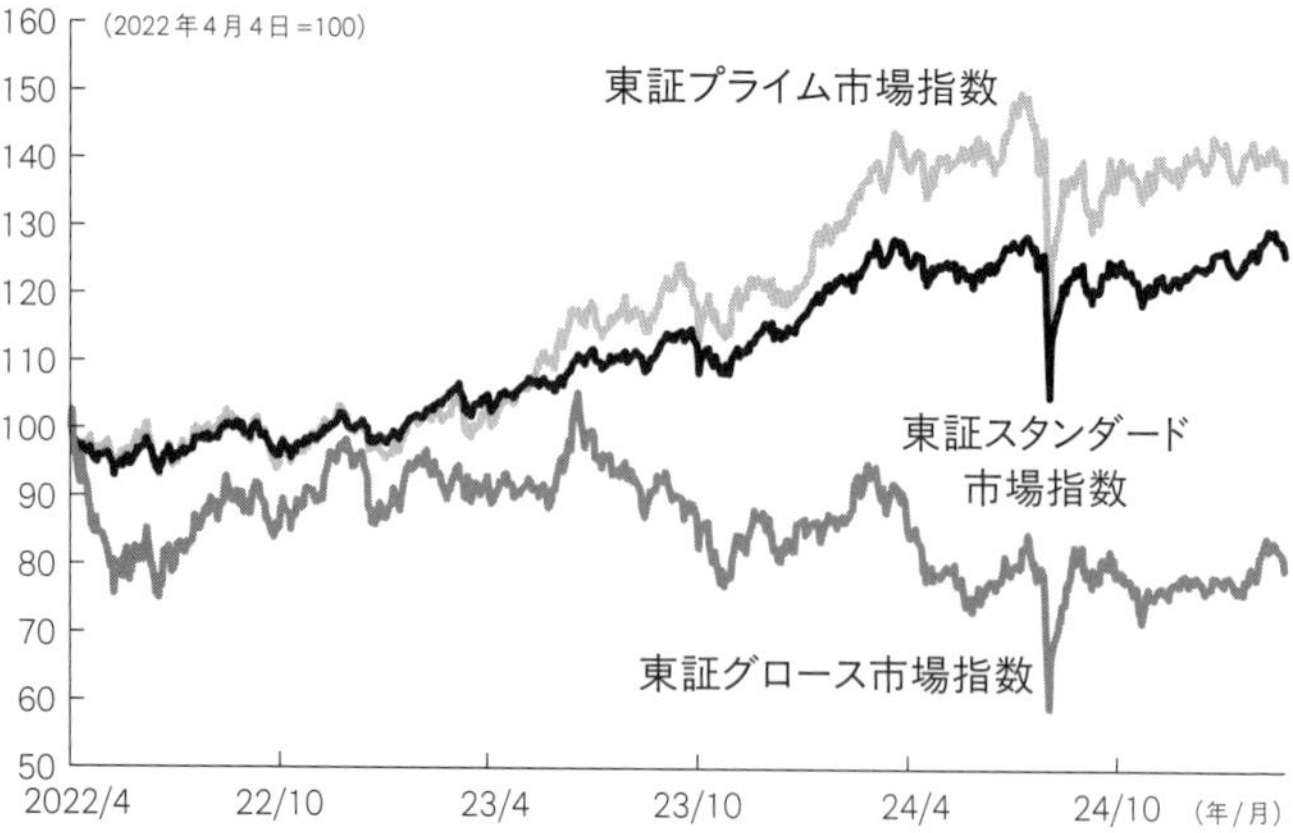

注：2025年2月28日時点
出所：ブルームバーグよりみずほ証券エクイティ調査部作成

12月末のレポートで、中小型株の大型株に対する相対パフォーマンスの判断を中立に引き下げました。①については2024年12月の日銀決定会合で、植田和男総裁が想定以上のハト派に転じたことで、円の対ドルレートが157円台に下落したことが中小型株にネガティブだと思いました。②では、12月は例年どおりのIPOラッシュであり、半導体大手のキオクシアHDのIPOなどがありましたが、1月以降株式需給が季節的に改善しました。ただ、中小型株がなかなか上がらないので、個人投資家の回転売買が効かないうえ、外国人投資家の関心も低いままです。③では、実質賃金伸び率の回復が遅いうえ、税制改正大綱では所得減税も期待より小さくなったので、個人消費の回復期待が低下しました。

このように中小型株をオーバーウエイトする理由はなくなりましたが、一方で、大型株がアウトパフォームする理由もないと考えたため、規模の相対パフォーマンスの判断を中立としました。大型株中心に運用する外国人投資家の日本株への投資姿勢は慎重に見えるうえ、トランプ関税が実施されれば、輸出大型株に悪影響を与えると懸念したためです。**中小型株がアウトパフォームするきっかけと挙げられるのは、循環的には円高転換や内需回復、構造的にはもっと上場銘柄が絞られて、中小型企業のなかから持続的な成長企業が増えることでしょう。**

◉東証が「グロース市場における今後の対応」を発表

2024年12月に東証の「市場区分の見直しに関するフォローアップ会議」（議論内容は非公開）

は、「グロース市場における今後の対応」との資料を発表しました。東証は次のような関係者の声を課題点として紹介しました。①2022年4月の市場区分見直し以降、主要株価指数のなかでグロース市場250指数が唯一下落、②グロース市場の新規上場会社のうち57%が時価総額100億円未満かつ資金調達額10億円未満と小規模なIPOが多い、③グロース市場の企業は人材・資本等の生産要素が分散し、クリティカルマスをつくれていない、④創業者等の持株比率が高く、流通株式比率が低い企業が多い、⑤ナスダック市場と異なり、グロース市場は業種がシステム・ソフトやインターネットサイトなどに集中し、似たような企業が多い、⑥M&Aを行なったグロース市場上場企業の比率は毎年10%程度と少ないなどでした。一方、東証はポジティブな面として、①数は少ないが、グロース市場を卒業して大企業になった企業もあること、②グロース市場の企業においても独立社外取締役の選任が進んでいることなどを挙げました（スタンダード市場よりも選任が進んでいます）。

●東証は新興企業のM&Aを促す

IPO直後の株価が高値となって、下落基調になる銘柄が少なくないなか、東証は論点として、次のポイントを挙げました。①創業者は創業した企業のEXIT策としてまずM&Aを検討すべきであり、よほど大きく成長させられる自信があるときのみIPOを行なうべき、②経営者にIPO後に成長実現を追求すべきことを浸透させる必要がある、③成長が行き詰まった場合には、他社との合従連衡も含めた検討をすべき、④上場前のＩＰＯの意思決定、上場後の成長の取組み・Ｍ＆Ａ等に独立社外取締役がもっと関与すべき、⑤経営者の持株比率を下げて、外部株主によるガバナンスを効かすべき、⑥経営者は自社の時価総額が継続的に低い理由をしっかり分析して、改善に向けた取組みを進めるべきなどです。

東証はグロース市場の新規上場基準（流通株式時価総額５億円以上等）や、上場維持基準（上場10年後から時価総額40億円以上等）がナスダック市場と比較して、その水準に大きな差はないと指摘して、同基準の引き上げに関する賛否両論を掲載しました。内外の機関投資家からは、グロース市場の上場基準をもっと厳しくすべきとの意見が出ています。

図表7-3　年間IPO件数と上場廃止件数の推移

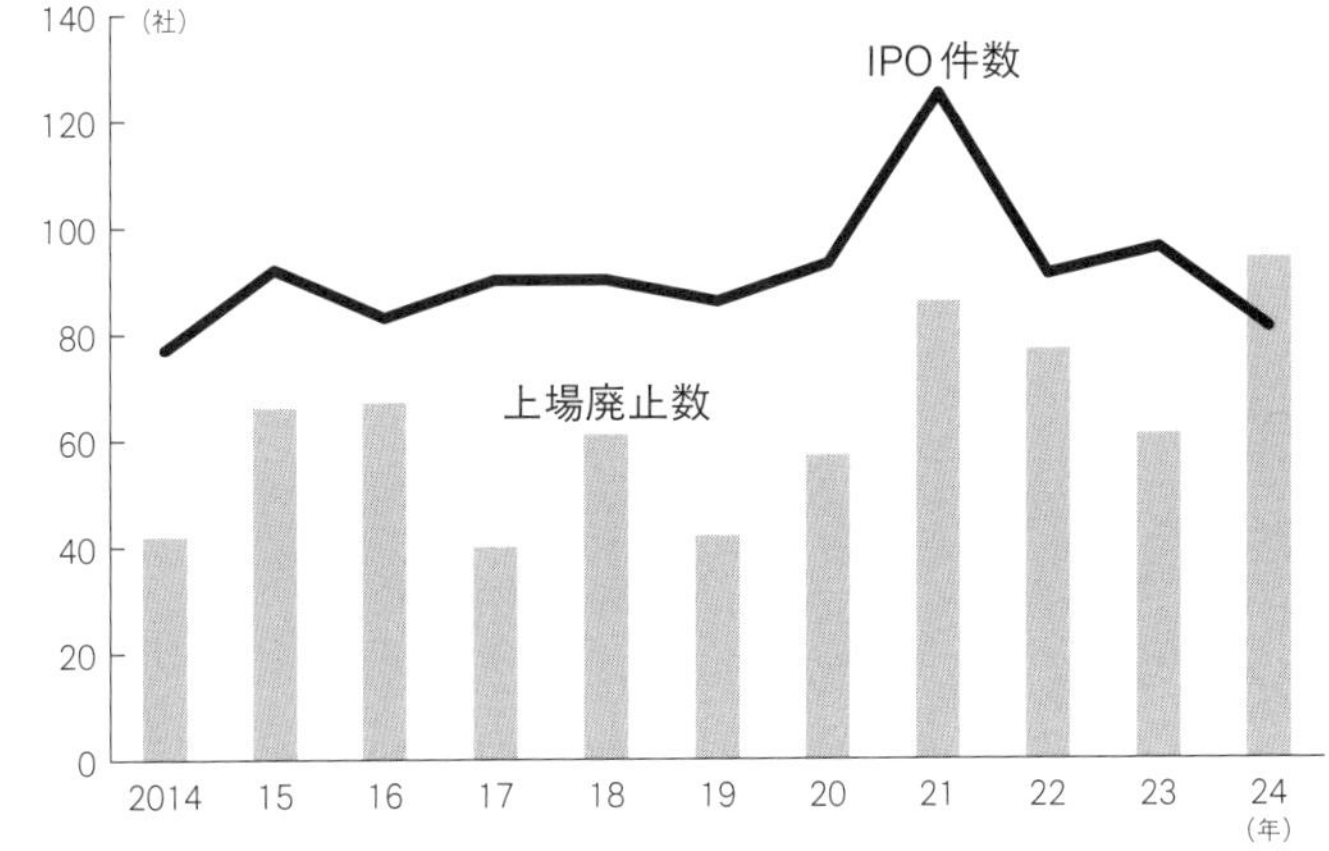

注：TOKYO PRO Marketを除く社数。2022年4月以降は新市場区分
出所：東証よりみずほ証券エクイティ調査部作成

2024年のIPO件数は86社と5年ぶりに90社を下回った一方、上場廃止社数は94社に増えた結果、東証の上場企業数は2013年に東証と大証が統合して以来初の減少に転じました。

◉スタンダード市場には上場子会社が多い

スタンダード市場の時価総額上位企業には日本オラクル、日本マクドナルドHD、東映アニメーション、アコム、住信SBIネット銀行、三菱食品など他上場企業の上場子会社や持分法適用会社が多数あります。ワークマン、フクダ電子、ナカニシ、上村工業、三谷商事などオーナー系企業も時価総額上位です。プライム市場の上場維持基準が流通株式時価総額100億円以上、流通株式比率35%以上などとなっている一方、スタンダード市場は各々10億円以上、25%以上であるため、支配株主が多い企業はスタンダード市場を選びがちです。流通株式は上場株式数−（主要株主が所有する株式数＋役員等所有株式数＋自己株式数＋国内の銀行・保険・事業法人等が所有する株式＋その他東証が固定的と認める株式数）で計算されます。2028年にかけて実施されるTOPIXの第2段階の見直しでは、スタンダード市場とグロース市場に上場する企業も、売買代金回転率や浮動株時価総額の累積比率などの流動性基準を充たせば、TOPIXに採用されるので、無理にプライム市場に行かなくても良いと考えるスタンダード市場の企業があります。

外国人投資家が注目する中小型株とは

◉英国のベイリーギフォードは中小型グロース株に投資

プライム市場の投資主体別の売買シェアは外国人投資家が6〜7割、個人投資家が2〜3割という状況ですが、スタンダードやグロース市場での売買シェアは個人投資家が5割強、外国人投資家が約4割です。この観点で、スタンダードやグロース市場は外国人投資家と個人投資家がキャッチボールをしているような市場です。ただ、**我々が外国人投資家を訪問して感じるのは、日本の中小型株を積極的に売買する外国人投資家は大きく減っており、スタンダードやグロース市場の売買で外国人投資家に分類されているのは、香港やシンガポールにいる日系ヘッジファンドが多いということです。**

そんななかで日本の中小型グロース株を積極的に保有していたのは、英国エジンバラのベイリーギフォードですが、中小型グロース株の長期的な下落で運用パフォーマンスは悪化しました。1983年にローンチされた〝Baillie Gifford Japanese Smaller Companies Fund〟の2025年1月末まで3年間の騰落率は▲7％でした。上位3銘柄はライフネット生命、カチタス、ニコフでした。**ベイリーギフォードは銘柄選択のリスクを取って集中投資するの**で、大量保有報告書を出すことが多く、2024年にはマネーフォワード、サイバーエージェント、GMO

インターネットグループなどに大量保有報告書を出しました。ベイリーギフォードは短期的なパフォーマンスが悪いので、長期的な投資を行なっているとアピールする広告を日経ヴェリタス等によく出していました。

◉ＪＰモルガンアセットマネジメントはグロース市場銘柄の保有がゼロ

日本のスチュワードシップ・コードを受け入れている外国人投資家は年一度議決権行使結果を発表するので、東京サイドで保有している銘柄がすべてわかります。米国大手運用会社のＪＰモルガンアセットマネジメントの２０２４年４〜６月の議決権行使結果の開示で驚いたことは、グロース市場の銘柄が１つもなかったことです。以前ＪＰモルガンアセットマネジメントにも中小型株運用で有名なファンドマネージャーが在籍していましたが、退職してしまったようです。

同じ米国大手運用会社のキャピタル（東京サイド）は、２０２４年４〜６月の議決権行使社数が66社でしたが、うちスタンダード市場の企業はハーモニック・ドライブ・システムズのみで、グロース市場の投資はありませんでした。

米国ではユタ州にあるグランジャー・ピーク・グローバル・アドバイザーズが中小型株の運用で有名で、〝Grandeur Peak Global Micro Cap Fund〟は２０２４年９月末時点で、ＬＩＮＥヤフーからＴＯＢを受けたＢＥＥＮＯＳを2位、スタンダード市場上場のＩＴシステム・コンサルのULSグループを3位の組入にしていました。

グロース市場の企業の社長が、「株価を上げたいので、ヘッジファンドではなく、ロングオンリーの海外大手運用会社を訪問したい」と言うことがありますが、**日本の中小型株に投資する運用会社が減っているので、面談のアポイントを入れるのが容易でなくなっています。**リスク管理の観点から、**時価総額500億円以下の企業への投資を禁じている海外主要運用会社もあります。**ただ、海外大手運用会社のグロース市場への投資がすでに大きく減ったということは、今後外国人投資家の買い意欲が戻ってくる場合に、株式需給が好転することを意味します。

◉中小型株に投資するアクティビスト

世界最大のアクティビストであるエリオット・マネジメントは2024年6月末時点の運用資産が697億ドル(約10・5兆円)と大きいので、三井不動産や東京ガスなどの大型株に投資しますが、**日本株に投資するアクティビストは運用資産が小さいので、中小型株に投資することが多くなっています。**中小型企業は外国人投資家や国内機関投資家の保有比率が低い一方、オーナーの保有比率が高いので、ガバナンスが効きにくい面があります。**ガバナンスに課題、上場子会社、低PBR、キャッシュリッチ等の中小型株がアクティビストの投資対象になりがちです。**

ストラテジックキャピタルは同じ銘柄に数年間にわたって株主提案を行なうことが多いです

が、2024年5〜6月の株主総会ではワキタと文化シヤッターに4年連続、極東開発工業に3年連続で株主提案を行ないました。村上ファンド系は様々な企業に投資しますが、経営に問題がある中小型企業に投資して、アグレッシブなエンゲージメントを行なうことが少なくありません。中小型バリュー株は他の投資家に注目されないと、ずっと割安なまま放置されて、いわゆる"Value Trap"（割安の罠）に陥ることがありますが、シンガポールのひびきパースは、投資先の中小型株をHPに掲載して、その企業にどのような魅力や改善余地があるのか、どのようなエンゲージメントを行なっているかなどを開示しています。2024年7月にはヨネックスとのディスカッション、同年9月には日本高純度化学の取締役会への書簡、同年12月には河合楽器製作所とのディスカッションを公開しました。

ロンドン証券市場に上場しているNAVF（Nippon Active Value Fund）も日本の中小型株を投資対象とするアクティビスト・ファンドで、2024年末の上位3保有銘柄は、ホギメディカル、栄研化学、文化シヤッターでした。NAVFのホギメディカルの保有比率は25%を超えていました。NAVFはアグレッシブなエンゲージメントを行なうので、2023年に投資先のイハラサイエンスやT&K TOKAはMBOに追い込まれました。

ボストンにあるKaname Capitalは2024年6月の株主総会でフクダ電子に株主提案を行なって否決されたほか、ダイハツディーゼル等に大量保有報告書を提出しています。

アクティビストは中小型バリュー株に投資することが多いなか、米国ワシントン州にあるタイヨウファンドは、中小型グロース株に投資しています。タイヨウファンドはＨＰで、フレンドリーアクティビスト投資のパイオニアだと謳っており、２０２４年にはペプチドリームやネクセラファーマなどのバイオ株に大量保有報告書を出しました。

◉著名な中小型株投信の投資戦略

投信はスタンダード市場やグロース市場の売買代金で１％程度しかないので、流通市場での中小型株の価格形成への影響は小さいかもしれませんが、ＩＰＯの際に証券会社が需要をヒヤリングしたり、ＩＰＯ企業がロードショーに訪問するのは投信や年金向けに中小型株ポートフォリオを運用する国内在住のファンドマネージャーが中心です。中小型株を運用しているファンドマネージャーにはベテランが多く、ＩＰＯ企業の社長の話は原則すべて聞くというファンドマネージャーもいます。**中小型株は決算発表やマスコミで報じられる情報以外で動くことも多いため、私も自分が調べている中小型株で動いた理由がわからないときには、知り合いのファンドマネージャーに意見を聞くことがあります。**

三井住友ＤＳアセットマネジメントで中小型株をバリュー投資の観点から長年運用している苦瓜達郎氏は、『ずば抜けた結果の投資のプロだけが気づいていること』（２０１７年）などの著書があるほか、時々日経ヴェリタスなどにも寄稿しています。同氏が運用する「大和住銀日本小型株ファンド」は、三井住友ＤＳアセットマネジメントに統合する前の運用会社が大和住銀投信投資顧問だから付けられたファンド名ですが、２０２４年末時点でスタンダード市場銘柄に73％、グロース市場銘柄に21％投資し、プライム市場の銘柄にはわずか０・５％しか投資していませんでした。一方、スパークス・アセット・マネジメントの「プレミアム・日本超小型株式ファンド（愛称：価値発掘）」の２０２５年１月末時点の市場別配分は、プライム市場31％、スタンダード市場49％、グロース市場14％であり、「大和住銀日本小型株ファンド」よりプライム市場の銘柄の比率が高めでした。

金融庁の要請もあり、運用担当者名を明らかにして「顔の見える運用」を強化する運用会社が増えていますが、野村アセットマネジメントの「小型ブルーチップオープン」は、ＨＰで運用担当者としてチーフ・ポートフォリオマネージャーの福田泰之氏の経歴や考え方等を掲載しています。福田氏はＨＰで「ファンドマネージャーは変化対応業だと考えている。特定の理念やスタイルに立脚した運用ではなく、日々の投資環境の変化から投資アイデアを見出し、柔軟な運用を行なっている」と述べています。この投信は、商品名に小型株と付きながら、２０２５年１月末時点の上位３保有銘柄は古河電気工業、フジクラ、住友不動産と、他の中小型株投信とはまるで異なる銘柄でした。アセットマネジメントＯｎｅの「企業価値成長小型株ファンド」は、小型株市場のなかから、利益成長による将来のＲＯＥやその改善に着目し、企業価値の成長が見込める銘柄を選定するとしており、まさしく愛称である「眼力」を強調した投信です。２０２５年１月末時点の上位３組入銘柄は楽天銀行、関電工、メイコーでした。

◉中小型企業のカバレッジが少ない問題

私はアナリストではありませんが、中小型株を取材して毎週「ストラテジーウィークリー／マンスリー」に掲載しています。マクロ経済指標は発表が遅いし、それだけでは世の中の動きがわからないので、産業動向等を探るうえで、経営者の話を伺うのは有益だからです。中小型企業は創業者や社長の権限が強いので、社長に取材しないと意味がないという指摘もありますが、私はＩＲミーティングを依頼するときに社長や役員を指名するわけではありません。

大手証券会社のアナリストがカバーして、レポートを書いているのは５００～６００銘柄程度で、時価総額が小さい銘柄はカバーしているアナリストが１～２人というケースもあります。グロース市場の銘柄は、上場時の主幹事証券会社がレーティングを付けずに、不定期でレポートを書く場合がありますが、中小型株のほとんどは未カバレッジです。シェアードリサーチなどの独立系調査会社に有料でレポートを書いてもらい、ＨＰに掲載する中小型企業も少なくありません。

私が「ストラテジーウィークリー／マンスリー」に掲載している〝中小型株 of the week〟は単発の銘柄紹介であり、アナリスト・レポートのように四半期ごとに業績予想や投資判断を行なうものではありませんが、日本語／英語でレポートが配信されるので、掲載企業に喜んでもらえます。

ブルームバーグによると、２０２４年末時点でソニーグループをカバーしているアナリストは30人もいて、うち24人は買い推奨です。カバーアナリストが多いと、情報が効率的に株価に織り込まれるので、他のファンドマネージャーを上回るリターンをあげるのがむずかしくなります。IPOに申し込んで当選すれば、上場後の高値で売り抜けるという個人投資家もいるでしょうが、機関投資家が買えないような時価総額や売買代金が小さい中小型株を仕込んで、大きくなるまで中長期に保有するという方法もあるでしょう。

◉〝中小型株 of the week〟の掲載銘柄で好印象だったグロース市場の銘柄

2024年末にグロース市場で時価総額が1000億円を超えていた企業は6社だけで、最大なのは九州でディスカウント店を経営するトライアルHDです。2位は会計・人事ソフトウェアのフリー、3位はM&A仲介業者のインテグラル、4位はライフネット生命、5位はGENDAです。ライフネット生命にはアクティビストのオアシス、エフィッシモキャピタルに加えて、日系エンゲージメント・ファンドのありあけキャピタルが大量保有報告書を提出しています。ゲームセンター運営のGENDAは、インバウンド需要からの恩恵があるうえ、ゴールドマンサックス出身の申真衣社長のプレゼンが巧いこともあり、外国人投資家からの評価が高いようでした。米国大手運用会社のキャピタル（ロスアンゼルス本社）がGENDAに大量保有報告書を提出しています。以下に、2024年の〝中小型株 of the week〟に掲載したグロース市場の銘柄のなかで好印象だった5銘柄を紹介します（推奨銘柄ではありません）。

◉LUUPにIoTを供給するソラコム

2024年3月に上場したソラコムを取材して、最も驚いたことが、私は乗ったことがありませんが、道でよく見かける電動キックボードのLUUP（運営会社名はLuup）にIoTを提供すると聞いたことです。LUUPの増加に合わせて、当社も成長すると感じました。

LUUP以外で公表されている主要企業による当社製品の使用事例には、セコムが設備監視、大成建設が工事現場での施工管理、ヤマトHDが高齢者の「クロネコ見守りサービス」、JR東日本グループが機器室の遠隔監視などがあります。IoTプラットフォーム「SORACOM」を開発・提供する当社は、IBMやアマゾンに勤めた玉川憲社長によって2014年に創業され、2024年3月にグロース市場に上場しました。玉川社長はアマゾンでの勤務経験を活かして、当社はWebでSIMを1枚から買えるIoTストアと呼ばれるeコマースサイトを運営しています。2024年9月末時点の玉川社長の持株比率は6・4%（自己株式を除く）であり、2017年に出資したKDDIが42・6%を保有する筆頭株主です。

当社はIoTサービスをKDDIにOEM提供しており、親子上場ですが、事業上のシナジーがあります。社名は宇宙を表す「宙」（そら）とコム（コミュニケーション）を合成してつくられました。連結社員数は約160名ですが、平均年収は1116万円（この現金収入以外にストックオプションもあります）と、大企業の野村総研に匹敵する年収水準です。海外売上比率は約4割と、小規模IT企業にしては高く、欧米に各々30人程度の従業員がおり、グローバル展開を強化しています。当社のＩｏＴがつながる国・地域は１８５に及びます。ＩＴ専門調査会社のＩＤＣによると、世界のＩｏＴ市場は２０２６年に1兆ドルの巨大な市場と予想されており、当社は日本におけるＩｏＴ市場のリーダーと認識されています。

◉訪問介護のＤＸ化・ＡＩ化に資するイーウェル（eWeLL）

２０２５年は団塊世代（１９４７～１９４９年生まれ）が75歳以上の後期高齢者になる「２０２５年問題」がありますが、在宅医療を必要とする後期高齢者の増加が、訪問看護のＤＸ化を支援する当社の事業拡大の追い風になると考えられます。政府は高齢化に伴う医療費を抑制するために、入院日数の短縮化（在宅医療の充実）を進めており、その結果、訪問看護ステーション数はイーウェル創業年の２０１２年（２０２２年上場）の６２９８カ所から、２０２４年に１万７３２９カ所と3倍近くに増えました。訪問看護ステーションは約6割が民間企業、約2割が医療法人によって運営されています。

当社の主力商品は訪問看護専用電子カルテ「iBow」（訪問看護ステーションの「相棒」になるという意味があります）です。「iBow」は訪問看護ステーションの事務作業、情報共有、移動期間などの削減に貢献します。契約ステーション数は２０２４年末に前年同期比＋17・6％の３０２８カ所になりました。「iBow」が顧客単価の半分以上を占めますが、「iBow事務管理代行サービス（ＢＰＯ）」や「iBowレセプト」も伸びています。新サービスで期待されるのが、２０２４年10月に開始したＡＩ訪問看護報告サービスです。看護師は毎月の訪問看護記録を医師に報告する必要がありますが、それを生成ＡＩで効率化するのがＡＩ訪問看護報告サービスです。当社によると、このＡＩによる効率化で、看護師は利用者１人当たり平均12分間短縮でき、１訪問看護ステーション当たり月15・5時間を創出することができ、節約できた時間で、さらに顧客を増やすことができると試算しています。学習データの蓄積と訪問看護の深い業務理解を持つ当社ならではのサービスです。

◉交換できるくんは住設機器をリーズナブルに交換

新幹線に乗ったときに、当社の宣伝が書いてあったので、ユニークな社名に惹かれて取材しました。社名には「お客様の楽しく快適なくらしを実現するために、気軽に頼れる身近な存在であり続けたい」という思いを込めたそうです。交換する住宅設備機器はトイレ、食洗機、ガスコンロ、エアコン、給湯器、洗面台などで、ＴＯＴＯ、ＬＩＸＩＬ、リンナイ、パナソニックＨＤなどの製品を取り扱っています。交換工事は、当社に所属する正社員と外部の契約パートナー約２００人で行なっています。当社は据付工事が必要な住宅設備機器をネット完結で、リーズナブルな価格で販売するビジネスモデルです。

消費者は交換したい住宅設備機器の写真を撮影し、必要記載項目を当社のサイトに書き込むと、当社は消費者宅を訪れて物件を見ることなく、長年のデータ蓄積に基づいて見積り価格を返答することができます。消費者は街の工務店に直接申し込むより、当社を通じたほうが、3〜4割安く住宅設備機器を交換することができます。一方、当社と契約する施工員（エンジニア）は、工事日の調整など直接消費者とやりとりする必要がなく、また設置する住宅設備機器も当社が調達してくれるので、仕事の切れ目なく、効率的に工事を行なうことができ、一般的な工務店の社員より高給を得られます。工務店業界は中小企業が多く、信頼できる業者ばかりではないので、当社は上場することで、会社の信用度を高めました。2024年3月期の売上は前年比＋25％の76億円、営業利益は同＋9％の3・28億円でしたが、会社は2025年3月期を各々売上は＋32％の100億円、営業利益はほぼ横ばいの3・3億円と予想しています。株価は2020年の上場直後の高値の半分以下の水準で、2024年末時点の時価総額が75億円と小さいので、個人投資家向けIRを強化しています。

◉スマホの充電器〝ChargeSPOT〟を提供するINFORICH

取材するまで、コンビニ等でスマホの充電器〝ChargeSPOT〟をレンタルしているのが当社とは知りませんでした。取材をきっかけに〝ChargeSPOT〟を使ってみましたが、結構便利でした。2024年9月末時点のバッテリースタンド設置数は当社が4万5293で、国内シェアの83％と圧倒的なシェアを持ちます。当社は秋山広宣社長が2015年に創業し、2022年に上場しましたが、同社長が香港生まれであることを活かし、香港と台湾でもシェア7〜8

割を持ち、オーストラリアでもシェアが約9割に達します。〝ChargeSPOT〟は大手コンビニ、JR東海、私鉄、空港等で充電器を好きなときに借りられて、どこへでも返すことができます。〝ChargeSPOT〟の利用料金は1時間未満が330円、1~3時間が430円などとなっています。月額最大1950円のサブスク契約もありますが、時間単位で借りる人が多いそうです。

〝ChargeSPOT〟の製造コストは3000円程度であり、紛失・破損時には〝ChargeSPOT〟は利用料と違約金を合計して補償金4080円を要求します。バッテリースタンドの表面には広告等を掲載できるサイネージがあり、うち3分の1にコンビニなど設置企業が無料で広告を掲載できます。スマホの内蔵電池は年率12%で伸びていますが、動画を観る人の増加等を背景に、消費電力量も+18%で増えているので、帰宅するまでの日中に、スマホを充電したい人が増えているそうです。当社の推計によると、帰宅前にスマホの充電が切れる人が約3950万人いて、うち1600万人は外出時間中に最低2回/日以上の充電を必要としています。アップル等による値上げで、スマホの買い替えサイクルは4年7カ月に長期化しており、この頃の充電容量は新品時の30%程度まで低下します。2024年9月時点で月間利用者数の5%程度が訪日観光客でしたが、サイネージで多言語の案内を増やすことで、今後利用増加を見込んでいると言います。2024年の売上は前年同期比+39%の107億円、営業利益は同+175%の17億円でしたが、株価は2024年3月に上場来高値を更新した後に調整しています。

◉株価が持続的に上昇しているボードルア

ボードルアは2021年11月にグロース市場に上場して以来、株価が持続的に上昇している数少ない企業で、時価総額は800億円近くに達し、2024年末のグロース市場の時価総額ランキングで14位でした。冨永重寛社長（42歳）が慶応義塾大学経済学部に在学中の2007年に創業した、最先端のITインフラストラクチャーに特化した企業です。好調な業績に加えて、ニッチ市場に特化したわかりやすいビジネスモデルが評価されていますが、私は技術的な素養に乏しいので、冨永社長の説明を理解するのはむずかしい面がありました。2024年2月期の売上は前年比＋40％の73億円、営業利益は＋61％の16億円となりました。2025年2月期からIFRSを採用したため、前年比較はできませんが、2025年2月期を会社は売上114億円、営業利益を23億円と予想しています。会社は今後も年率＋30％程度の増収が可能とみています。ROEは30％と高く、今後も最低20％のROE維持を目指しています。

当社はコムシスHDやミライト・ワンなどの通信工事会社、アプリやミドルウェア等のサービスを提供する多数のシステム会社のあいだに立つITインフラストラクチャー会社です。2021年に国内IT市場規模は19兆円で、うちITインフラストラクチャー・サービスの市場規模は1・8兆円でした。当社はバーチャルやクラウド上にITインフラストラクチャーを構築することや、セキュリティの技術分野等を、先端技術とみなしており、そこに特化しています。最先端分野と従来型の技術を組み合わせながら構築していくため、当社売上に占める約6

割が先端分野で、約4割が従来型のＩＴインフラストラクチャーの構築です。当社の社員は約１０００名ですが、キャリア採用は行なわず、社員はすべて新卒採用と未経験の中途採用です。新卒を１～２年かけて教育し、３～６年で専門人材（２０２５年２月期１Ｑ時点で３９４名）、７年～で高度専門人材（同２０９名）に育成します。

菊地正俊（きくち　まさとし）
みずほ証券エクイティ調査部チーフ株式ストラテジスト。1986年東京大学農学部卒業後、大和証券入社、大和総研、2000年にメリルリンチ日本証券を経て、2012年より現職。1991年米国コーネル大学よりMBA。日本証券アナリスト協会検定会員、CFA協会認定証券アナリスト。日経ヴェリタス・ストラテジストランキング2017～2020年1位、2025年1位。著書に『低PBR株の逆襲』『日本株を動かす 外国人投資家の思考法と投資戦略』『米国株投資の儲け方と発想法』『相場を大きく動かす「株価指数」の読み方・儲け方』『日本株を動かす外国人投資家の儲け方と発想法』（以上、日本実業出版社）、『アクティビストの正体』『アクティビストの衝撃』（中央経済社）、『良い株主　悪い株主』『株式投資　低成長時代のニューノーマル』『外国人投資家が日本株を買う条件』（日本経済新聞出版）、『なぜ、いま日本株長期投資なのか』（きんざい）、『日本企業を強くするM&A戦略』『外国人投資家の視点』（PHP研究所）、『お金の流れはここまで変わった！』『外国人投資家』（洋泉社）、『外国人投資家が買う会社・売る会社』『TOB・会社分割によるM&A戦略』『企業価値評価革命』（東洋経済新報社）、訳書に『資本主義のコスト』（洋泉社）、『資本コストを活かす経営』（東洋経済新報社）などがある。

アクティビストが日本株市場《にほんかぶしじょう》を大《おお》きく動《うご》かす
外国人投資家《がいこくじんとうしか》の思考法《しこうほう》と儲《もう》け方《かた》

2025年4月20日　初版発行

著　者　菊地正俊
発行者　杉本淳一

発行所　株式会社日本実業出版社　東京都新宿区市谷本村町3－29 〒162-0845
編集部　☎03-3268-5651
営業部　☎03-3268-5161　振　替　00170-1-25349
https://www.njg.co.jp/

印 刷／壮 光 舎　　製 本／若林製本

ISBN 978-4-534-06180-5　Printed in JAPAN